Александр
Половец

БП. Между
прошлым
и будущим

Книга 3-я

ФОТОЛЕТОПИСЬ

КАК ЭТО БЫЛО...

ОБ АВТОРЕ

Александр ПОЛОВЕЦ – член Союза писателей Москвы и Русского ПЕН-центра.
Эмигрировал в США в 1976 году, автор множества газетных публикаций и книг, изданных в США и в России.
В 1977 году основал в Калифорнии издательство «Альманах», выпустившее ряд книг на русском языке. С 1980 по 2000 годы – главный редактор и издатель основанной им газеты «Панорама», ставшей самым популярным еженедельным газетным изданием на русском языке в США. Президент Американского культурного Фонда Булата Окуджавы.

Фотолетопись, включенная в однотомное московское издание «БП. Между прошлым и будущим» («ЗебраЕ», Москва, 2008 г.), дополнена здесь фотографиями, иллюстрирующими главы и разделы, вошедшие в новое – двухтомное издание.
Большинство иллюстраций помещено в алфавитном порядке по начальным буквам фамилий, исключение сделано для фотографий Булата Окуджавы – ему посвящен раздел, открывающий Фотолетопись.
Страницы Альбома завершены оглавлением двух томов – возможно, это поможет читателю соотнести сюжеты, здесь запечатленные, с главами книг, где о них рассказано.

За давностью событий, даты снимков составителям Альбома не всегда удавалось привести достаточно точно.

Александр Половец
БП. Между прошлым и будущим –
Трилогия. Книга третья. Фотолетопись – «Как это было...»

График-дизайнер, корректор, редактор – Галина Лисицкая
Обложка – художник Андрей Рыбаков

В альбоме использованы фотографии, снятые М.Пазием (ЦДЛ, Москва), сотрудниками «Библио-Глобуса», фотографом В.Сыркиным (Лос-Анджелес), самим автором, его знакомыми и друзьями – все эти снимки составили часть личного архива Александра Половца, в настоящее время передаваемого им в Российский Государственный архив литературы и искусства (РГАЛИ, Москва)

Издательство Accent Graphics Communications, Montreal, 2012
224 с.

ISBN: 978-1-927752-56-2

Александр Половец

ОТ АВТОРА

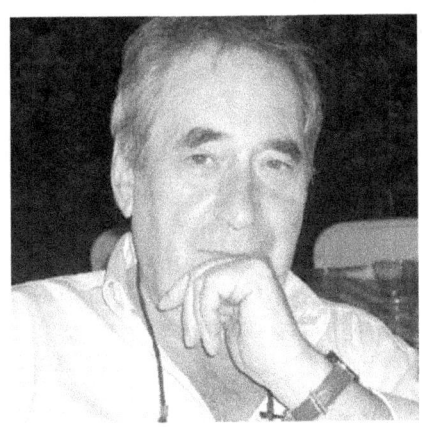

Фото Я.Склянского

Снимем шляпы перед братьями Люмьер – это они подарили потомкам возможность увидеть неповторимое глазом фотообъектива, его сохранившим, взглянуть в навсегда ушедшее... Менялась техника и аппарат Люмьеров сегодня смотрится монстром рядом с миниатюрными устройствами, в которых не сразу и угадаешь фото- или видеокамеру.

Я снова и снова пролистываю альбомные страницы с вклеенными в них фотоотпечатками – их здесь собрались тысячи, но и сегодня лишь немногие оказались включенными в это издание. Вот первые снимки... они сделаны примитивным «фотокором», моим самым первым аппаратом, отпечатки со стеклянных негативов сохранились чудом, может быть, когда-нибудь придет время и для них, ну хотя бы – для самых памятных...

А вот альбомы с негативами – узенькими пленками, снятыми на пути в США фото-«мыльницей» тех лет, и рядом – оставленными солидной уже широкопленочной камерой.

Я и сегодня очень хочу думать, что все эти кадры дороги не только близким мне людям, также как они дороги мне – участнику сюжетов, сохраненных в фотографиях, но что они составят интерес и для будущих исследователей лет и событий им сопутствущих, современником которых я оказался наряду с другими их фигурантами.

Впервые многие снимки из этого собрания увидели свет в американском еженедельнике «Панорама», который досталось мне издавать и редактировать на протяжении двух десятилетий... и потом – в трех сборниках, изданных в США в 90-х годах ушедшего столетия.

Хотя нет! – несколько снимков появились в газете Ленинградского военного округа ещё в 57-м году – этот выпуск многотиражки я сохраняю. Из других «артефактов» трех лет армейской службы сберег я пилотку со звездочкой и кусок сукна – распоротую солдатскую шинель, очень надежная была одежка. И, конечно, жива память: при всём, при том, славное было время, но об этом – в текстах книг, фотолетопись же со ссылками на главы книг – в помощь им, приложение.

Не все, далеко не все фотографии, какие надо бы было, российским издателям удалось включить в многостраничный том, увидевший свет в Москве в 2008-м году, – но и те, что вошли в него, смогли дать представление читателю о замечательных людях, об ушедшем времени, которое они проживали. Вспоминая о многих из них, приходится сохранять именно этот оборот – *прожи-*вали*, потому что их уж нет среди нас. Это им посвящена одна из глав второго тома этого издания, она так и названа – ЧТОБЫ ПОМНИТЬ.

В общем, «о всех ушедших грезит коноплянник»...

Сейчас, только теперь, подошло время, сделавшее возможным представить читателю значительную (пусть и сегодня далеко не большую) часть этого собрания фотографий, включив в нее когда-то опубликованные, но и упущенные в прошлых изданиях.

Догадываюсь, кто-то из будущих читателей упрекнет автора в нескромности – в каждом приведенном здесь снимке, ну, почти в каждом, фигурирует и он! Не раз и не два, возвращаясь к уже отобранным для публикации здесь фотографиям, я и сам задумывался – не перебор ли? Да, в домашних альбомах все они обязательны как память о людях, о времени... Только, не окажись я участником сохраненных объективом фотоаппарата событий и случившихся при них обстоятельств, – вряд ли они, эти сюжеты, сложились бы вообще. А другого объяснения у меня и нет...

Придет день, когда вся эта фотолетопись вместе с аудио- и видеоматериалами, с письмами, часть которых представлена в нынешнем издании, с книгами, титульные листы которых сохраняют добрые слова и пожелания авторов, пополнят существующий раздел (личный фонд за номером 3434) Российского Государственного архива литературы и искусства (РГАЛИ) в Москве и станут доступными исследователям – его посетителям.

Эти «следы», оставленные моими современниками – коллегами, друзьями, – бесценны, потому что в жизни они – *неповторимы.*

Александр Половец

Александр Половец

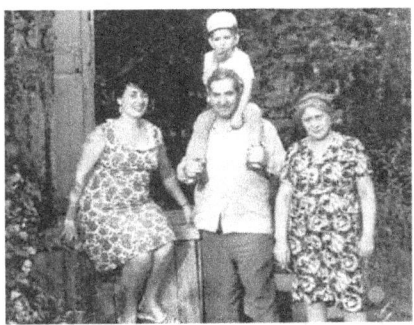

Дача в Воронове, 1966. Отец автора еще успел подружиться с внуком. *Слева – Ольга, справа –* бабушка Дина

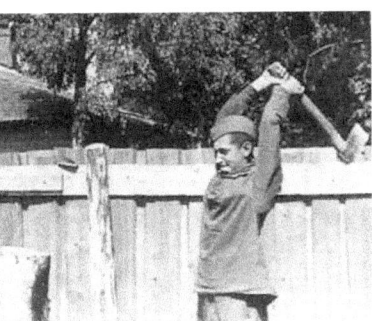

1956. Так ведь не стоило тебя тогда обижать...

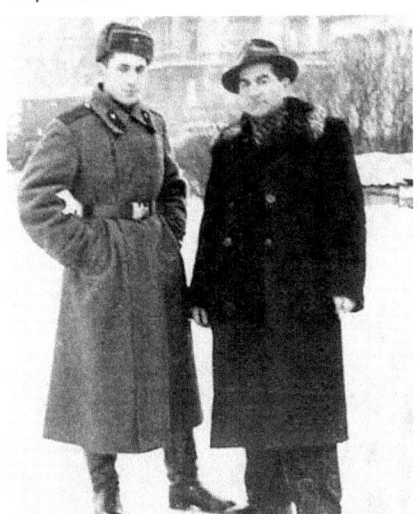

Может быть, как раз с этим снимком отец ходил просить жилье на прием к товарищу Фурцевой?

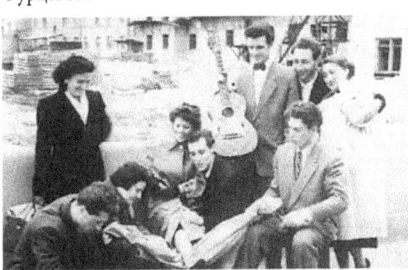

А ведь, правда, с семистрункой Коля Лавров расставался редко

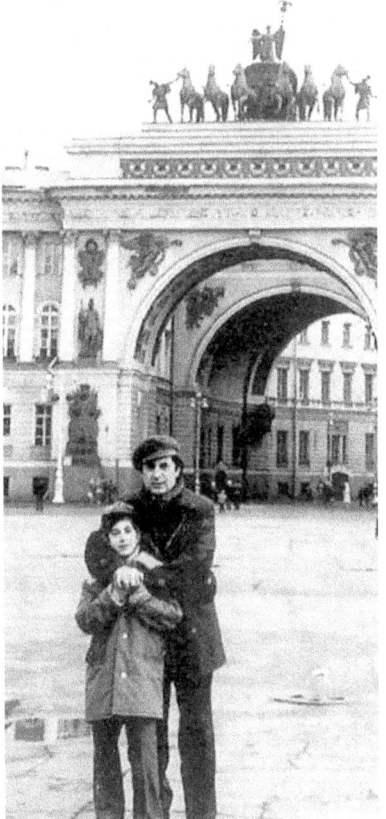

1975. Прощание с Ленинградом: здесь автор был солдатом... В кармане этой самой курточки сына уехали письма из ссылки – доктора Штерна и баптистского священника отца Винса

НАЧАЛА
Внимательный читатель без труда сам найдет нужные имена на книжных страницах

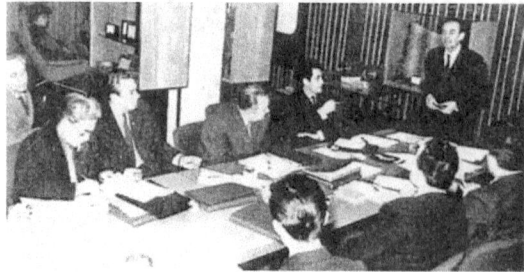

1959. А это наша «коллегия», включающая руководителей республиканских филиалов, – Совет директоров «Патента» *(слева от ведущего М.Кагана его первый заместитель – автор)*

1968. «Патент» еще не разогнали. Директор издательства М.Каган *(в торце стола)* знакомит с нашим новым проектом Коллегию Комитета по делам изобретений и открытий при Совмине СССР, ведет Коллегию председатель Комитета Ю.Максарев, за столом с ним рядом его заместители – Е.Артемьев и В.Царегородцев

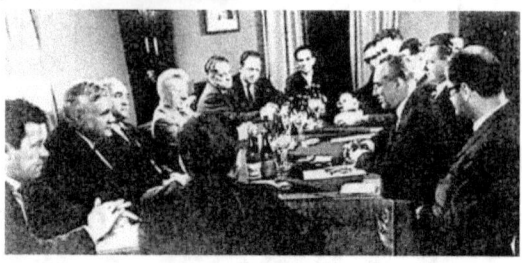

«Литературная газета», 1958. Алдан-Семенов «реабилитирован» – он недавно вышел из лагерей...

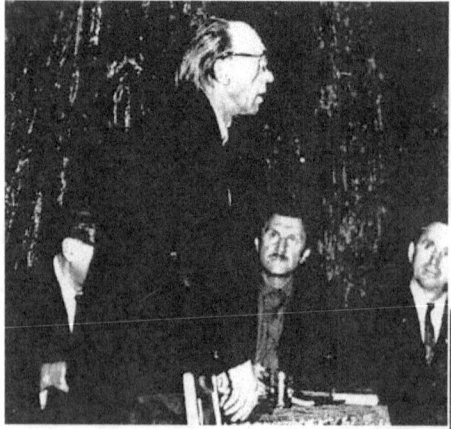

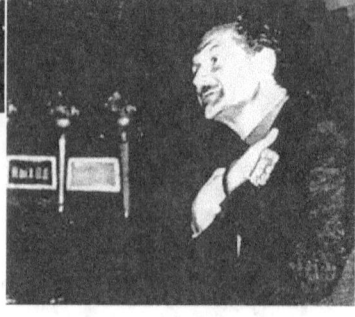

Там же, тогда же. В.Захарченко: «У меня – замечательная профессия. Я – путешественник!». Еще бы, мы, сидящие в зале, знали о близости к властным структурам редактора «Вокруг Света»

Александр Половец

«ПАНОРАМА»
Наши гости... Мы в гостях

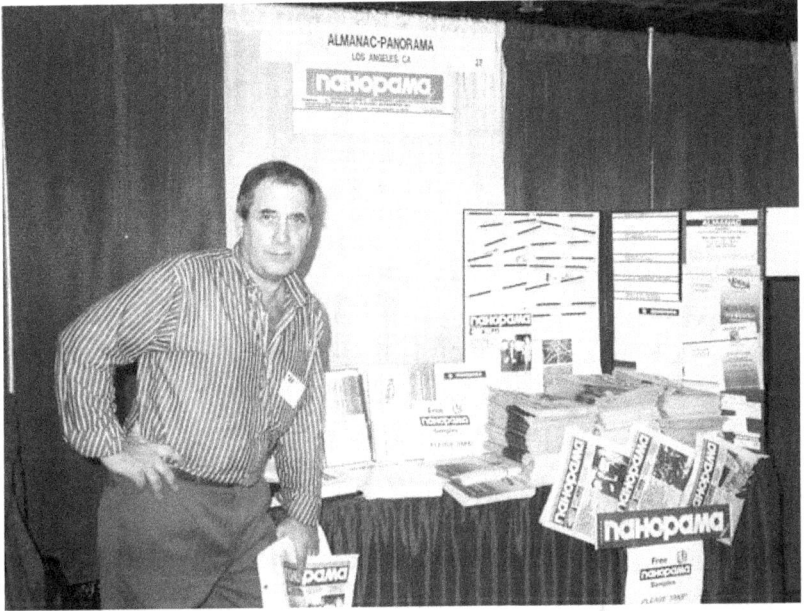

Стенд юной «Панорамы» на университетской конференции славистов в Филадельфии

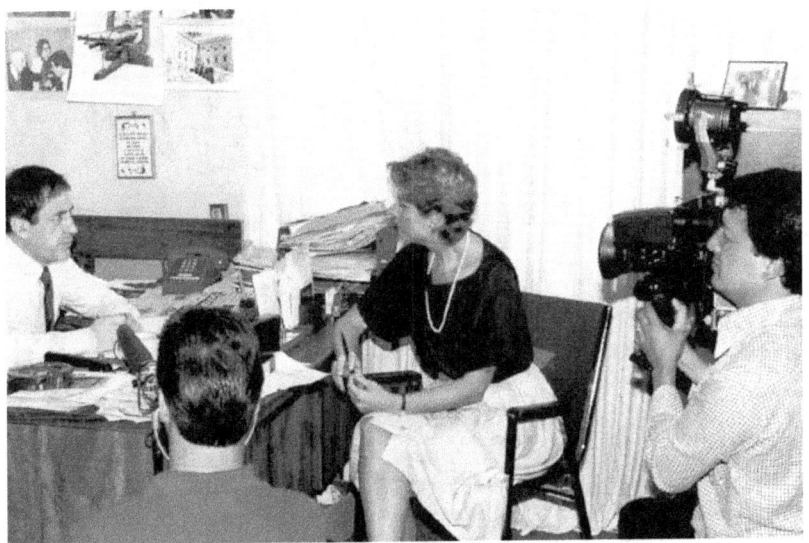

Телерепортаж из редакции «Панорамы» – жители Штатов хотят знать о нас...

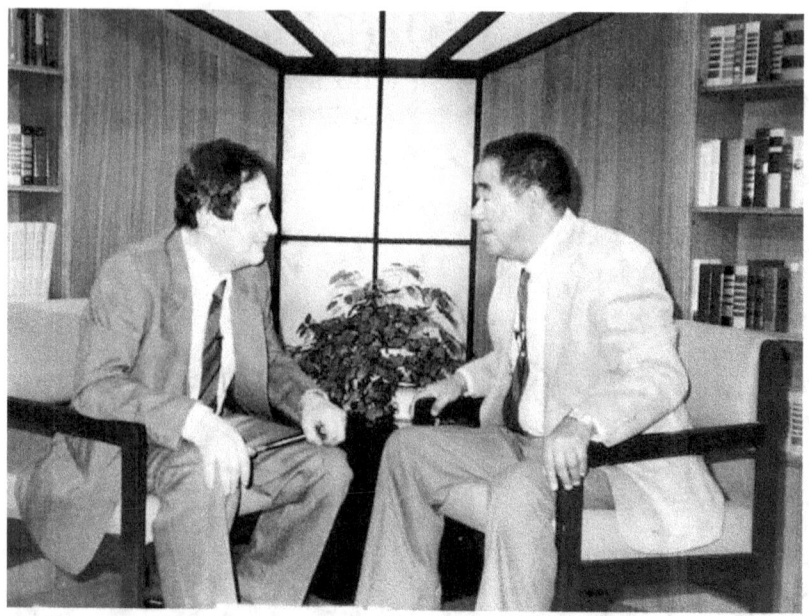

...и наше мнение о том, что происходит в СССР – это уже программа Токийского телевидения

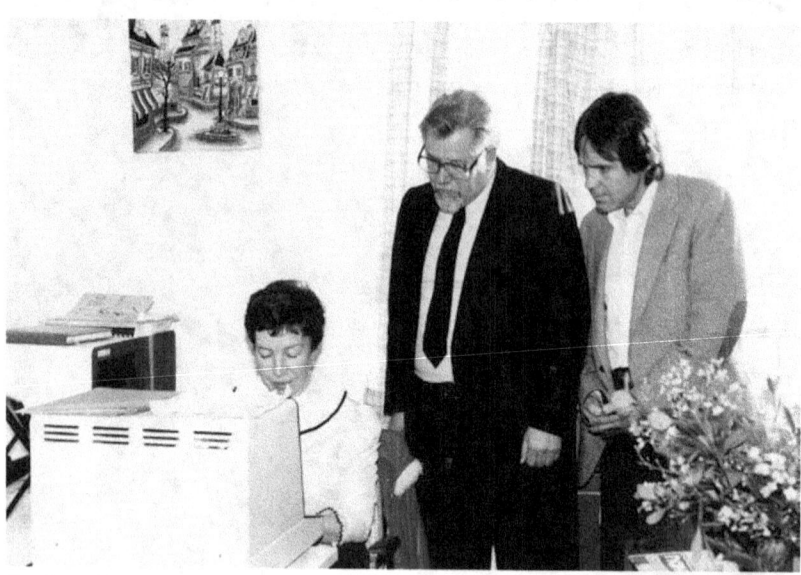

Середина 90-х. Георгий Винц, бывший «узник совести» советских лагерей, Генсекретарь Совета евангельских баптистов-христиан, высланный из СССР в обмен на двух советских разведчиков-ооновцев. Это для передачи ему 20 лет назад автор вывез в эмиграцию письма его прихожан. А сегодня – он гость «Панорамы»

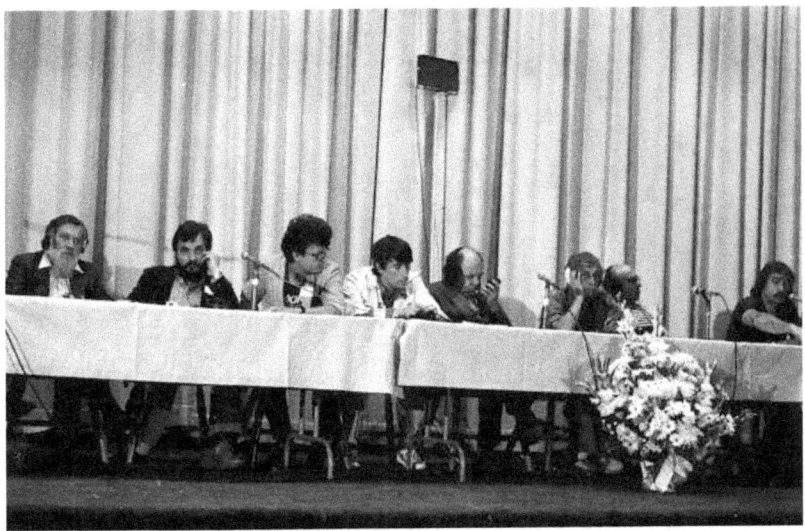

1981. «Русская литература в эмиграции – 3-я волна» – университетская конференция открылась в Лос-Анджелесе почти одновременно с «Панорамой». В президиуме – приглашенные из разных стран для участия в ней: А.Синявский, А.Цветков, Э.Лимонов, С.Соколов, Н.Коржавин, С.Довлатов, А.Гладилин... *Скверное фото автора – у нас еще не было достойной фотоаппаратуры*

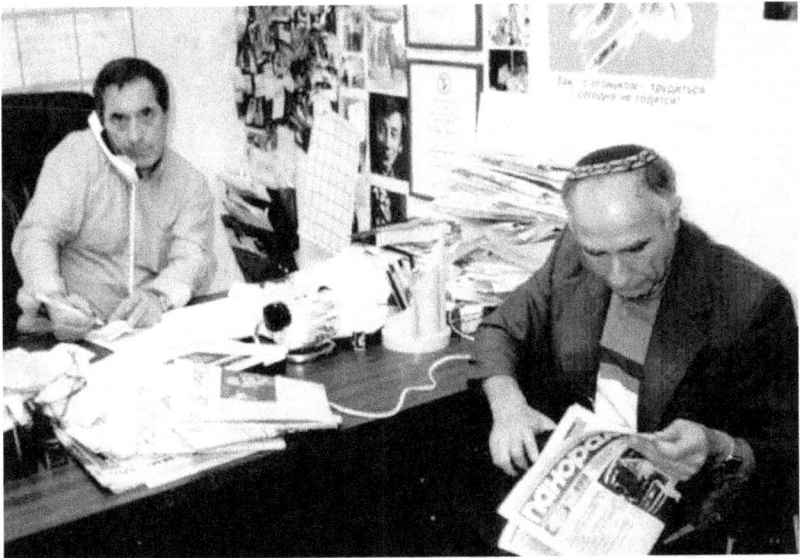

Иосифу Бегуну, многолетнему отказнику, звонил в Москву мэр Лос-Анджелеса Том Брэдли *(фото на стр. 205)*, а сегодня Иосиф, приехав из Израиля, знакомится со свободной русскоязычной прессой на примере нашей «Панорамы»

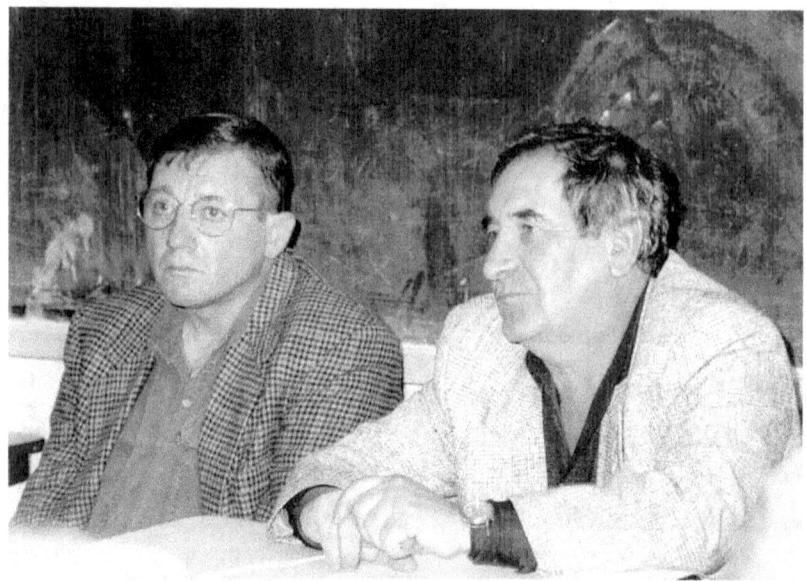

Вместе с автором корреспондент «Панорамы» в Сан-Франциско Станислав Левченко участвовал в Конференции славистов в его городе. Он, бежавший сотрудник внешней разведки СССР, вполне освоился с новыми реалиями жизни

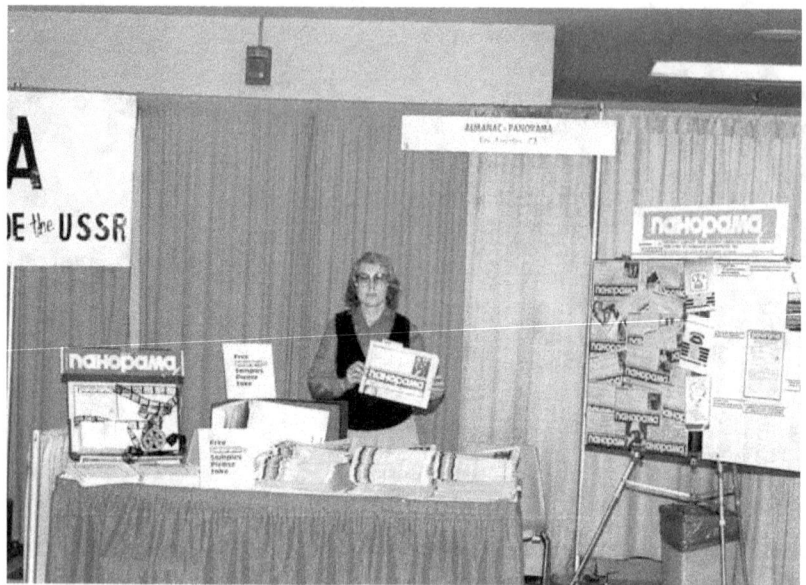

У нашего стенда на Университетской конференции славистов в Чикаго менеджер редакции Лиля Соколова

Александр Половец

ОТ НАШЕГО КОРРЕСПОНДЕНТА

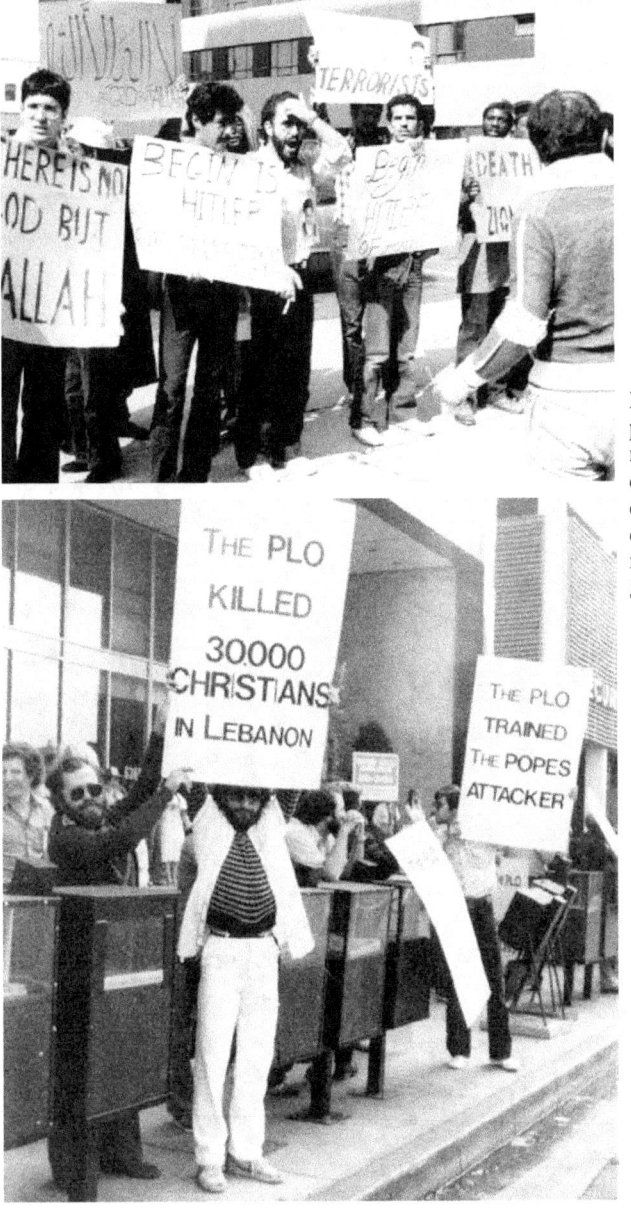

Возле здания, где располагается консулат Израиля, состоялись демонстрации арабов-сторонников ПЛО и американских друзей Израиля

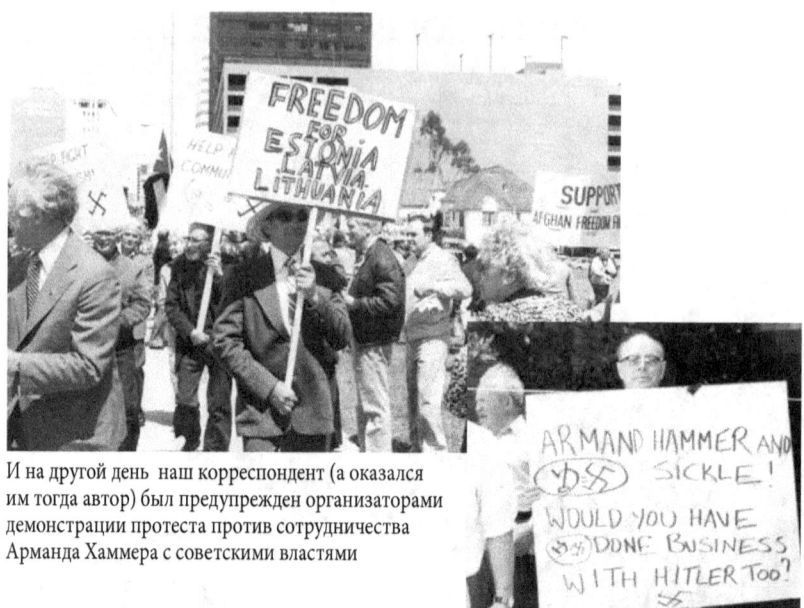

И на другой день наш корреспондент (а оказался им тогда автор) был предупрежден организаторами демонстрации протеста против сотрудничества Арманда Хаммера с советскими властями

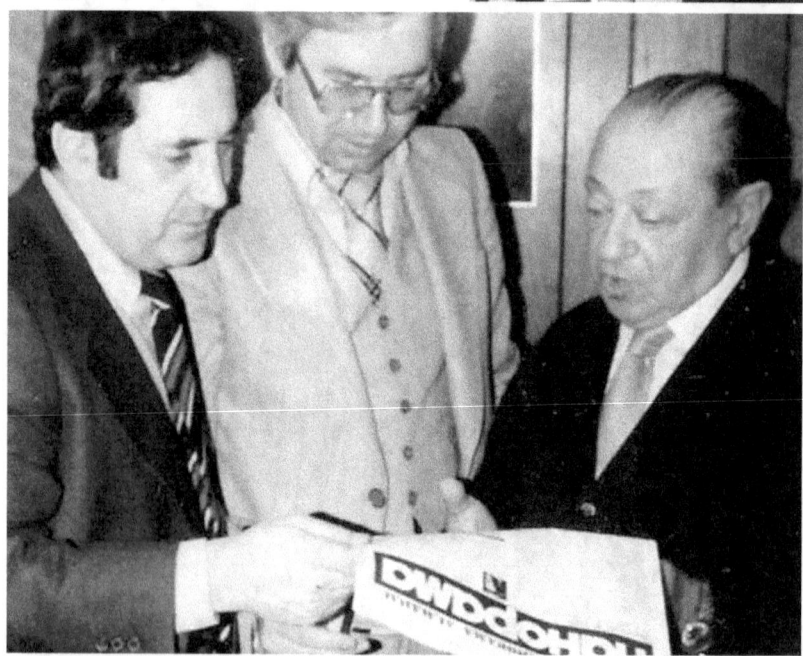

1982. Андрей Седых (Яков Цвибак), владелец и главный редактор «Нового Русского Слова», – А.Половцу: «Ну, и сколько же человек у вас в редакции?»

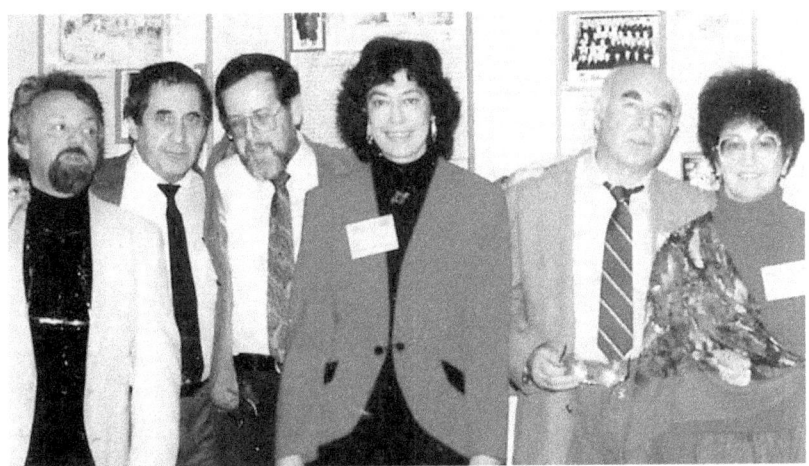

Филадельфия, 1993. Только что здесь завершила работу конференция славистов. *Слева направо:* писатель-проповедник Михаил Моргулис, автор, Феликс Розинер, Марк Поповский с участницами конференции

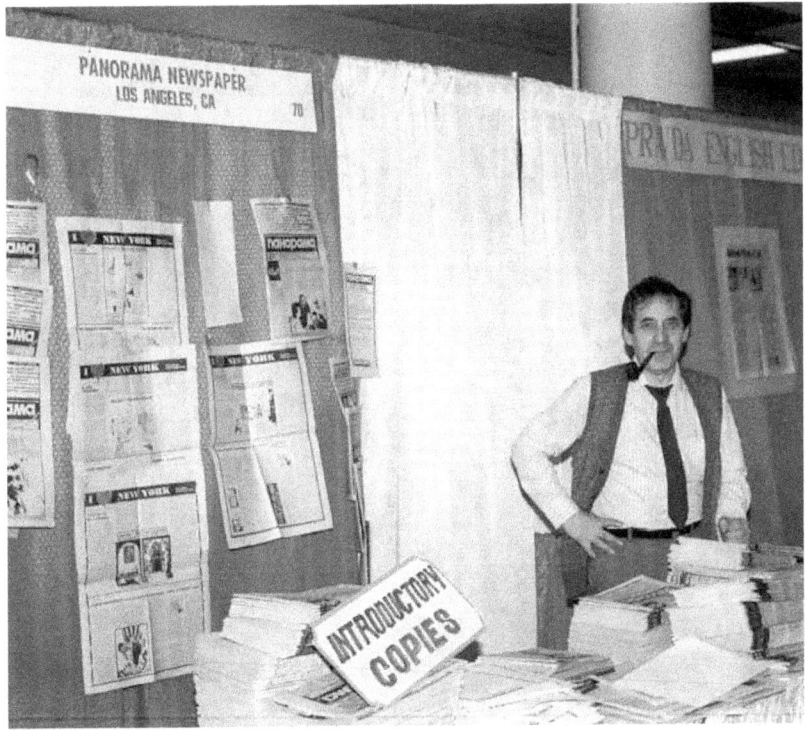

Бостон. Наш стенд на Университетской конференции славистов

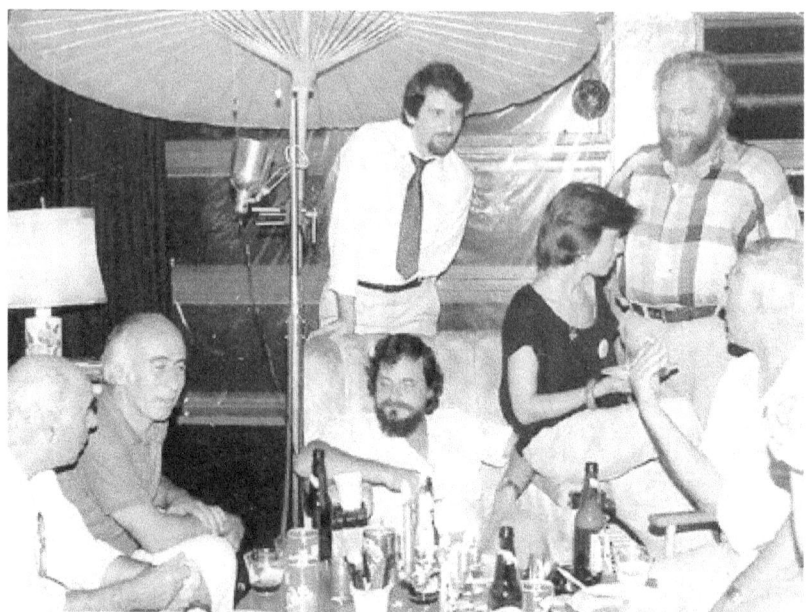

Нью-Йорк, 1985. Лофт кинематографиста Славы Цукермана, празднование пятилетия «Панорамы» по инициативе и с участием наших корреспондентов. *Слева направо:* М.Поповский, В.Бахчанян, А.Генис, С.Мечик; *стоят* – А.Батчан и П.Вайль

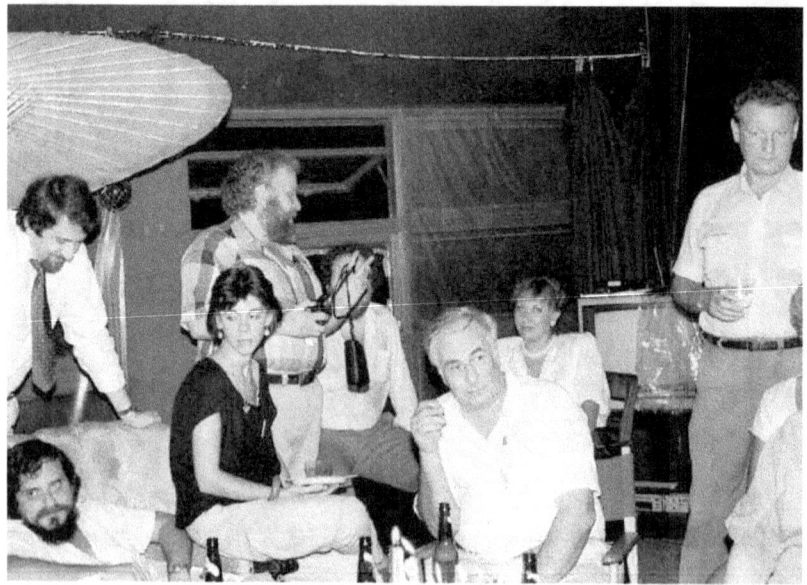

Л.Халиф, Э.Турьянская, А.Львов, и дальше...

Александр Половец

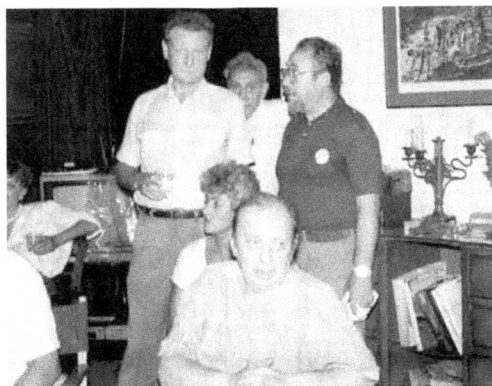

...сидит Л.Ламм, за его спиной – Д.Мечик (отец Довлатова) и А.Харьковский

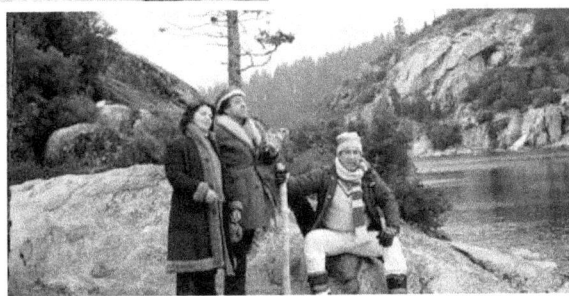

Северная Калифорния. Леонид Хотин для советских и потом – российских и американских социологов оставался фигурой знаковой. При нашей постоянной занятости было непросто вырваться на лыжную прогулку

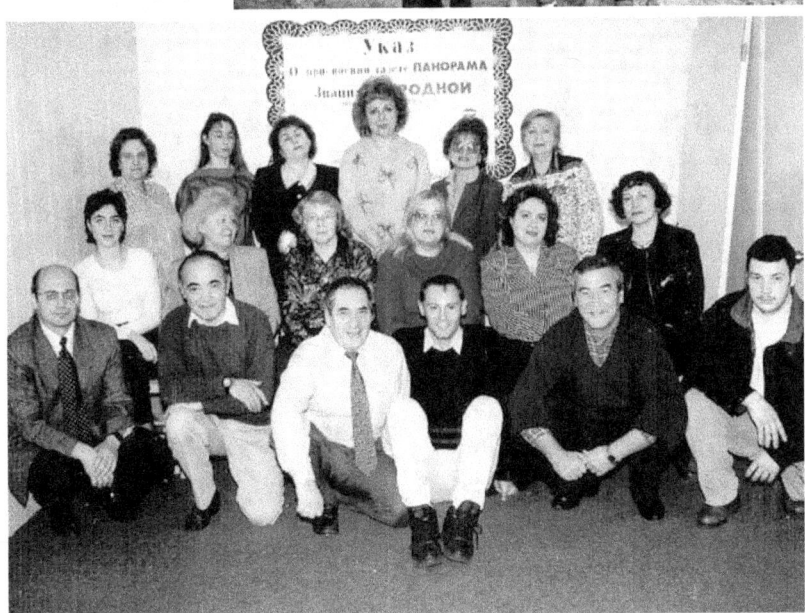

«Панораме» уже 10 лет, наши сотрудники на фоне шутливого плаката

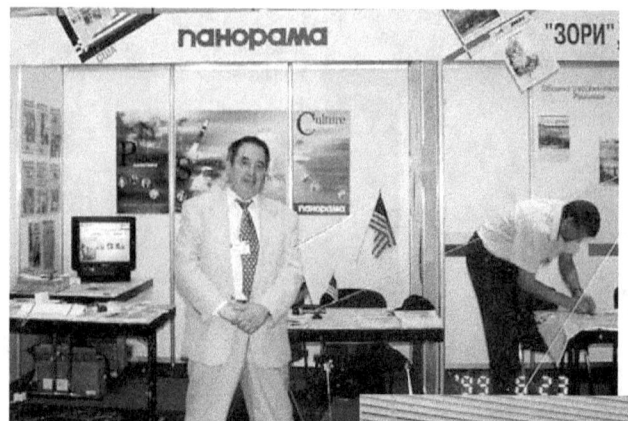

Москва, 1999. 1-й Международный конгресс русской прессы, созванный по инициативе ИТАР-ТАСС, стенд «Панорамы». Во 2-м и последующих мы участия не принимали, хотя и были приглашены... Но об этом – на страницах книги

Редактор Ирина Паркер знакомит главного редактора с гранками очередного выпуска газеты

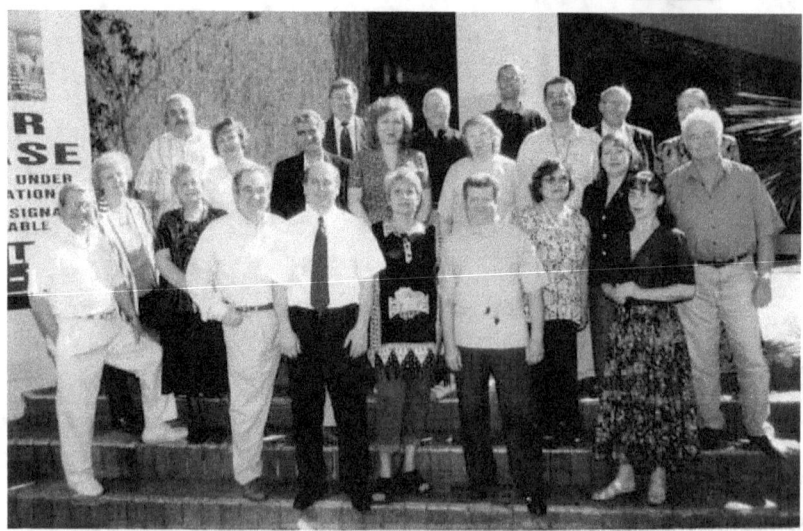

2000. Мы переехали в просторные помещения на Голливуд-бульваре. Сотрудники «Панорамы» на пороге нового здания... и новой жизни редакции

Александр Половец

В ЛИТЕРАТУРЕ ТОГДА РАБОТАЛИ

БУЛАТ ОКУДЖАВА
65 ПЕСЕН

Музыкальная запись,
редакция,
составление —
ВЛАДИМИР ФРУМКИН

Перевод стихотворений —
Ева Шапиро

*Дорогой Саша, у меня нет слов,
чтобы выразить тебе восхищение
твоей добротой. Пусть эти песни
хоть как-то выразят мои чувства
Обнимаю
Булат*
18. 7. 91

BULAT OKUDZHAVA
65 SONGS

Musical arrangements,
selection and editing by
VLADIMIR FRUMKIN

English translations by
Eve Shapiro

A

ARDIS / ANN ARBOR

ОКУДЖАВА

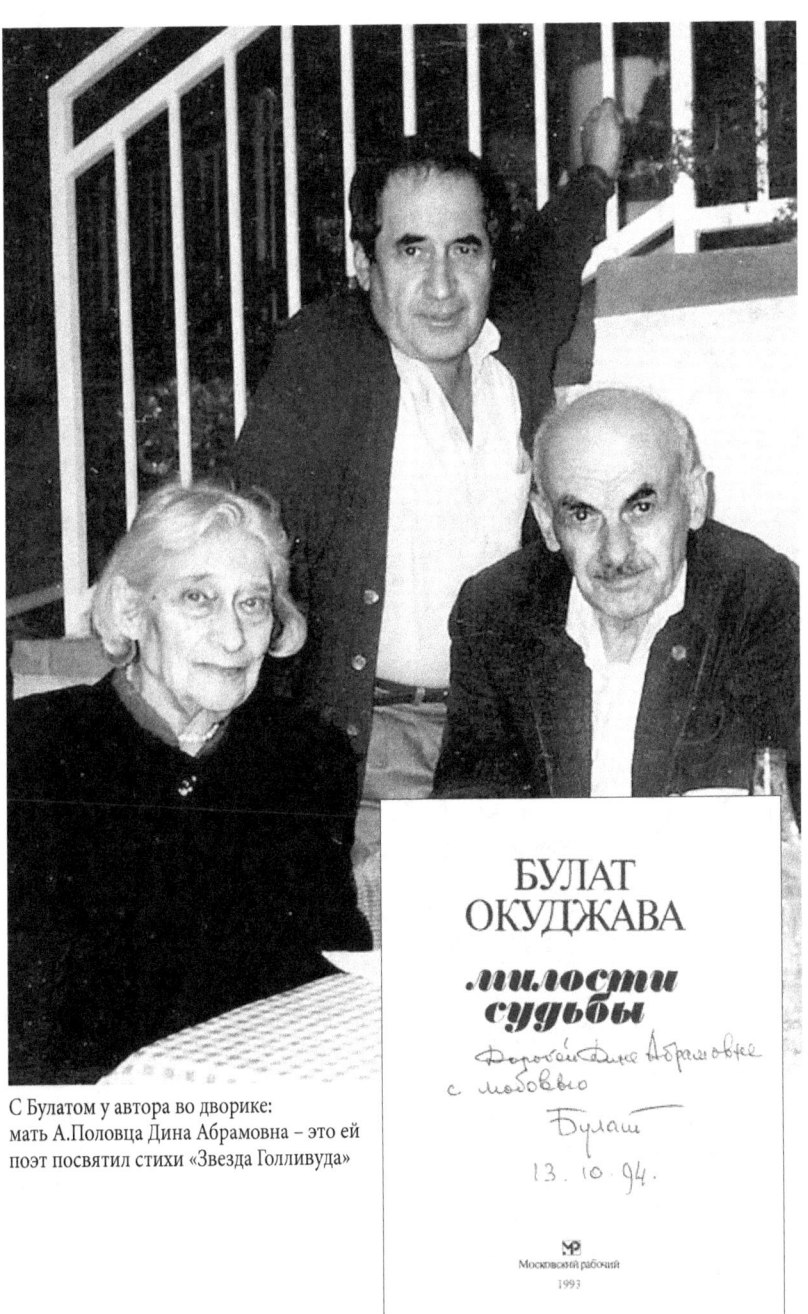

БУЛАТ
ОКУДЖАВА

*милости
судьбы*

Дорогой Дине Абрамовне
с любовью
Булат
13. 10. 94.

Московский рабочий
1993

С Булатом у автора во дворике:
мать А.Половца Дина Абрамовна – это ей
поэт посвятил стихи «Звезда Голливуда»

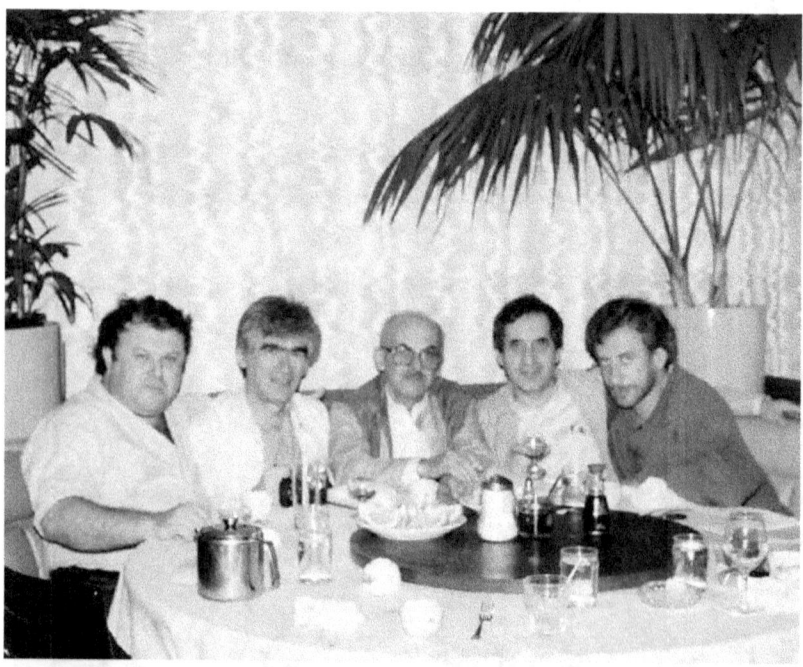

1979. Импрессарио Виктор Шульман *(крайний слева)* привез Булата на выступления в Калифорнию, как не отметить такое событие! Я.Склянский и *справа от Булата* – автор и Э.Баскин

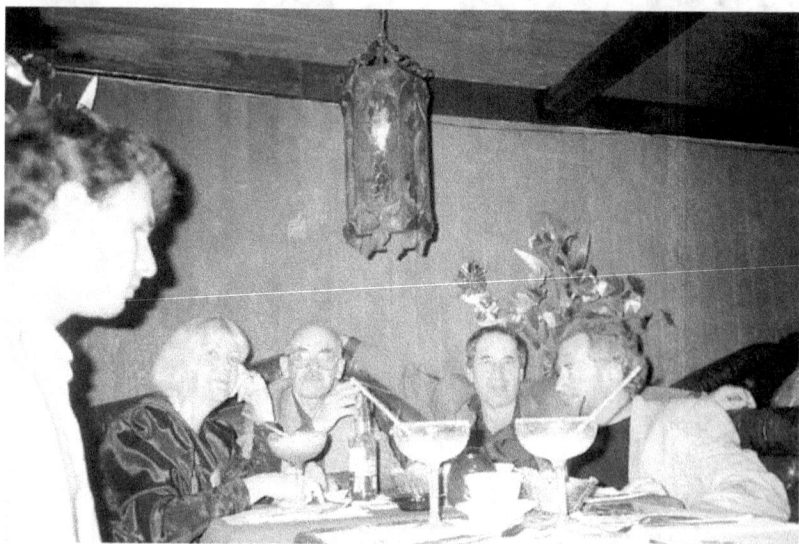

Лос-Анджелес. Наш ланч – отчасти в той же компании с Ольгой Владимировной и Булатом-младшим

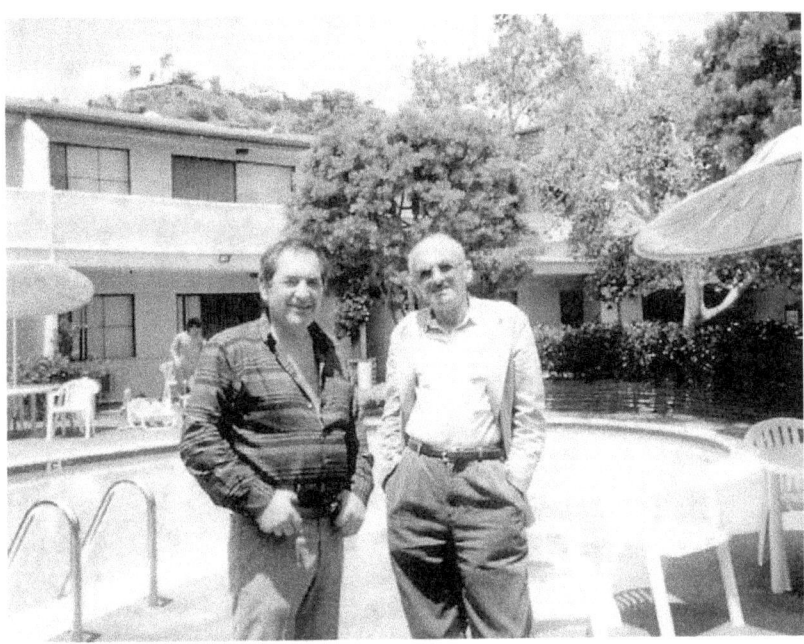

В один из приездов Булата в Лос-Анджелес. Из этого отеля в Западном Голливуде автор забрал его с семьей к себе домой. *На нижнем фото слева* – сын Булата (тоже Булат, взявший сценическое имя Антон)

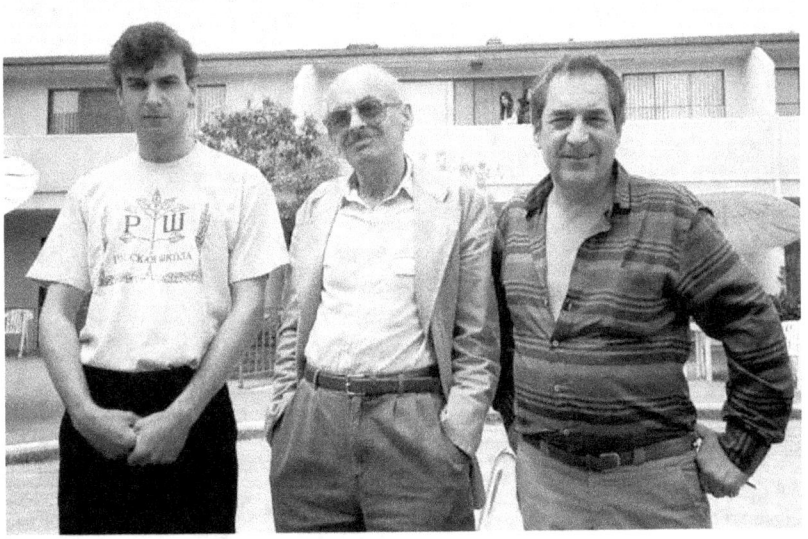

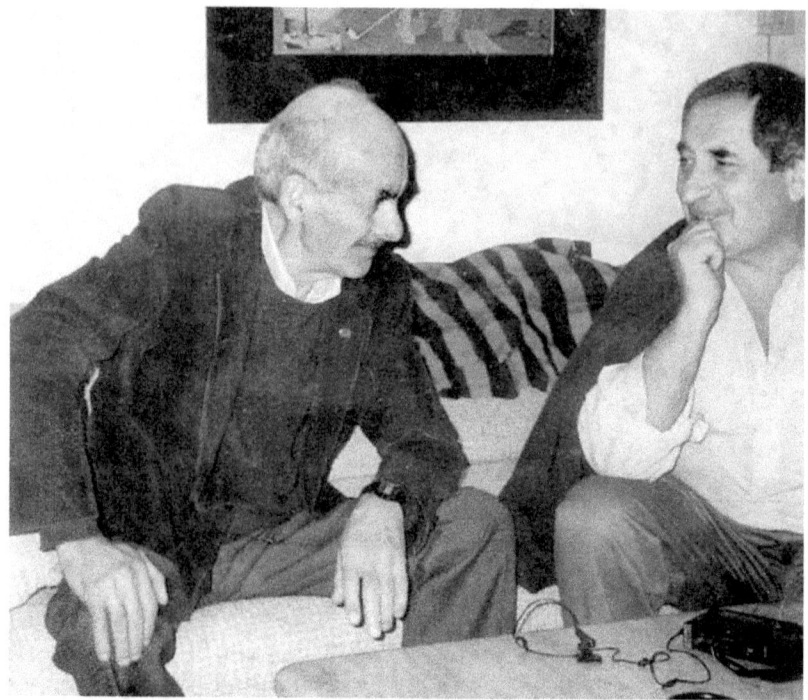

Окуджава в беседе с автором

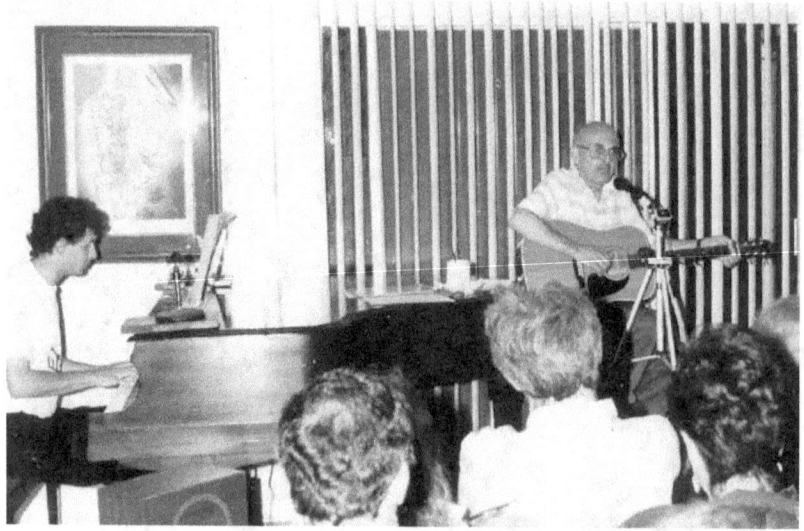

За неделю до операции на сердце: домашний концерт в доме А.Половца – здесь в те месяцы жил Булат с семьей

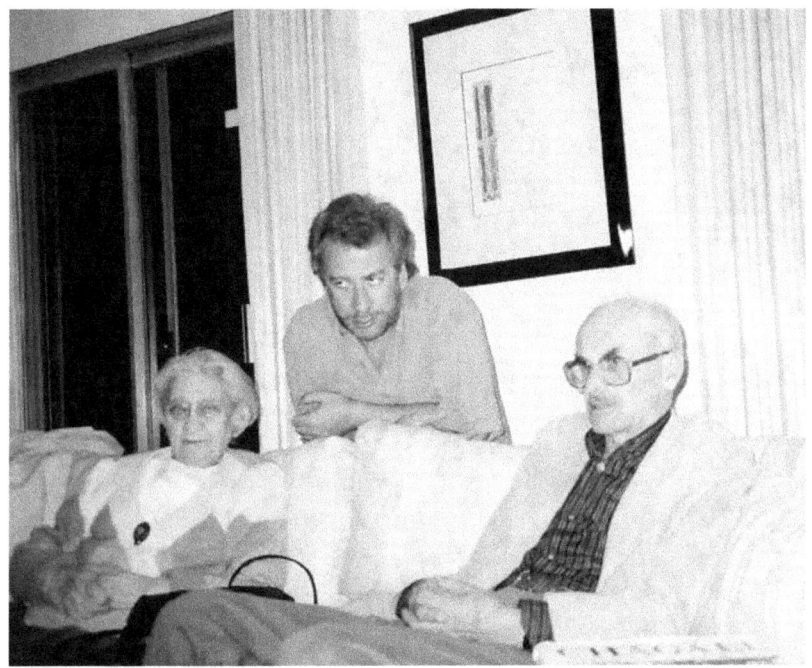

...А однажды провели мы вечер в доме Э.Баскина

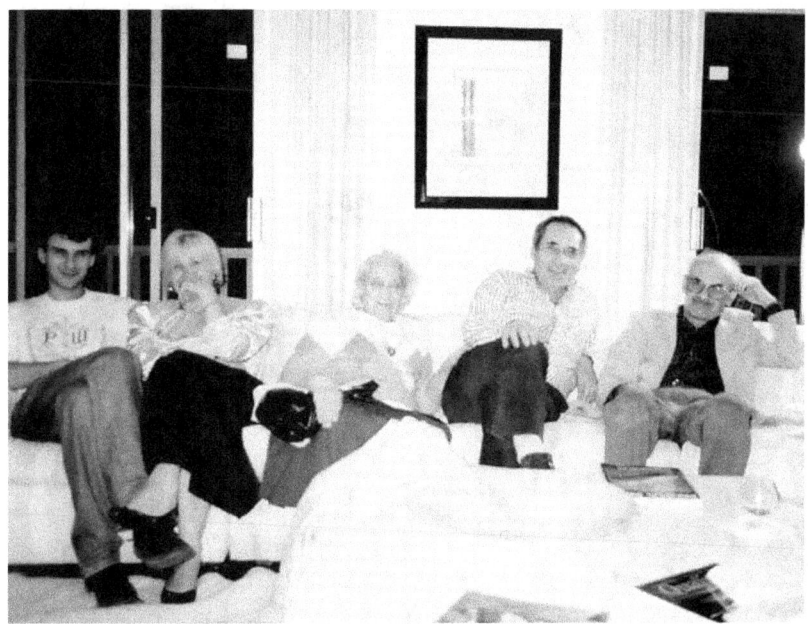

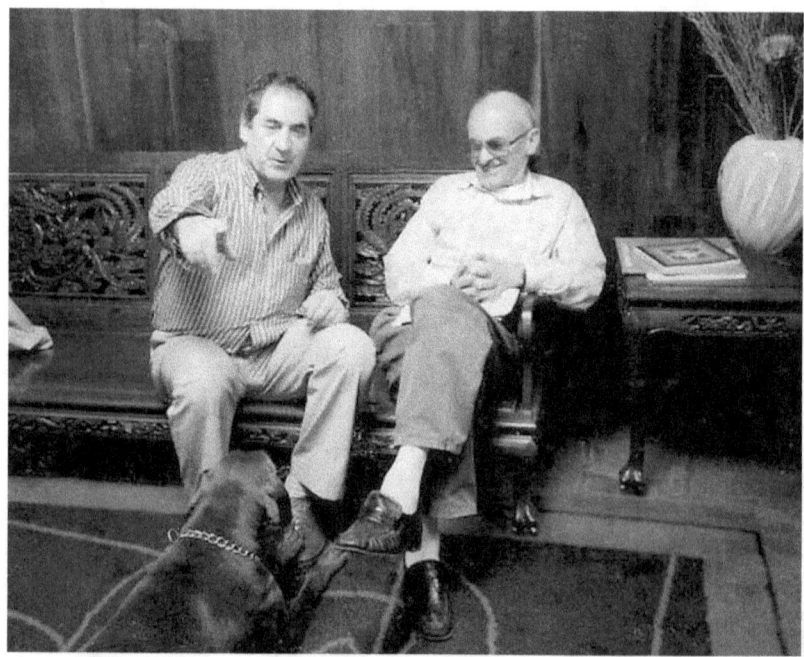

С доберманом Фобосом. Булат нередко вспоминал его при встречах и в письмах автору

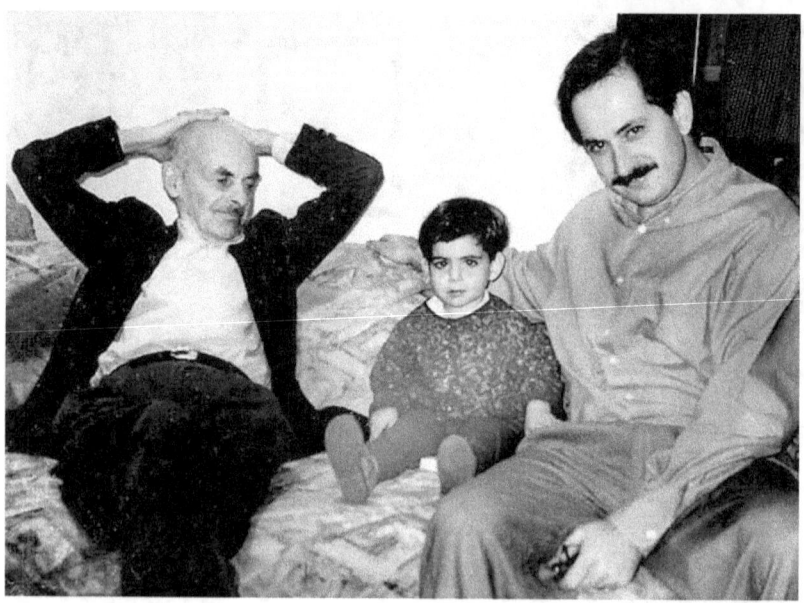

1994. В гостях у Станислава Половца, сына автора, между ним и Булатом дочь Стаса – Даниэла

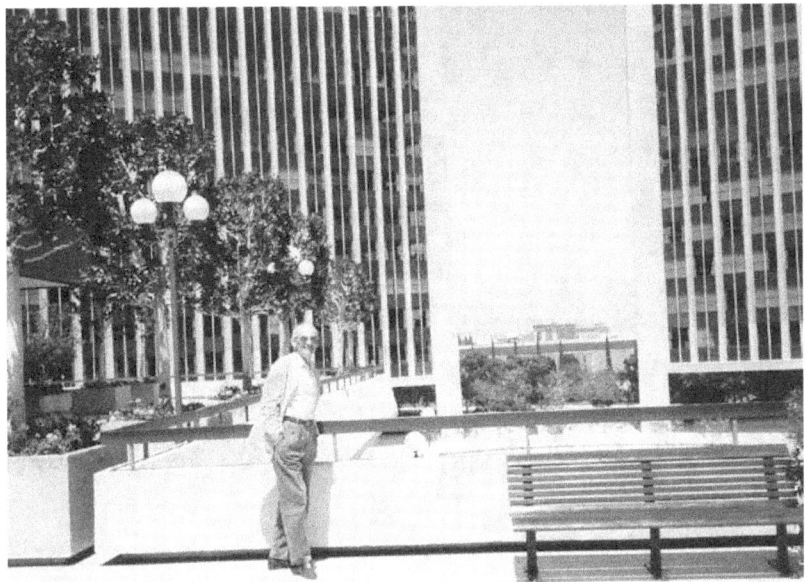

Сенчури-сити, «Город века» – одно из самых примечательных мест Лос-Анджелеса

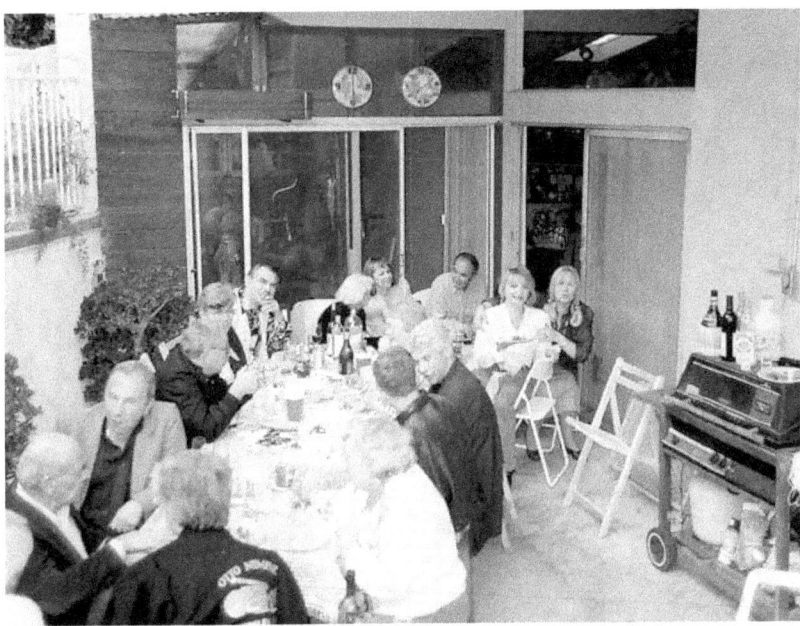

В Лос-Анджелесе Булату редко доводилось быть в одиночестве, что и хорошо: во дворе уже не так жарко, вот и Крамаров заехал пообщаться с друзьями

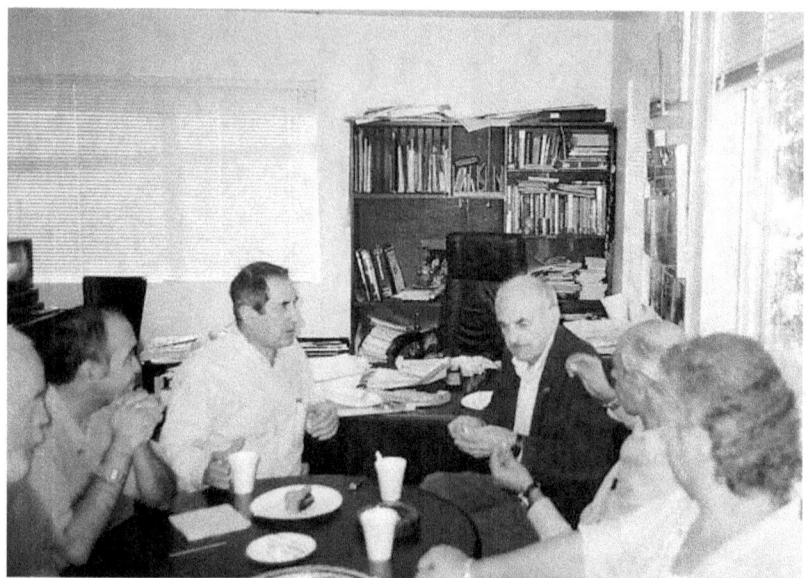

Замечательные гости редакции «Панорамы»: Булат – *в центре, справа от него* Петр Вегин и Э.Баскин, *слева, на переднем плане,* – Ираклий Квирикадзе, *позади него* Камрон Хакимов, «чудесный узбек» нашей редакции, *и за ним* – хозяин кабинета Александр Половец

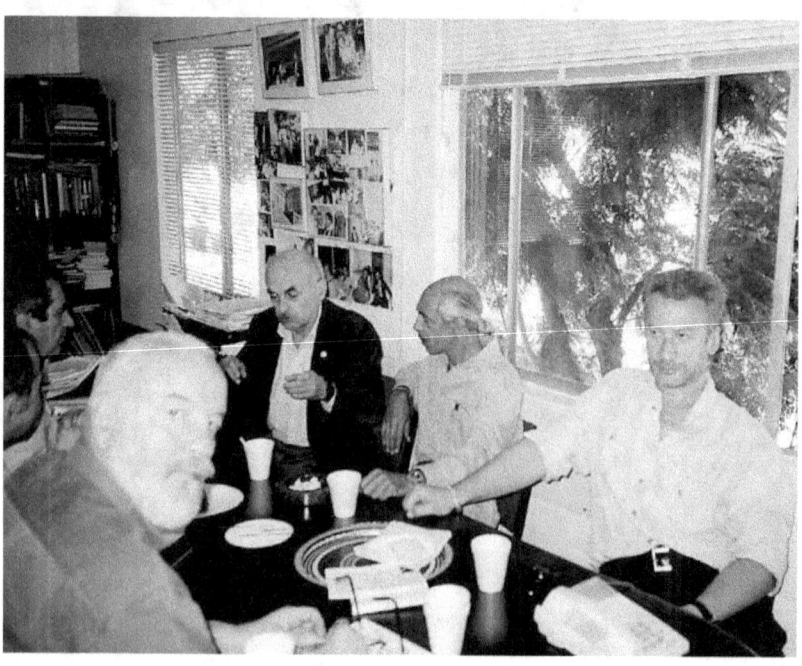

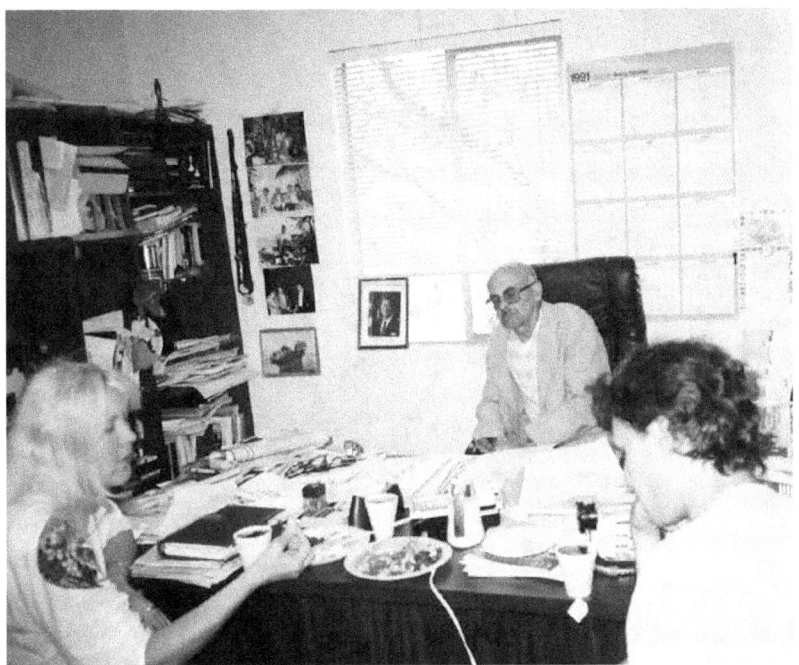

Булат с женой и сыном в редакции «Панорамы»

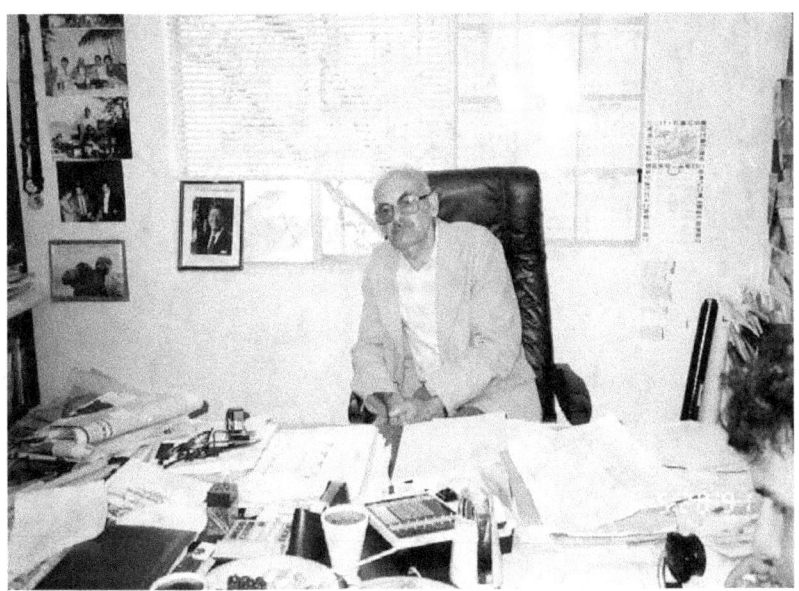

...а редактору случилось срочно отъехать на час

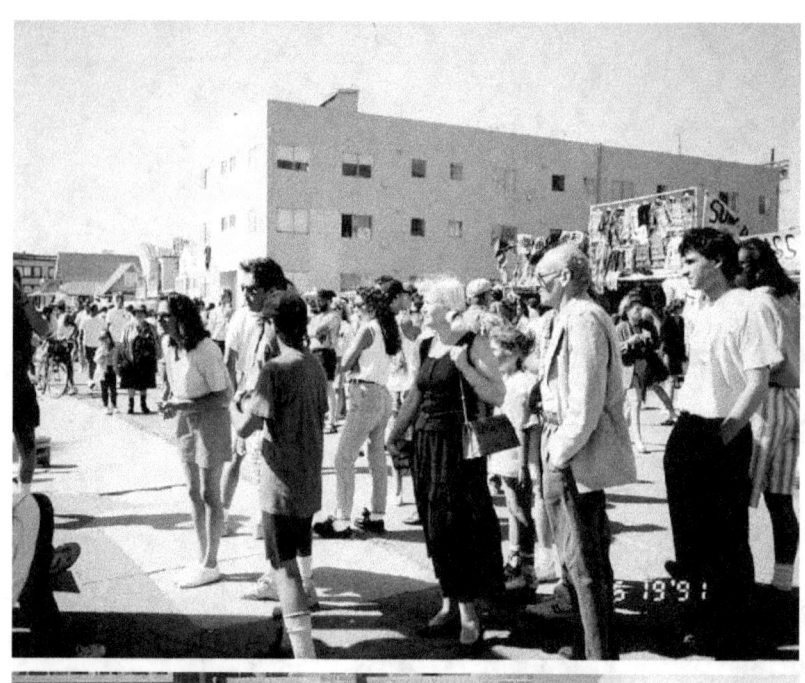

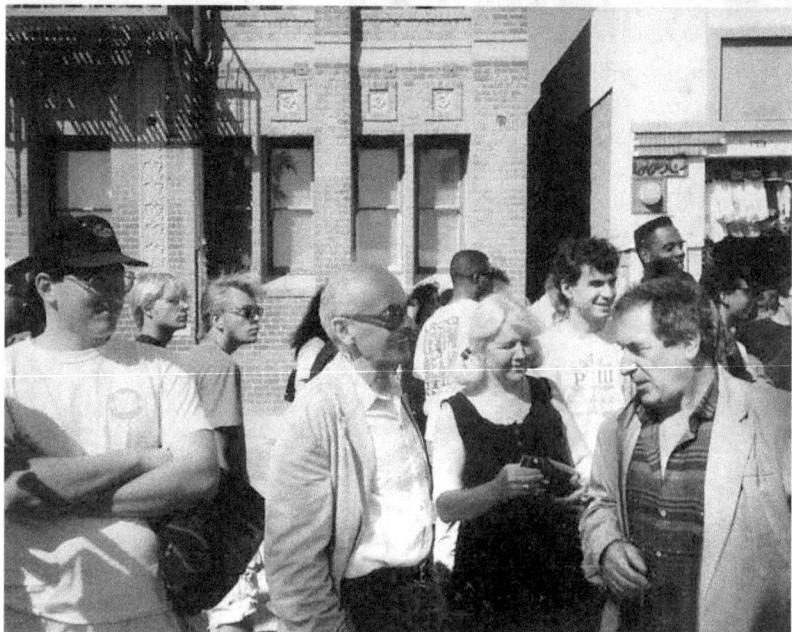

1991. Это – Венеция на Тихом океане в Лос-Анджелесе. Здесь замечательно дышится

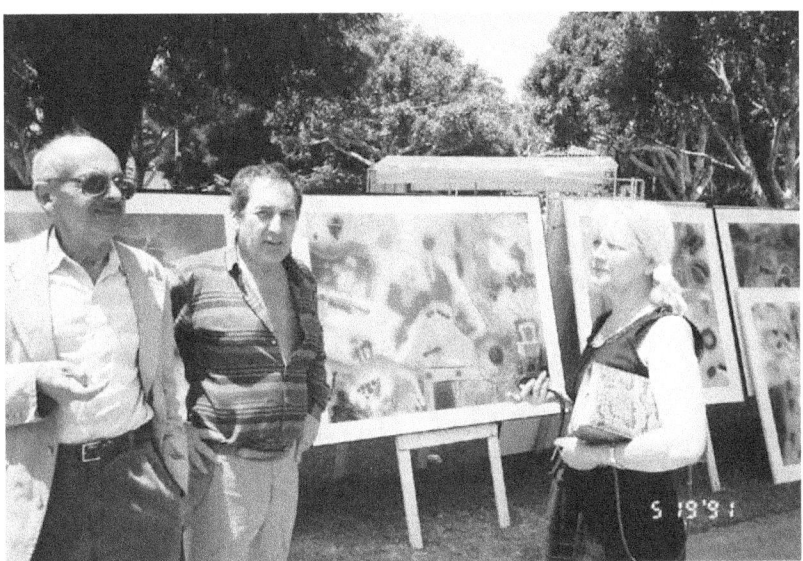

Западный Лос-Анджелес. Выставка-ярмарка картин художников со всего света – как не посетить такое событие!

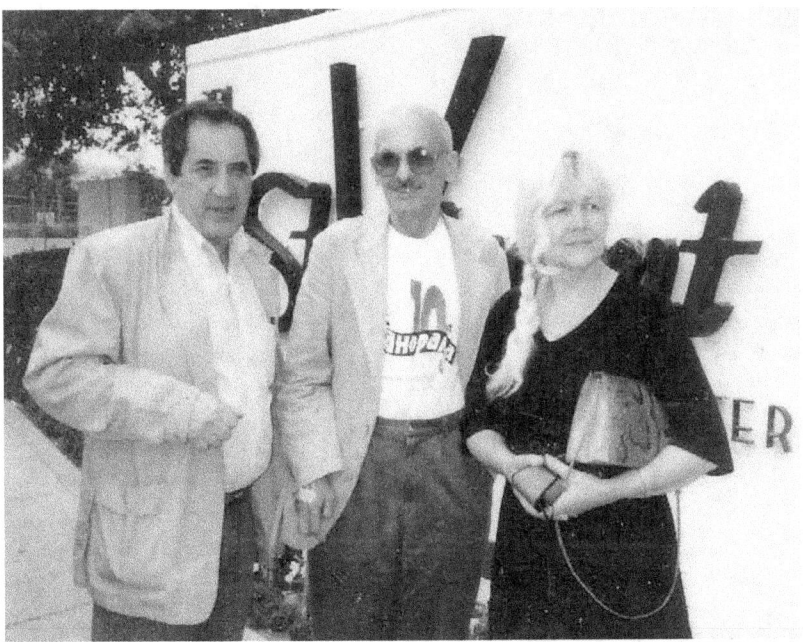

У входа в госпиталь Сан-Висенте – это недели спустя, после операции, мы возвращались сюда, чтобы услышать: «Сердце в порядке!» А пока было так...

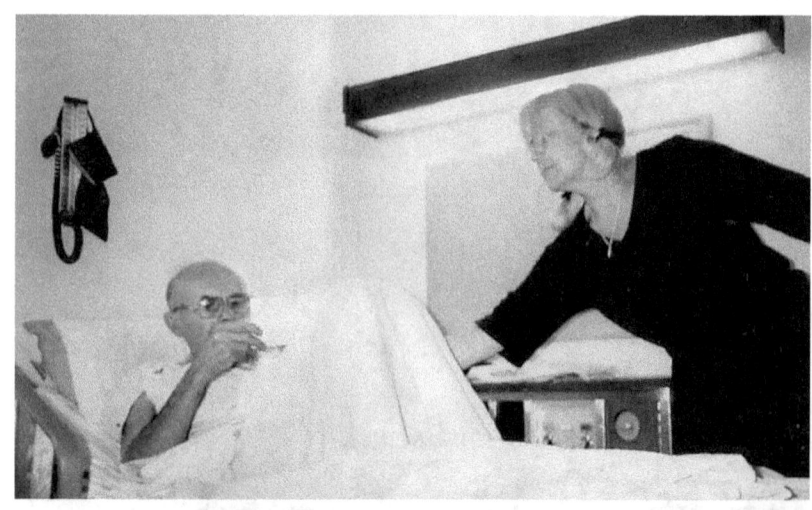

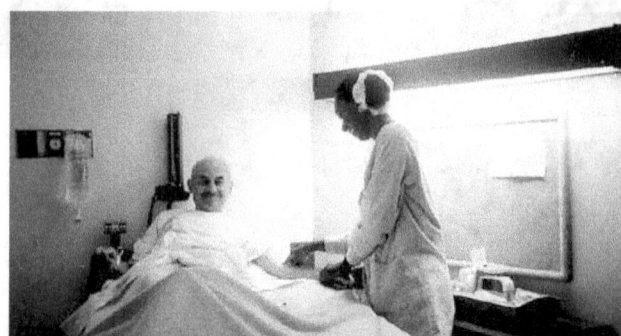

*Лос-Анджелес,
Госпиталь святого
Висенте, 1991.
Скоро операция...*

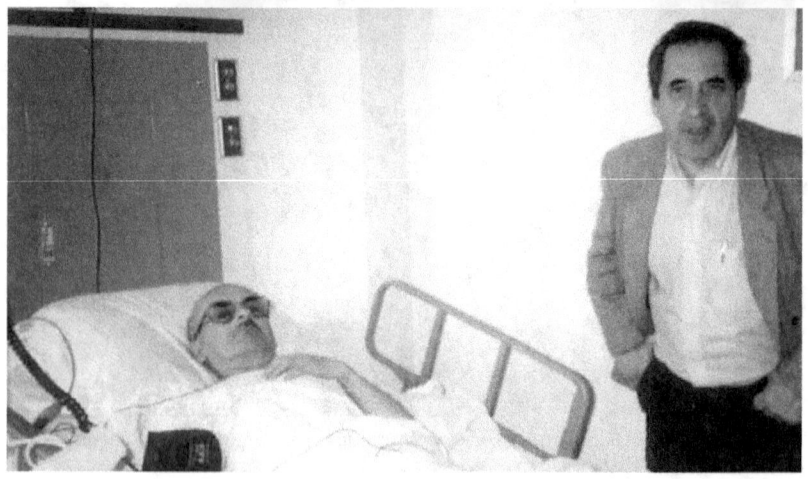

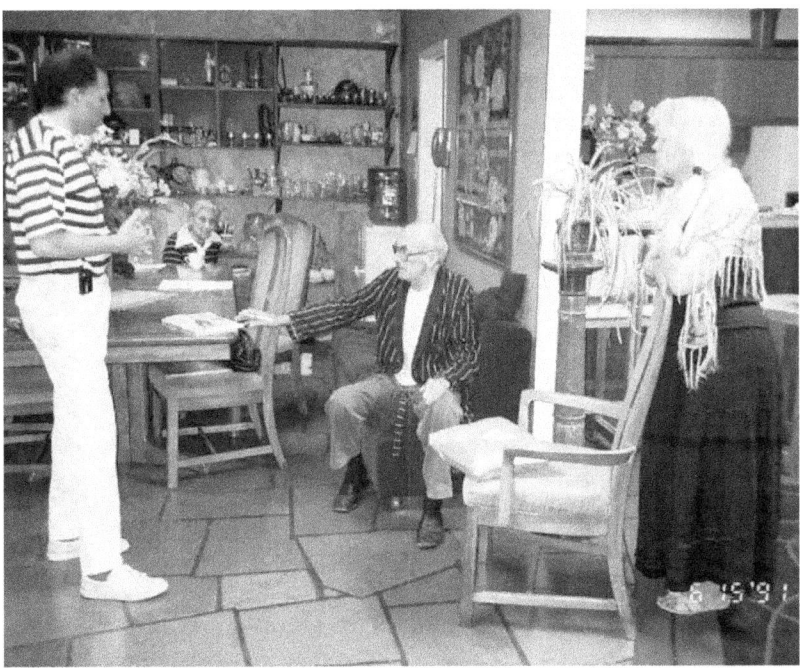

Диагноз, требующий хирургического вмешательства, был поставлен нашим земляком – доктором Ю.Бузишвили. Теперь, после операции, он постоянно навещает Булата дома у автора. *На заднем плане* – мама автора Дина Абрамовна

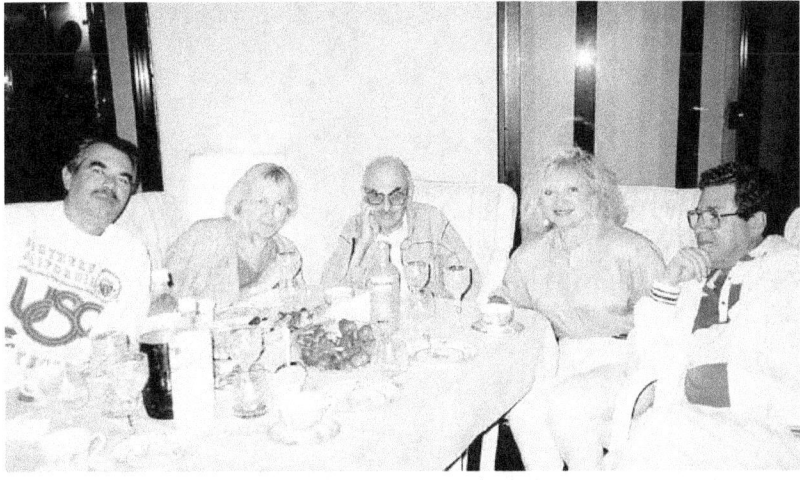

По рекомендации лечащих врачей найти место на побережье океана, автор перевез Булата с семьей в квартиру Миши и Лиды Файнштейнов в лос-анджелесской Марине – здесь они провели почти два месяца перед возвращением в Москву, *крайний справа* – Алекс Борисов

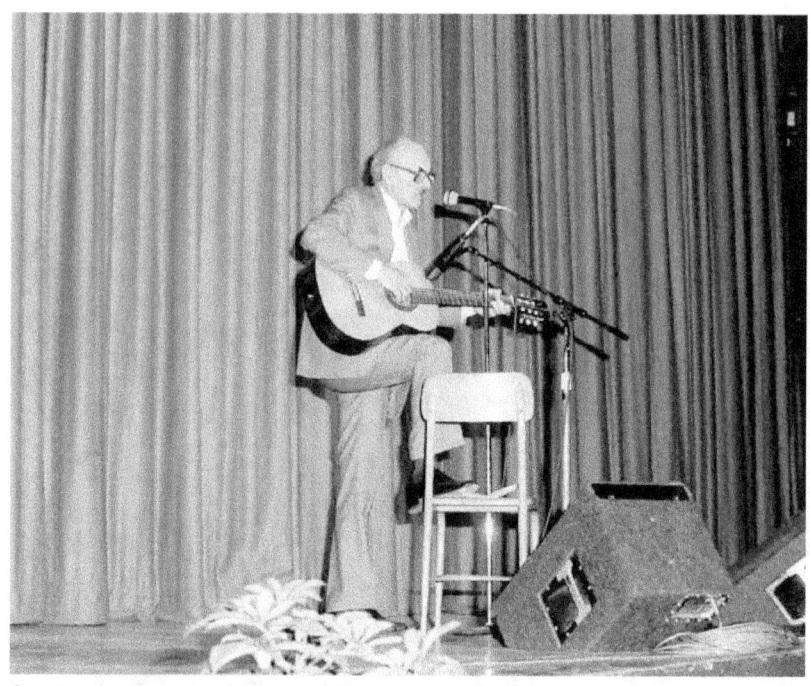

Операция позади, жизнь продолжается! Булат снова выступает

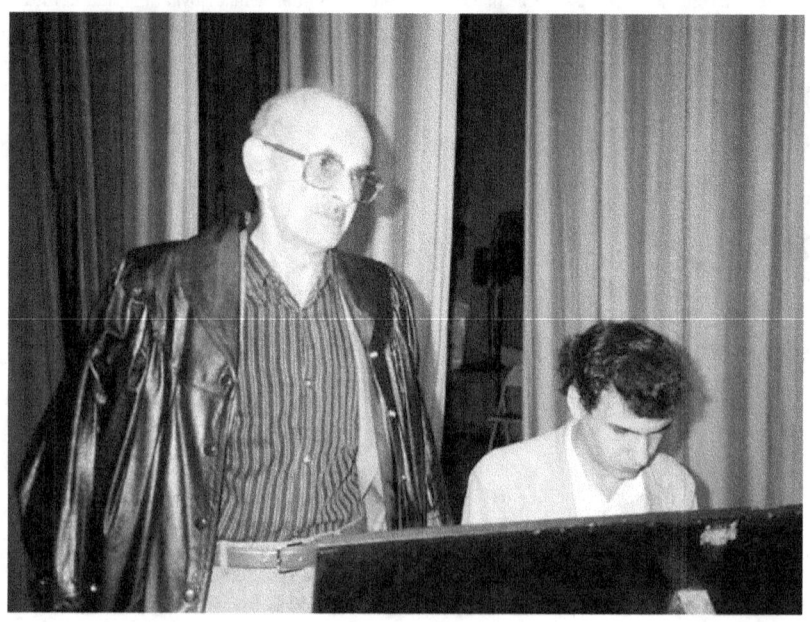

Александр Половец

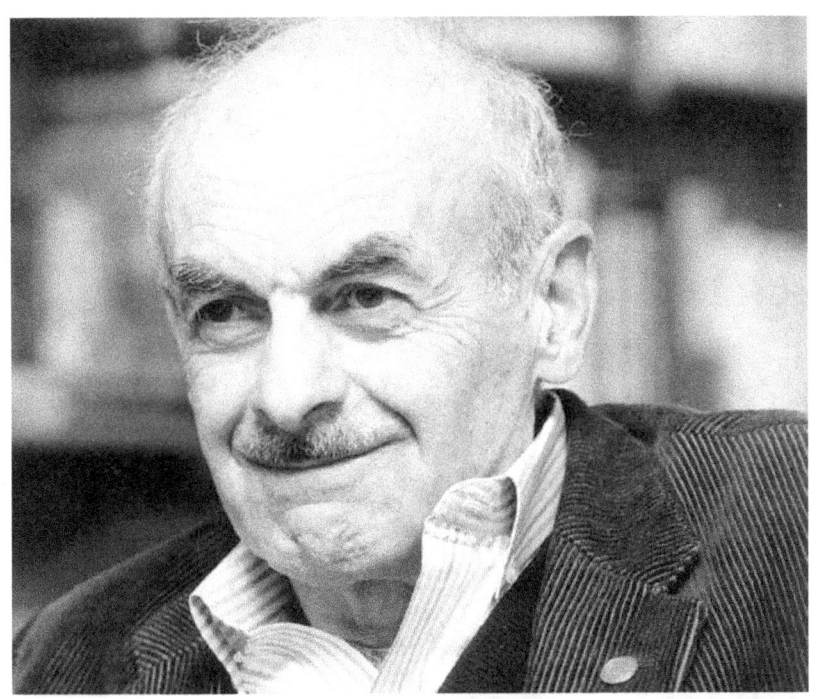

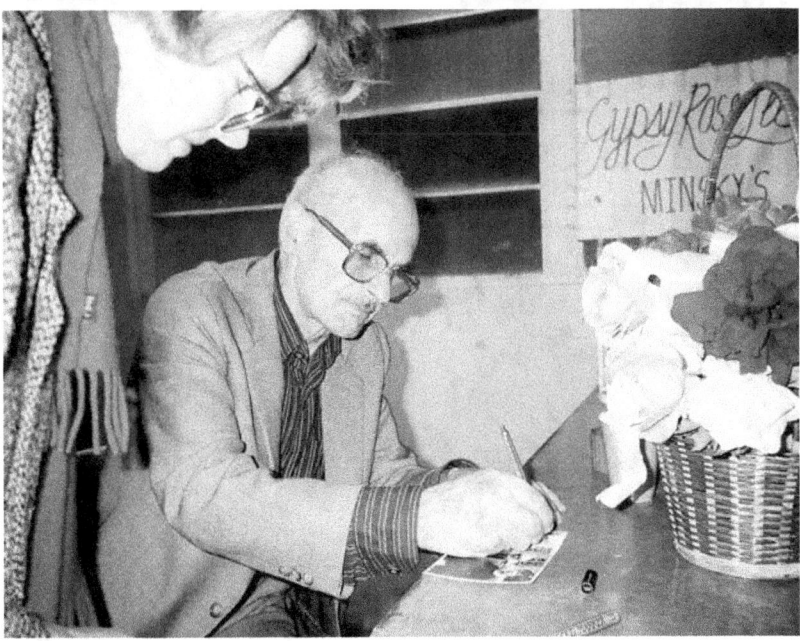

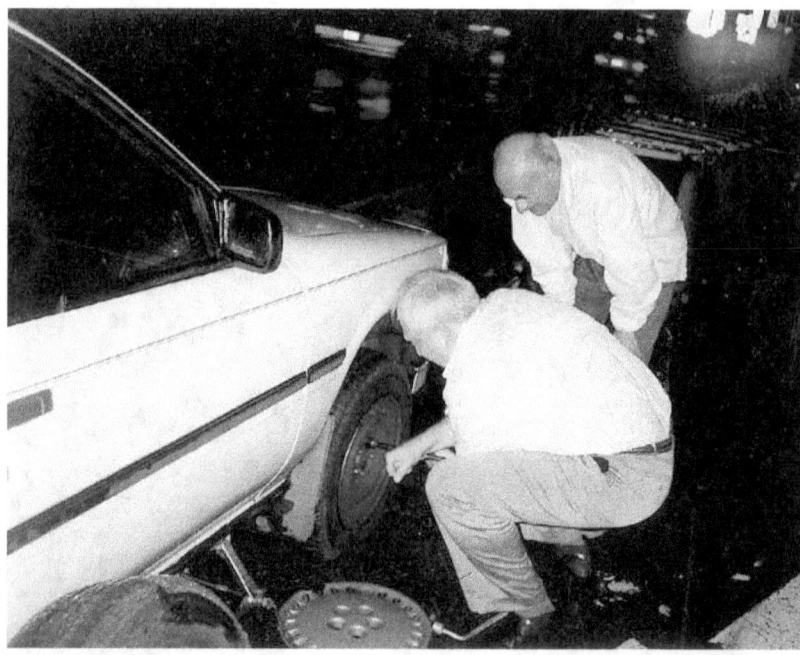

Тракт Бостон–Нью-Йорк. Не обошлось без дорожного приключения, и значит, нужно переждать час-другой

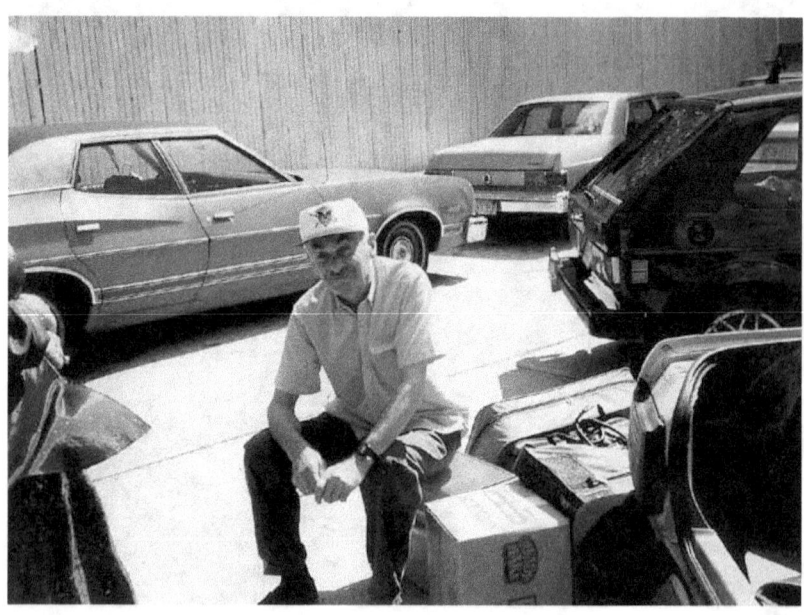

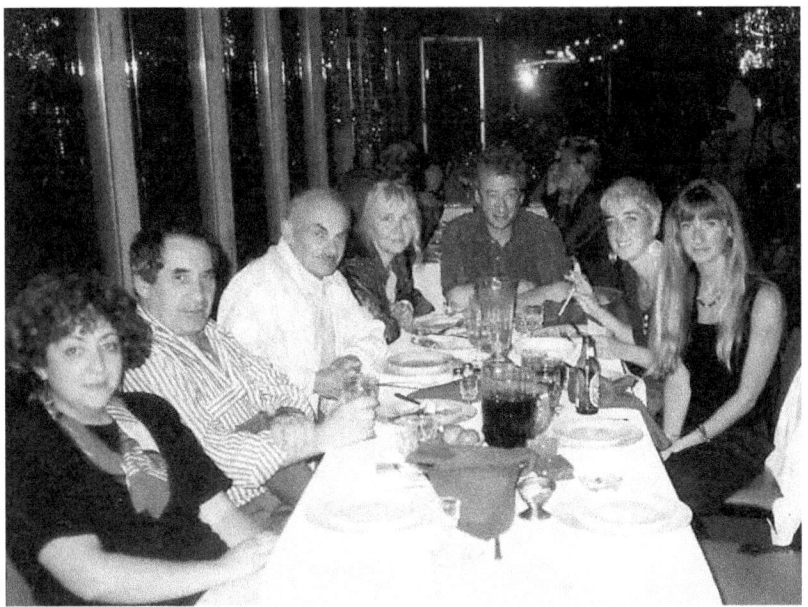

У Булата везде друзья-почитатели, которые рады показать ему лучший в Бостоне русский ресторан

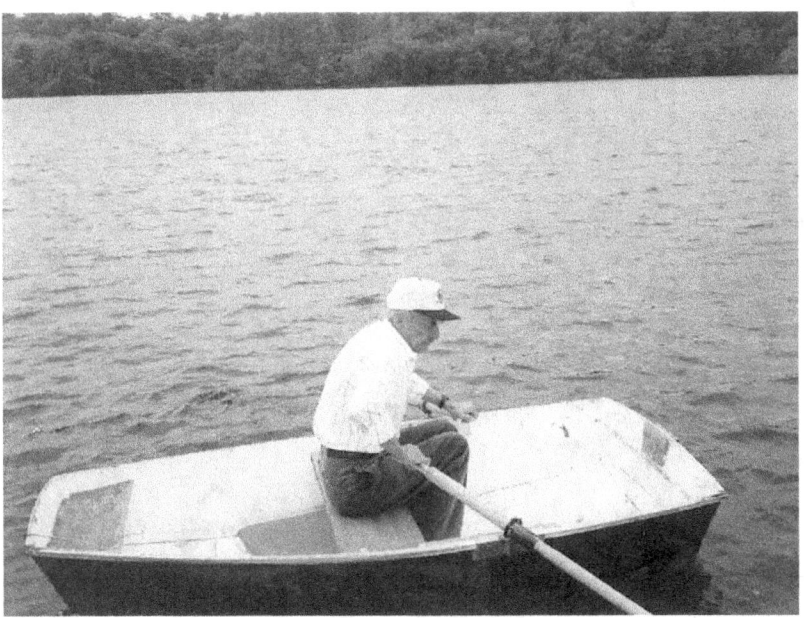

И, наконец, – пансионат «Аленушка», здесь можно расслабиться

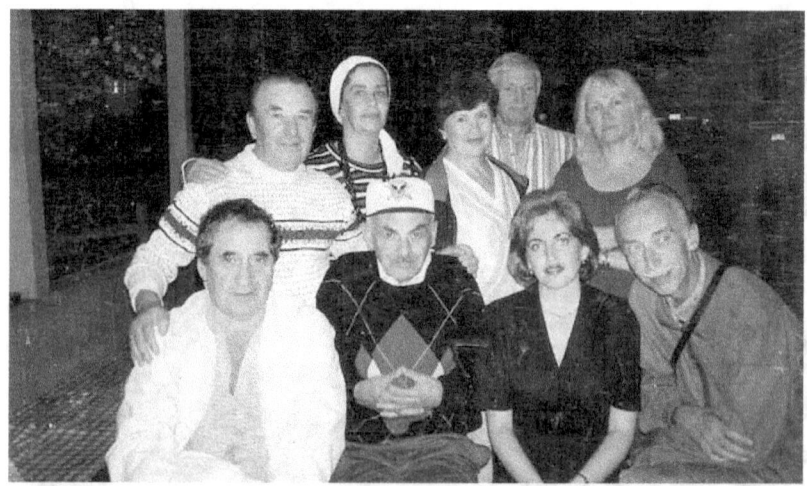

Пансионат «Алёнушка». Наш приезд из Бостона сюда совпал с каникулами поэта-сатирика Александра Иванова (его жена Ольга Заботкина – *на снимке в белой косынке*)

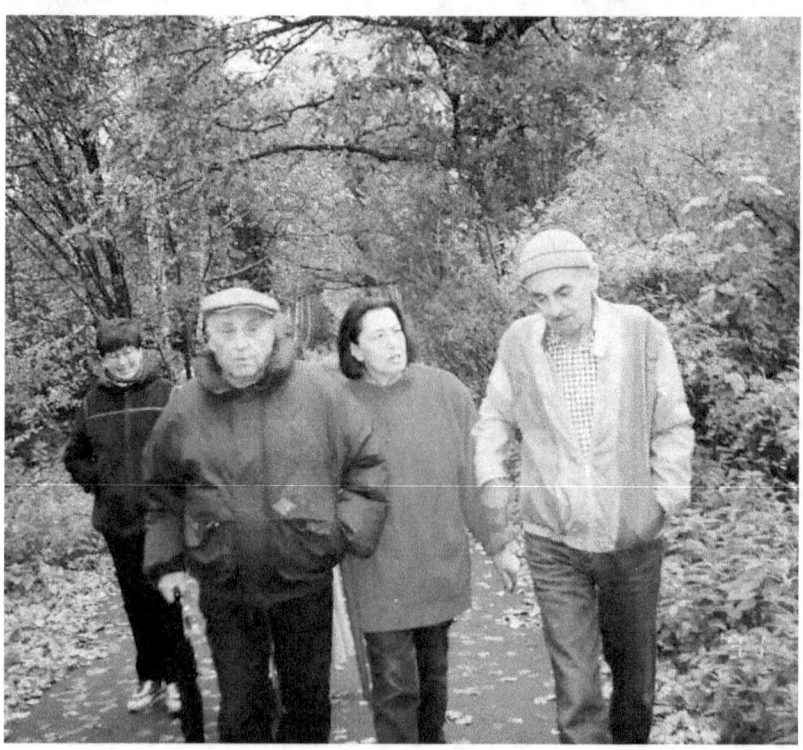

Аллеи Переделкино, начало 90-х. Булат на прогулке с писателем Рыбаковым и его женой

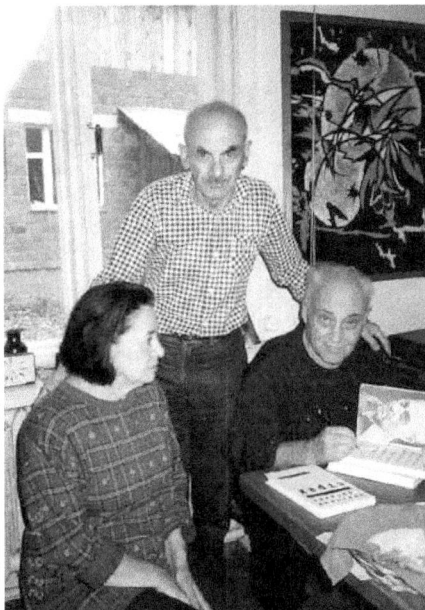

Переделкино, 1993.
На даче
у Рыбаковых...

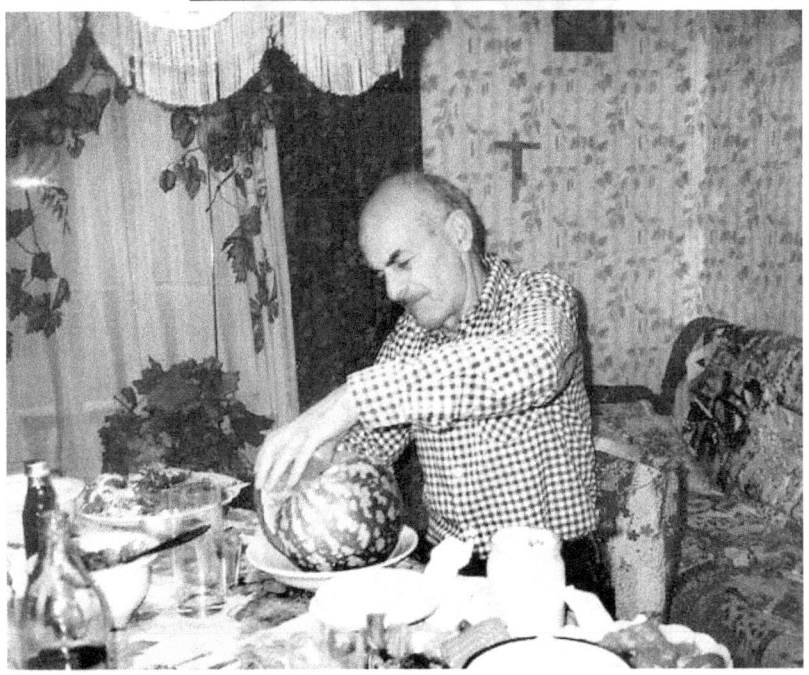

...и у себя на даче осенью 1996-го

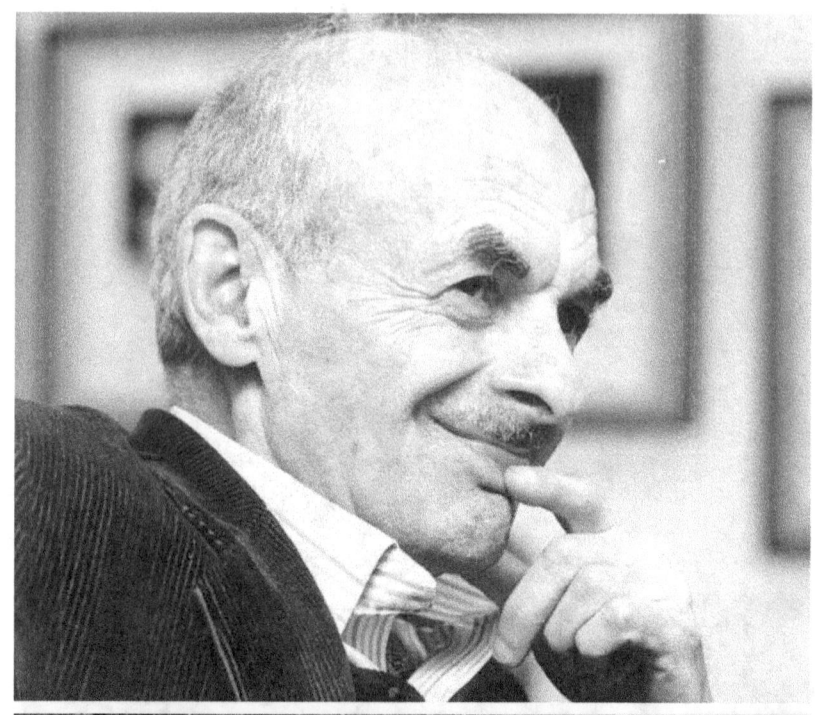

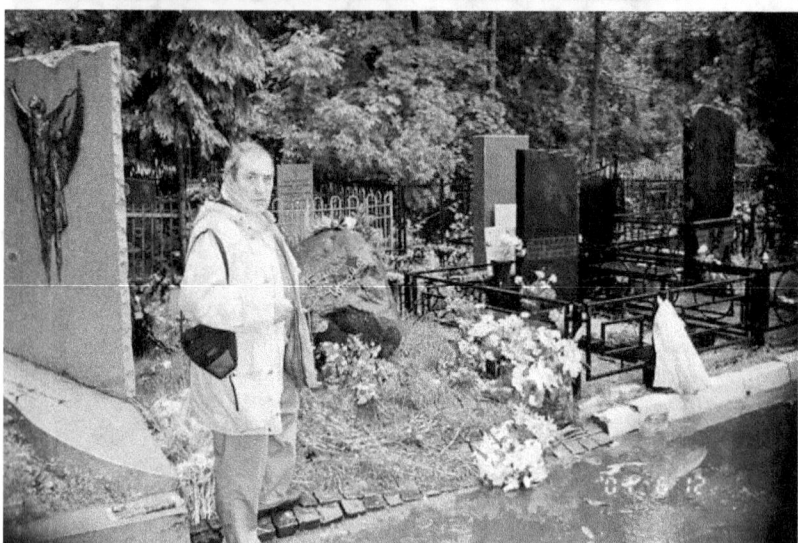

Ваганьковское кладбище, автор у памятника – здесь покоится прах Булата

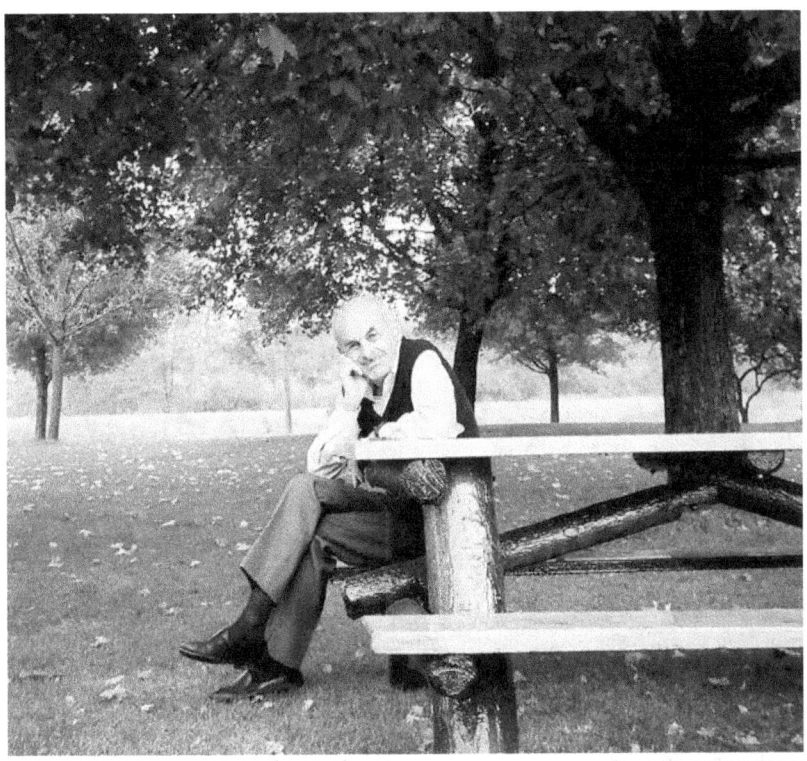

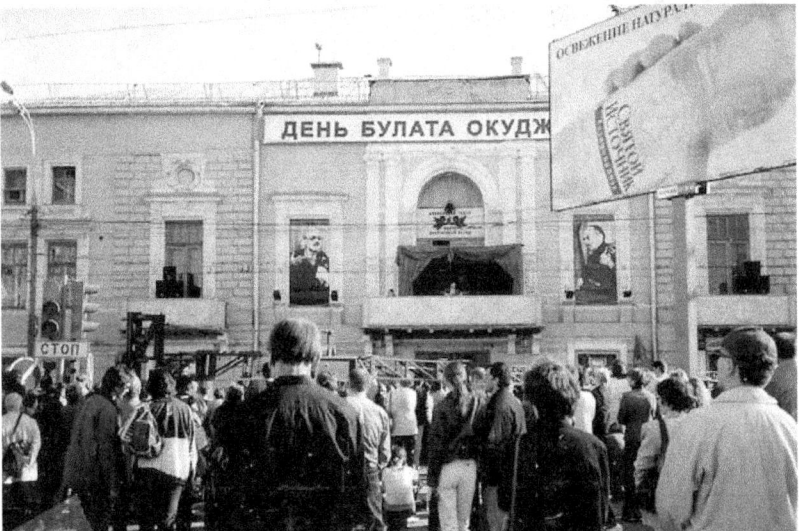

Москва, Трубная площадь. У Театра современной пьесы в день памяти Окуджавы

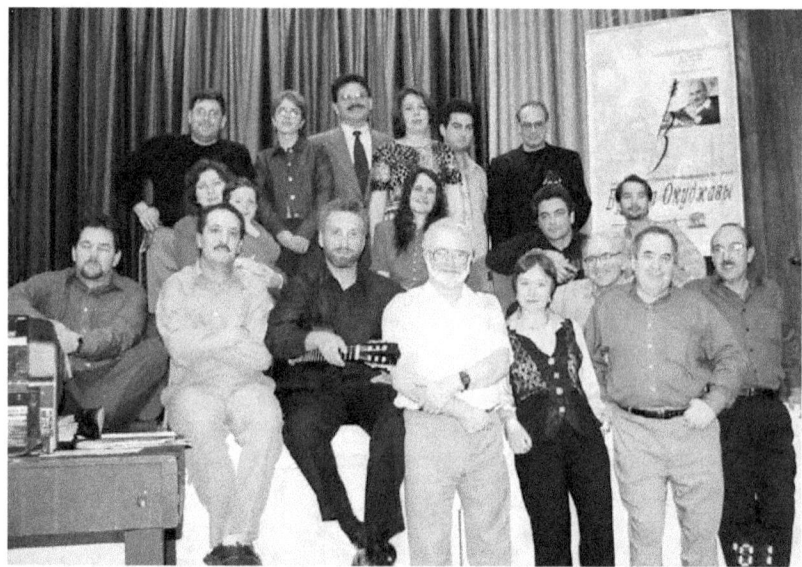

Лос-Анджелес, Вест-Голливуд Парк на бульваре Сан-Висенте. Наши барды чтят память Булата. Концерт ко дню рождения Окуджавы 7 мая 2001 года. *Верхний ряд:* Павел Брустинов, Инна Шварцман, Борис Штейн, Наташа Шварцман, Владимир Розенбаум, Евгений Альпер. *Средний ряд:* Татьяна Брустинова с Сашей, Марина Генчикмахер, Павел Краснер, Дмитрий Беранский. *Нижний ряд:* Вячеслав Тросман, Владимир Рагимов, Сергей Аракелов, Анатолий Штейнпресс, Ирина Михайловская, Борис Гольдштейн, Александр Половец, Вадим Маркарян

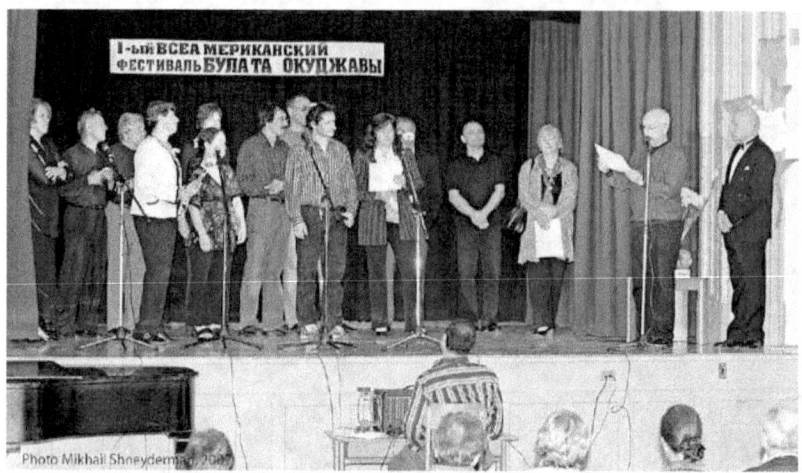

2007. Американский культурный Фонд Булата Окуджавы провел в Лос-Анджелесе, Сан-Диего и Сан-Фанциско Всеамериканский фестиваль памяти поэта, куда съехались десятки бардов и исполнителей песен Окуджавы. На сцене Фестиваля его участники, решение конкурсного жюри зачитывает председатель Александр Городницкий

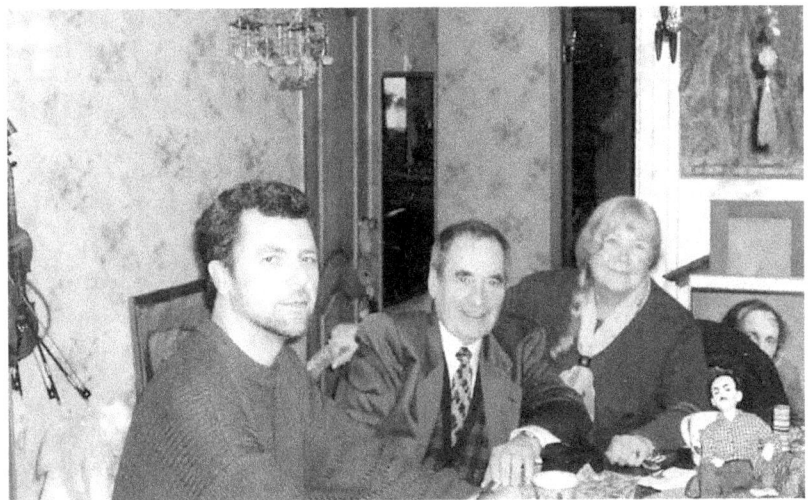

Москва, Безбожный переулок, квартира Окуджавы, 2003. Здесь только что заседал Российский Фонд Окуджавы, им руководит вдова поэта Ольга Владимировна

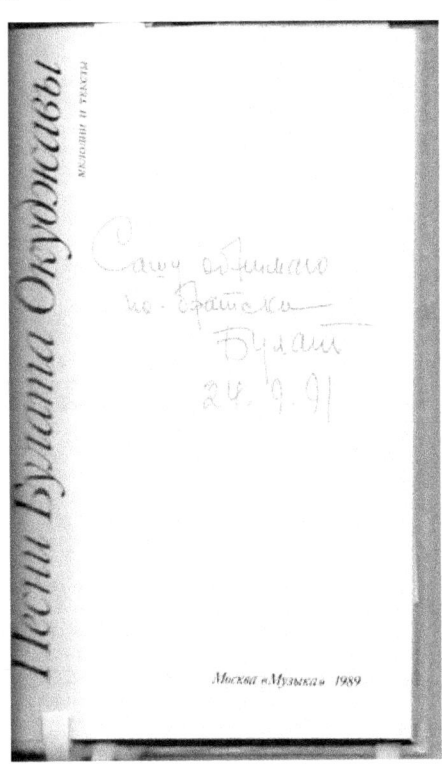

Автор не удержался от соблазна заключить посвященные Окуджаве страницы фотоальбома копиями писем Булата. Тем более, что в 2012 году они были опубликованы с научными комментариями в 9-м выпуске Альманаха **ГОЛОС НАДЕЖДЫ**. Новое о Булате Окуджаве» (Москва)

Дорогой Саша!

Сижу за столом, а передо мной Ваше святое семейство. Любуюсь. Чего же ещё? Даже если сделать скидку на обязательные фотоулыбки и даже на специальные, соответствующие моменту позы, — всё равно — полть счастливых и живых людей одного корня!

В Переделкино все листья облетели. Всё. Теперь уже на долгие шесть месяцев приходим зима.

Может быть, в январе мы с Булей прилетим на шесть дней в Монреаль для двух концертов. Деньги даром — не откажешься.

Сейчас в двух номерах „Знамени" вышла первая книга романа. Вышли две книги новых стихов и автобиографич. рассказов, но не знаю, как тебе вручить: почта — это опасно, а оказии пока не знаю.

Не собираешься ли к нам?

Передай мои сердечные поцелуи всем, запечатленным на снимке, а также „Панораме" и Феффаксу, и собачке, что любит ходить по пятам, как заправский сыщик.

Обнимаю

Булат

Дорогой Саша!

Пользуюсь приездом в Лос-Анджелес нашего друга Алика, чтобы поздравить тебя, замечательную „Панораму", всех её сотрудников, а так же Дину Абрамовну, Фобоса — с юбилеем этой самой замечательной „Панорамы"!

Ныне в штатах это самая основательная русская продукция, избежавшая, к счастью, желтой болезни.

Приехать, к сожалению, мы не можем, но, надеюсь, как-нибудь выберемся.

В Переделкино осень. В России бардак. Но не столько по злому умыслу, сколько по невежеству.

Обнимаю тебя от всех нас

Булат

Дорогой Саша!

Как будто ничего и не было: ни Америки — ни Вермонта, ни „Алёнушки". Вот так всегда.

Теперь сижу в Переделкине и пытаюсь работать.

После того, как проводили тебя, была якутская кероптрёчка, т.к. замечательный наш водитель, не знал, куда причалить, и мы, теряя время, носились по всей громадной территории аэропорта в поисках нашей двери. И уже махнули рукой, т.к. оставалось двадцать минут, и лихорадочно соображали, куда деваться без денег, т.к. последние всучили тебе. И тут Бог помог, и мы увидели наш вход и побежали, почти рыдая, и успели !!!

Мы виделись слишком наспех, и я забыла передать тебе письмо Лазаря Лазарева. Посылаю.
Всем приветы и поцелуйчики
Обнимаю Булат

Дорогой Саша!

Недавно получил твоё сентябрьское письмо! Лазарю позвонил, но ему как-то уже не до этого. Ну ладно.

Мы в декабре жили в Израиле. Это было чудесно! Было 14 концертов. Я страшно обалдел, но за валюту чего не сделаешь?

Теперь отсиделся в Переделкино, отгриппновал и в конце января — в Бонн. Но, слава Богу, не выступать, а в составе официальной делегации бить баклуши. Тоже приятно.

У нас, конечно, сложно и тревожно, но, думаю, постепенно выдюжим. Хотя все восторги по поводу стойкости великого русского и т.ч. теперь уже легенда, т.к. вместо этого советский народ, а это совсем другое дело, и он не стойкий, не великий...

Ты прав: москве нынче не до "Панорамы".

Всем самый сердечный привет. Осо-бо — Анне Волох, Коганам, Файнштейнам, Яшебебе, доктору Файну, Пете... Женщину с глазами Фаи-ны Раневской поцелуй. Обнимаю Булат

Дорогой Саша!

Нет-нет да и представлю себя, ходящим вокруг твоего бассейна, и Фобоса, с недоумением вынюхивающего следом... Или я иду по Ферраксу и – знакомый дом, где милые дамы усвистают кофе.

Как будто вчера!

Сейчас смущу в Переделкино, пишу понемногу, даю стереотипные, ленивые интервью, пишусь на кухне, смущу, чтобы не померзла картошка в сарае. По утрам гуляю. В руке – палка от местных Фобосов. Иногда заглядываю в Москву, где суета и скука, и грязь, и раскуроченный асфальт. Еду и дрожу за машину: вдруг испортится, сука, что тогда делать?

Бензин дорожает, я уж не говорю об остальном.

Писатели закрылись на дачах, варят кашу и пишут «Войну и мир».

Посылаю тебе воспоминания старого больного узника Маутхаузена, которое он почему-то прислал мне, чтобы я переслал их тебе. Посмотри, может, сможешь дать отрывок, ублажить трехразового инфарктника. Я – всего лишь передаточная инстанция. Во всяком случае прочти ему да или нет.

Пока загадывать трудно, но, может быть, в июле удастся приехать в Вермонт, куда настойчиво приглашают.

Ты не собираешься в Москву?

Обними всех от нас

Обнимаю

Булат

P.S. Я написал письмо Ячне, но ответа от него нет. То ли не получил, то ли обижен. Скажи ему пусть не обижается и передай, что после больших трудов мне удалось узнать в нашем бардаке, что за давностью сроков я чист перед нашим кино, и если он не остыл, всё у нас остаётся в силе.

Александр Половец

ВСЕАМЕРИКАНСКИЙ КУЛЬТУРНЫЙ ФОНД БУЛАТА ОКУДЖАВЫ

О ПРОВЕДЕНИИ ФЕСТИВАЛЯ-КОНКУРСА
ПАМЯТИ ОКУДЖАВЫ

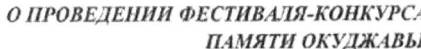

Не оставляйте стараний, маэстро...
Булат Окуджава

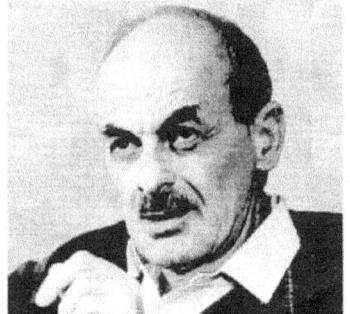

Фонд был основан в 1991 г. в Лос-Анджелесе по инициативе главного редактора «Панорамы», писателя Александра Половца, которого связывала с поэтом многолетняя дружба.

В задачи Фонда входит сохранение литературного и музыкального наследия Булата Окуджавы, развитие традиций русской авторской песни в Америке, приобщение разных поколений наших соотечественников к русской культуре. Фонд тесно связан с Российским региональным фондом Булата Окуджавы и Музеем Поэта в Москве, возглавляемыми Ольгой Владимировной Окуджава. Фонд приобрел и передал российскому музею Окуджавы современную цифровую аппаратуру для сохранения творческого наследия поэта. Фонд организовал концерты Евгения Евтушенко, Евгения Рейна, Владимира Купина, Татьяны Кузовлевой, Виктора Берковского, Вадима Егорова, Александра Дулова и других известных литераторов и бардов, а также выставки работ художников, чьи произведения связаны с личностью и творчеством Булата Окуджавы. В 2007 г. Фонд готовится провести Всеамериканский Фестиваль Булата Окуджавы. Фестиваль будет проходить в Лос-Анджелесе и Сан-Диего с 23-го по 25-е марта. Ольга Владимировна Окуджава выразила согласие быть почетным председателем жюри и оргкомитета Фестиваля. Выдающиеся российские барды Александр Городницкий, Юлий Ким, Сергей Никитин, Вадим Егоров, Алексей Иващенко и другие, а также музыковед и исполнитель бардовских песен Владимир Фрумкин приглашены быть членами жюри и участниками концертов в Лос-Анджелесе и Сан-Диего.

В программе Фестиваля:

Вечер воспоминаний о Булате Окуджаве. За круглым столом – ведущий Владимир Фрумкин и российские барды – беседа, воспоминания, песни.
Пятница, 23 марта, Лос-Анджелес.

Большой концерт-конкурс на лучшее исполнение песен Булата Окуджавы, стихов и песен, посвященных ему, премии победителям конкурса, конкурс зрительских симпатий и выступления российских бардов. Всем участникам конкурса будут вручены почетные грамоты.
Банкет участников концерта, почетных гостей и членов Фонда.
Суббота, 24 марта, Лос-Анджелес.

Заключительный концерт участников конкурса и российских бардов.
Воскресенье, 25 марта, Сан-Диего.

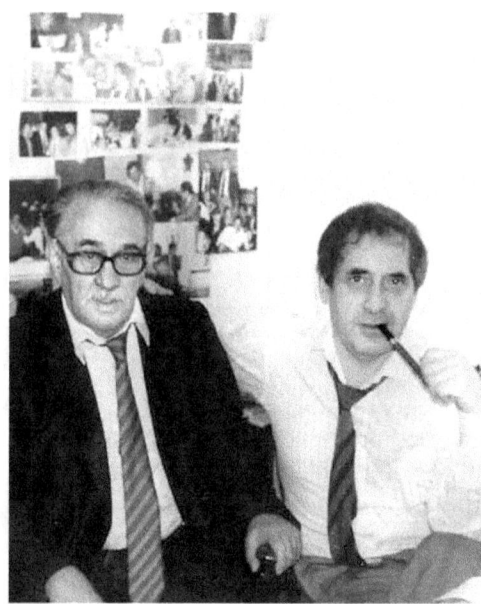

Дорогой Александр Половец,
[рукописный текст]

10.6.1987.

Редакция «Панорамы»,
середина 90-х.
Легенда советских диссидентов
Абдурахман Авторханов, автор
«Технологии власти» и других
книг, за обладание которыми
грозил немалый срок

Василий Аксенов

МОСКОВСКАЯ САГА
трилогия

[рукописная дарственная надпись]

Саше Половцу
в Москве
26 июля 1999,
в доме из саги
[...]

Издательство
«ИЗОГРАФЪ» Твой
Москва
1999

В. Аксенов

Сан-Франциско, начало 80-х.
Знаменитый Фишермен –
рыбный рынок
на набережной

Александр Половец

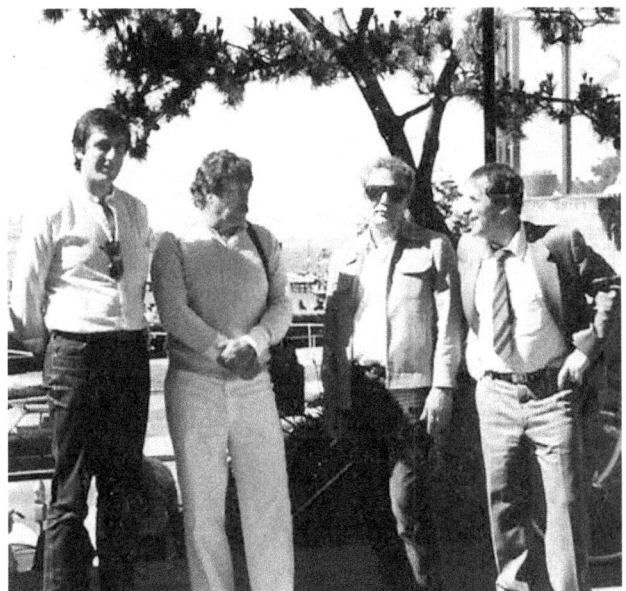

*Сан-Франциско,
начало 80-х.*
Вышедший из
советской тюрьмы
Владимир Буков-
ский с удоволь-
ствием фотогра-
фируется на фоне
американской
тюрьмы Алькатрас,
здесь давно уже
никто не сидит.
Слева направо:
диссидент Ярым-
Агаев, Василий
Аксенов, Владимир
Буковский, Алек-
сандр Половец

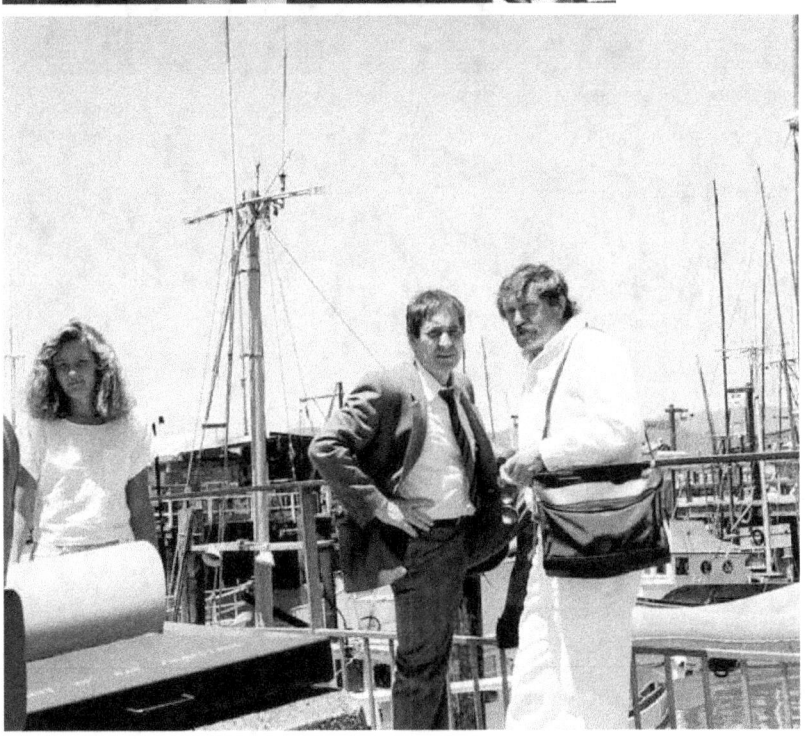

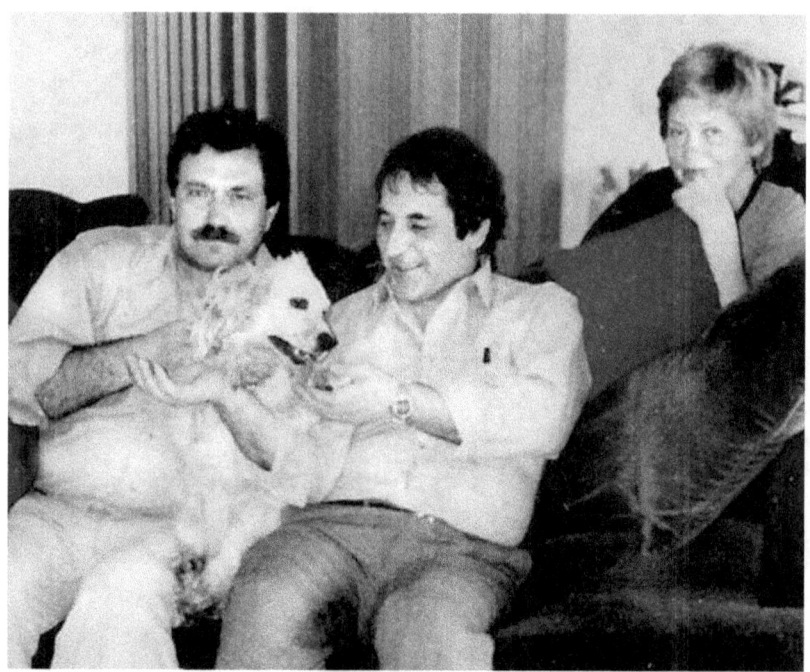

Вашингтон, 1982. Спаниеля Аксеновых звали Ушик

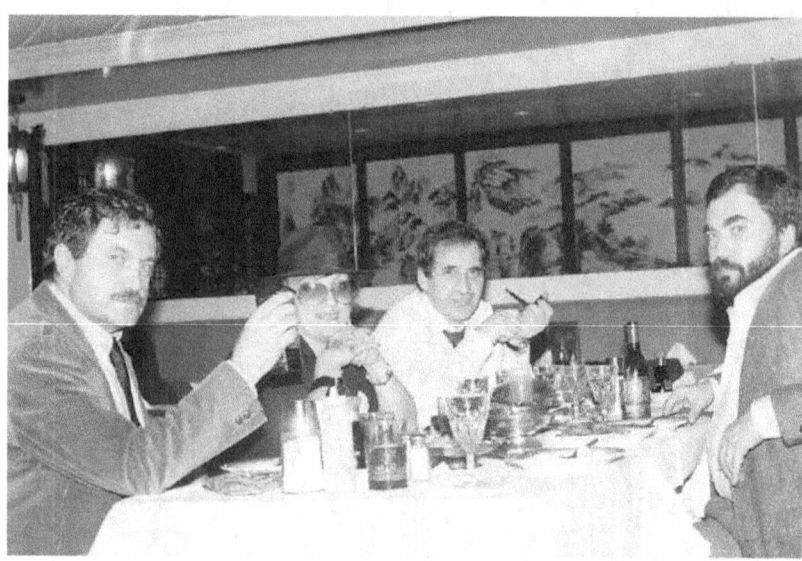

Вашингтон, 1984. За лёгким ланчем: *справа от В.Аксенова* фотограф Л.Фёдорова, *справа от автора* – поэт А.Цветков

Александр Половец

ЦДЛ. Как не похвастать поклоннику джазовой музыки фотографией внучки, играющей на саксофоне...

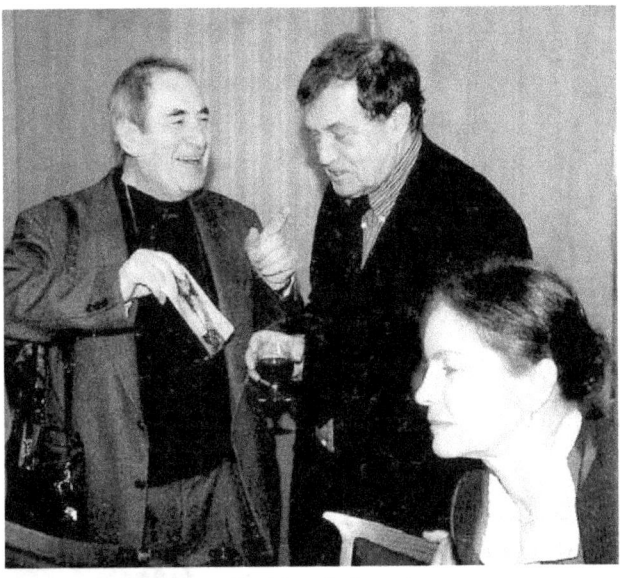

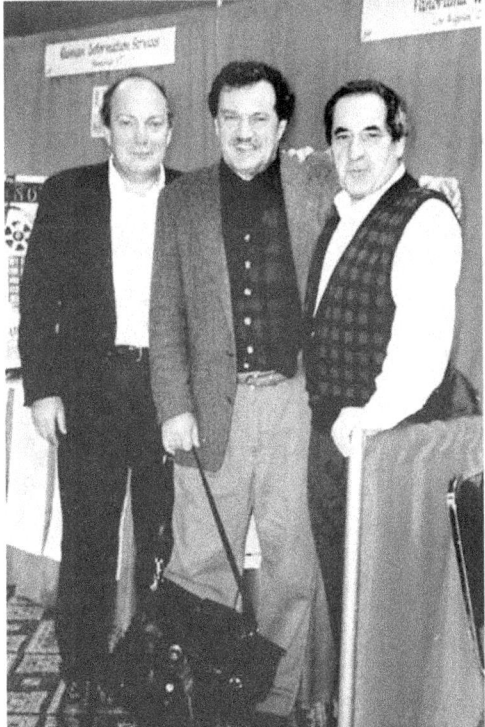

Автограф Аксенова на первом типографском издании «Метрополя». Там же потом расписались Попов, Ахмадулина, Ерофеев...

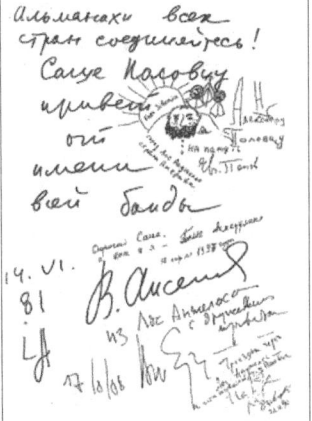

Филадельфия, конец 80-х. В.Аксенов и А.Гладилин у стенда «Панорамы» на конференции университетских славистов

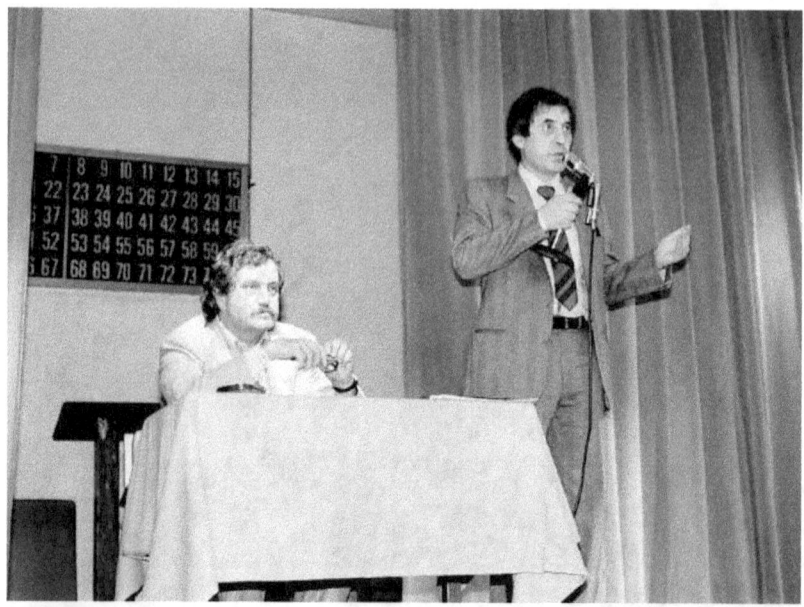

Аксенов на встрече с читателями в Лос-Анджелесе, представляет его автор

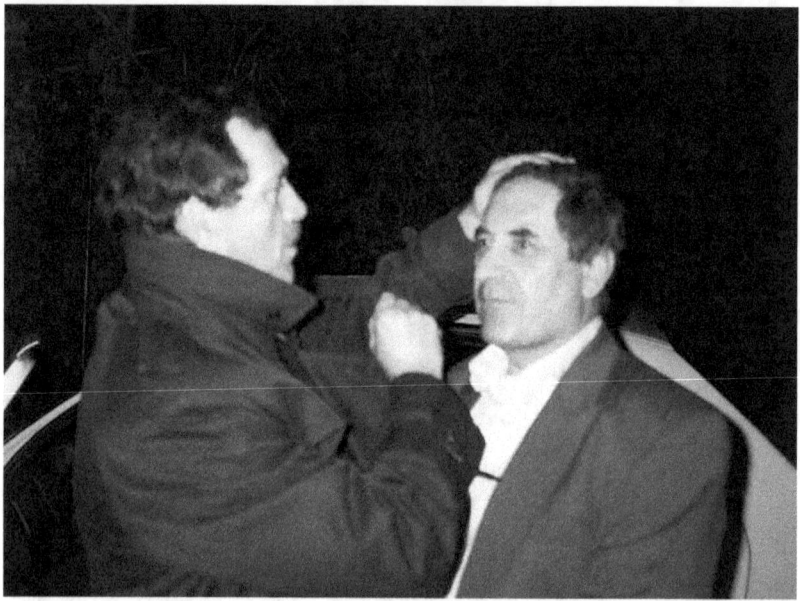

1990. Калифорнийский университет организовал на своей территории костюмированный Фестиваль футуризма, сопутствующий симпозиуму славистов: В.Аксенов использует замечательную возможность написать на лбу автора короткое слово латинскими буквами

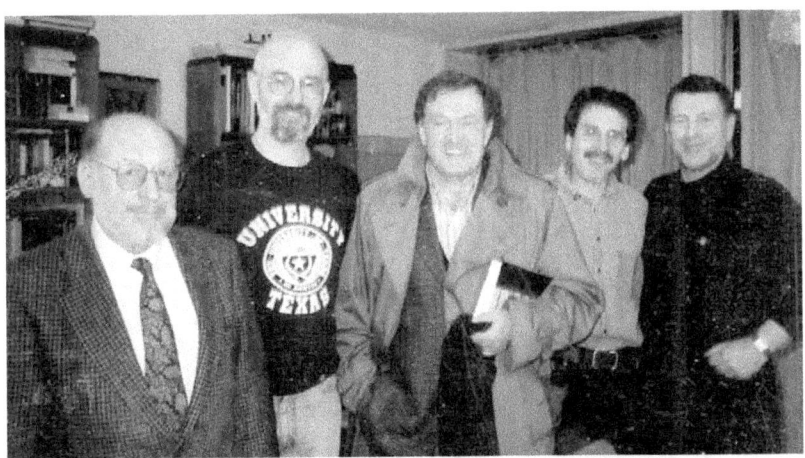

Вашингтон, конец 80-х. В гостях
у «госдеповца» Ильи Левина.
Слева направо: Миша Михайлов,
Илья Левин, Василий
Аксенов, Михаил Эпштейн,
Владимир Матлин

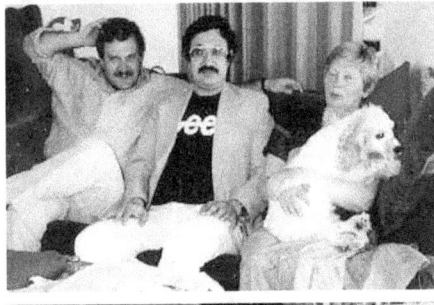

Тогда же. У Василия
и Майи Аксеновых
Ю.Ойслендер

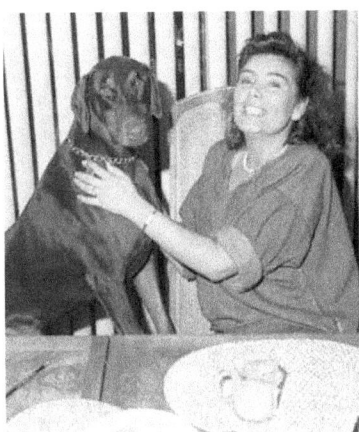

Алёна Гринберг, падчерица В.Аксенова,
многие годы участвовала в работе редакции «Панорамы», вернувшись в Москву
из эмиграции, она трагически погибла
несколько лет спустя

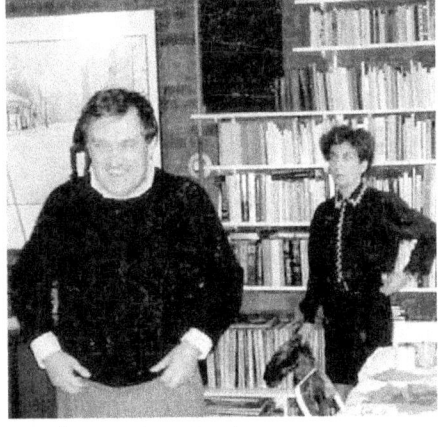

Нью-Йорк, середина 80-х. Аксенов в гостях
у Э.Неизвестного, принимает нас Анна, супруга
Эрнста, её скульптор вывез из знойного Лос-
Анджелеса, о чем она, кажется, не жалеет. *Автор,
естественно, «за сценой» с фотоаппаратом*

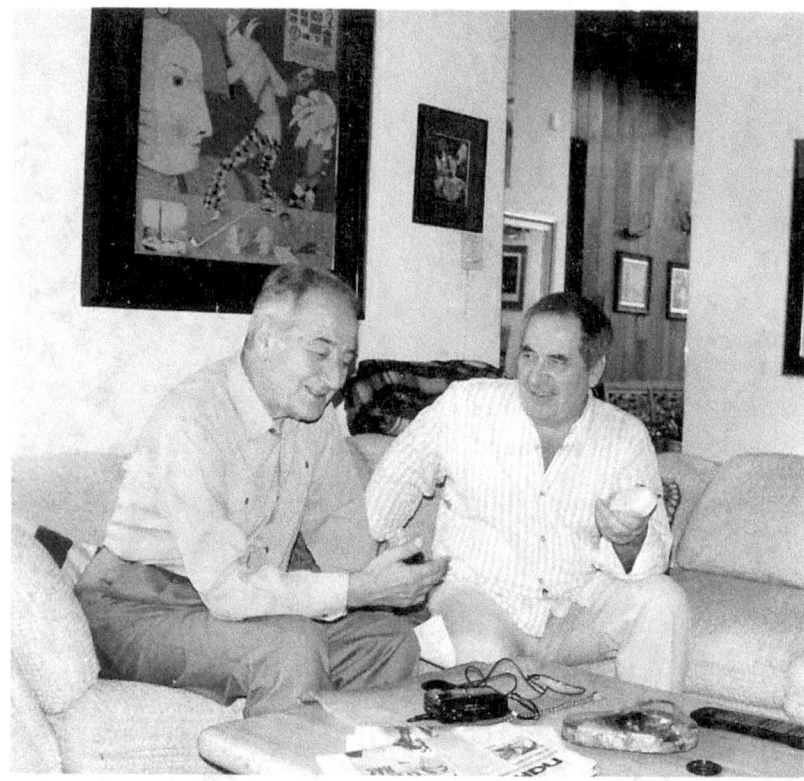

Лос-Анджелес, 1999. Анатолий Алексин в доме у автора

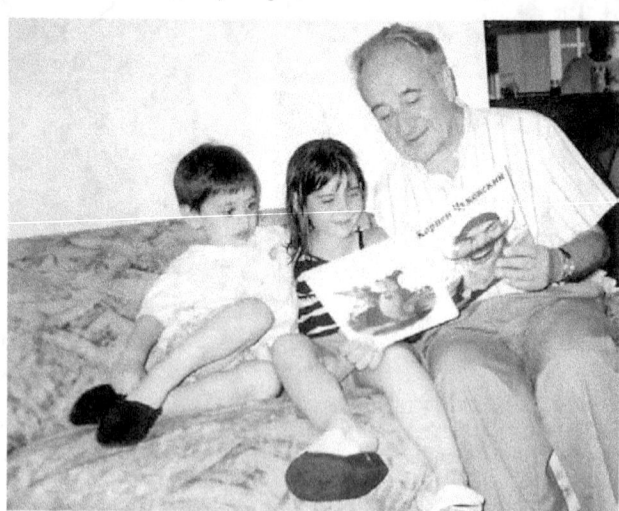

Тогда же.
С Алексиным
интересно
и взрослым,
и детям. Даниэла
и Дэвид – подра-
стающее поколение
Половцев

Александр Половец

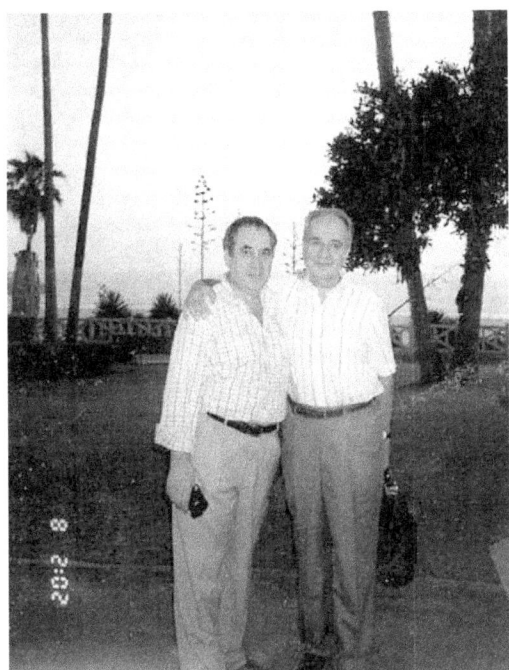

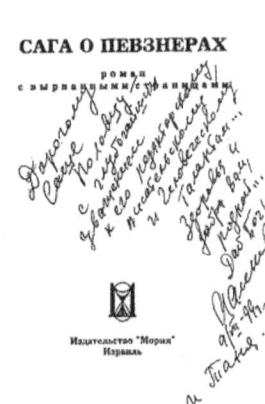

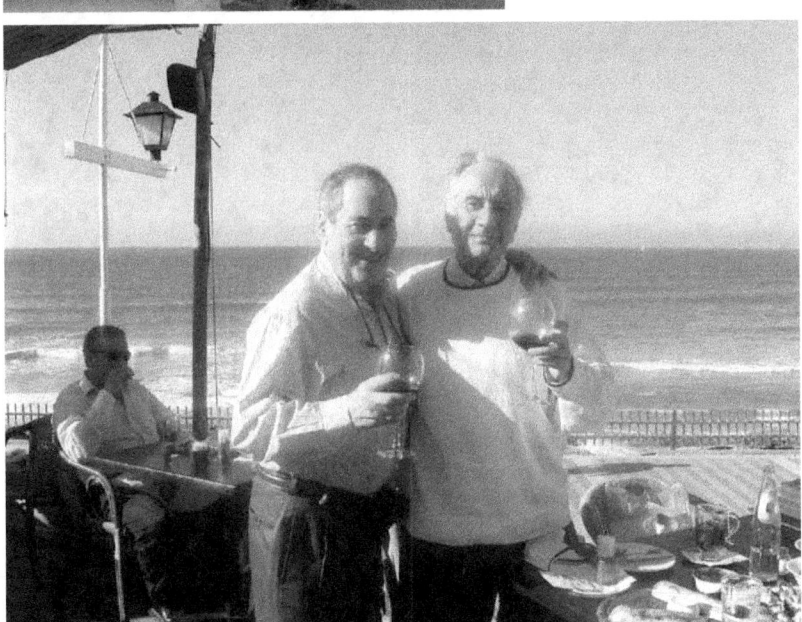

2005. Ответный визит – автор гостит у Алексиных в Израиле

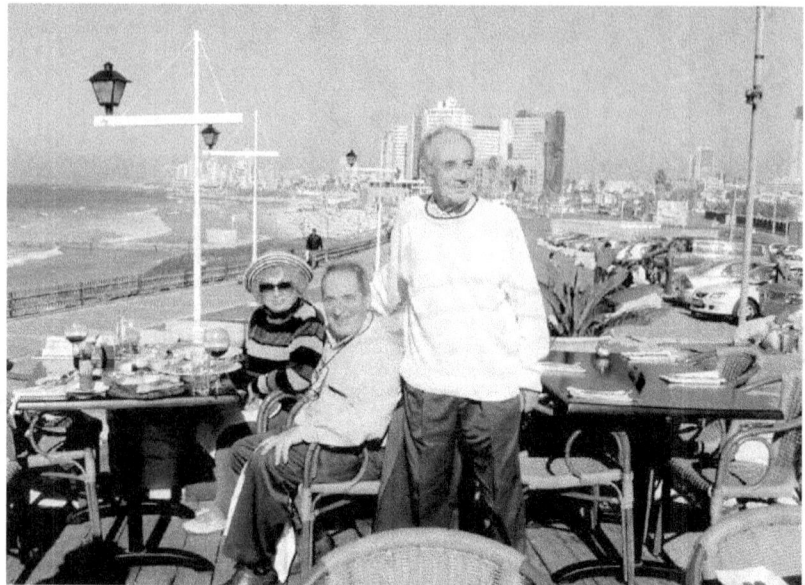

Набережная Тель-Авива. Здесь в кафе чета Алексиных – писатель и его очаровательная жена Таня – принимают сегодня автора

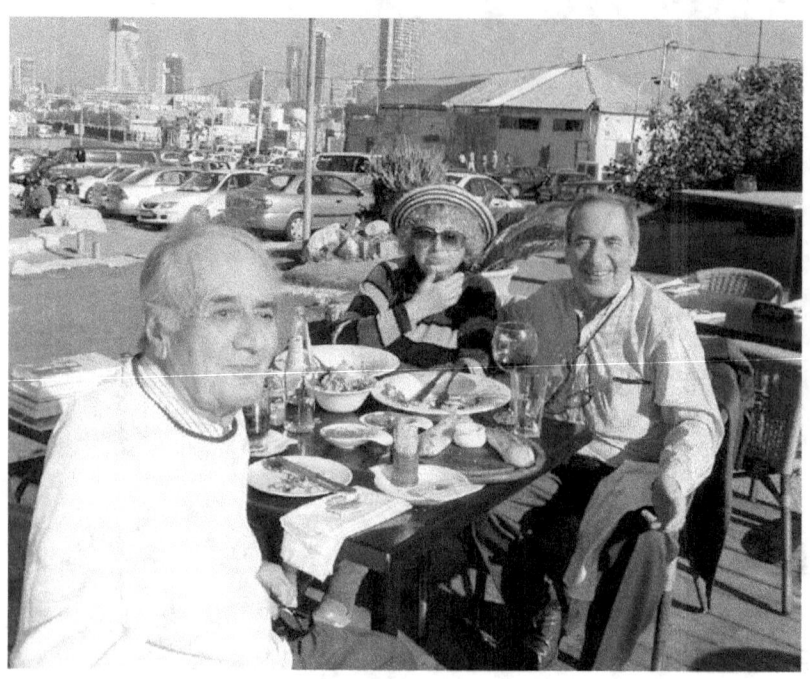

Александр Половец

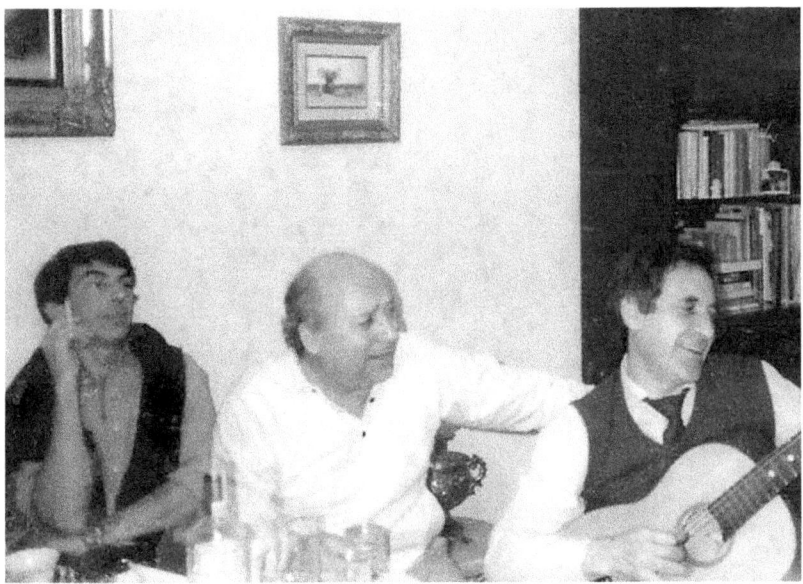

Конец 80-х. Юз Алешковский в Лос-Анджелесе гость редкий, но наш «дуэт» сложился быстро

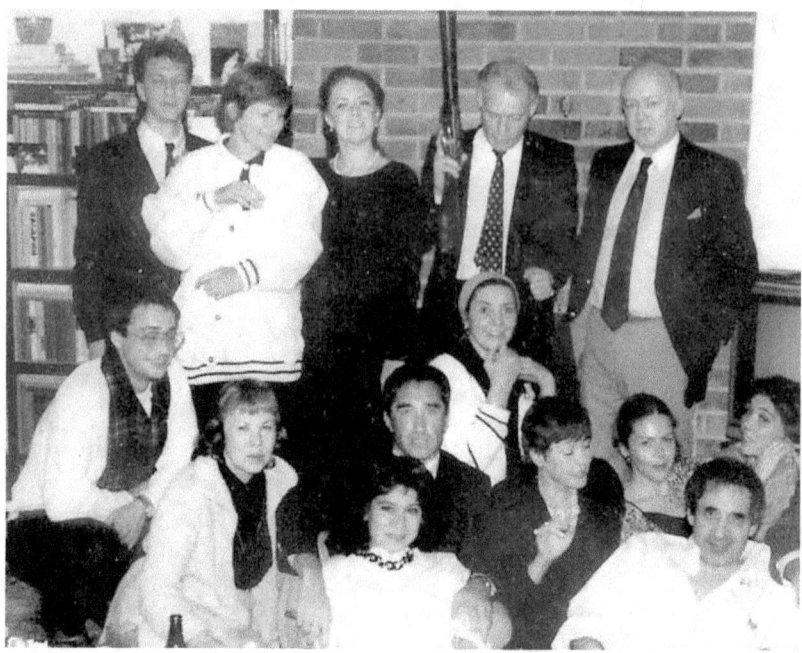

Середина 80-х. Белла Ахмадулина и Борис Мессерер в Калифорнии

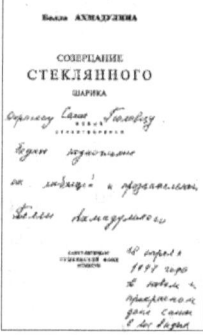

В гостях у художника Льва Мороза (*он в первом ряду второй слева*).
Сзади него – Борис Мессерер в окружении самых красивых дам Лос-
Анджелеса и окрестностей: Милы Робин и Алены Гринберг,
рядом с Ахмадулиной (*справа*) – Майя Аксенова

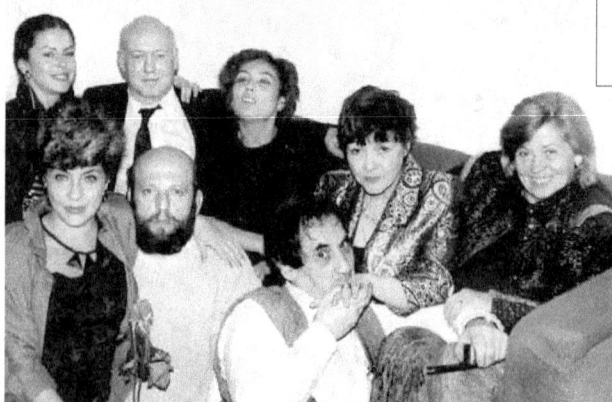

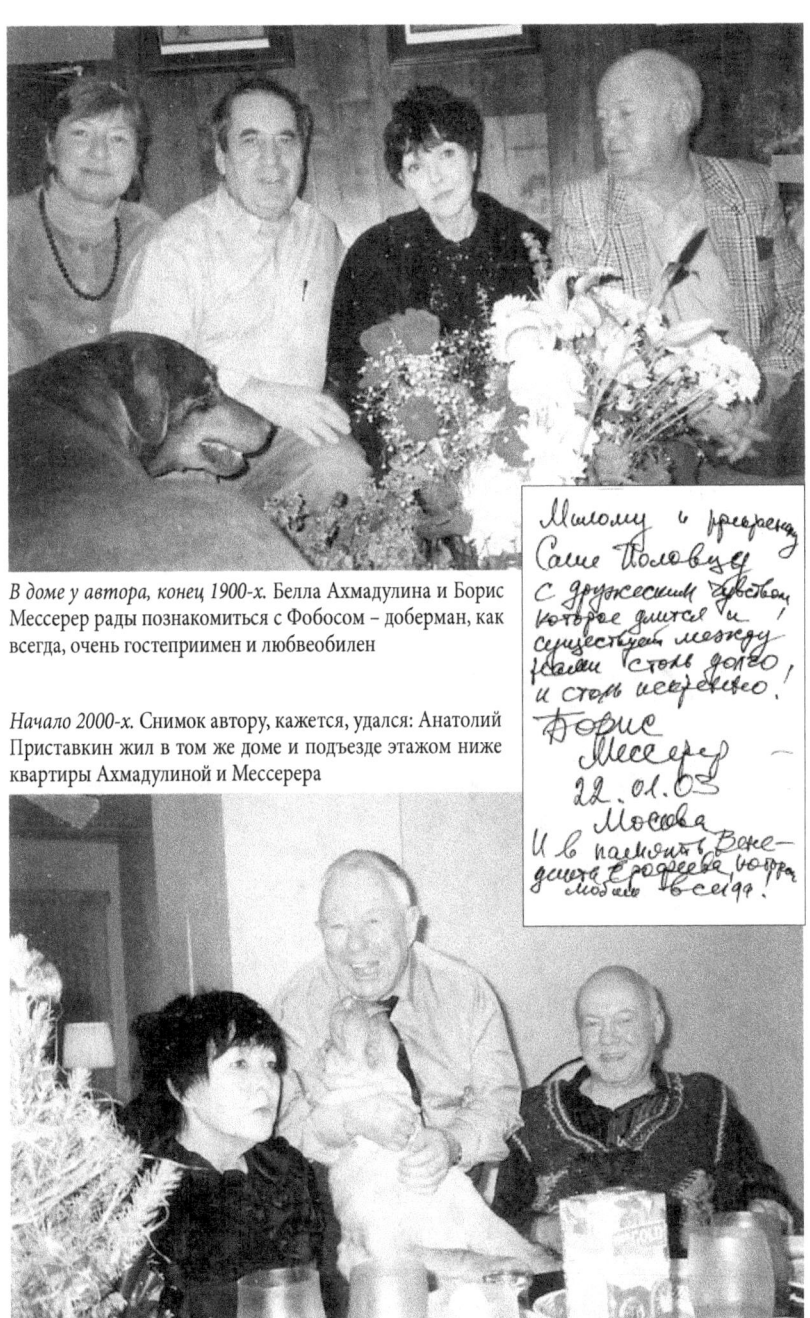

В доме у автора, конец 1900-х. Белла Ахмадулина и Борис Мессерер рады познакомиться с Фобосом – доберман, как всегда, очень гостеприимен и любвеобилен

Начало 2000-х. Снимок автору, кажется, удался: Анатолий Приставкин жил в том же доме и подъезде этажом ниже квартиры Ахмадулиной и Мессерера

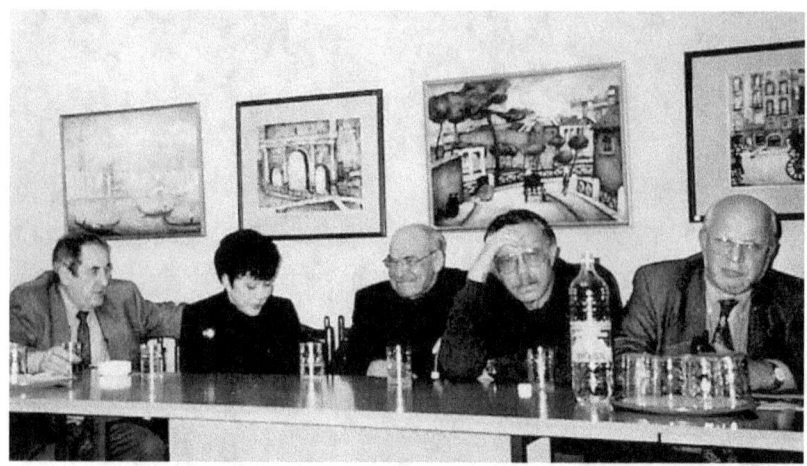

Москва, 2003. Заседание правления Российского фонда Окуджавы: *слева от Ахмадулиной* автор, *справа* – Михаил Глузский

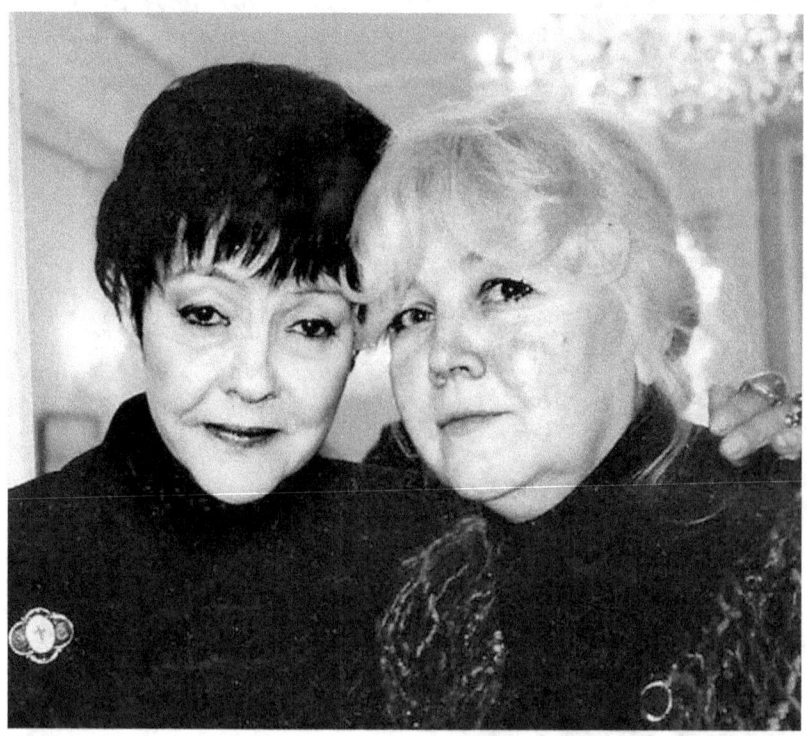

Белла Ахмадулина и Ольга Окуджава в перерыве заседания правления Российского фонда Булата Окуджавы

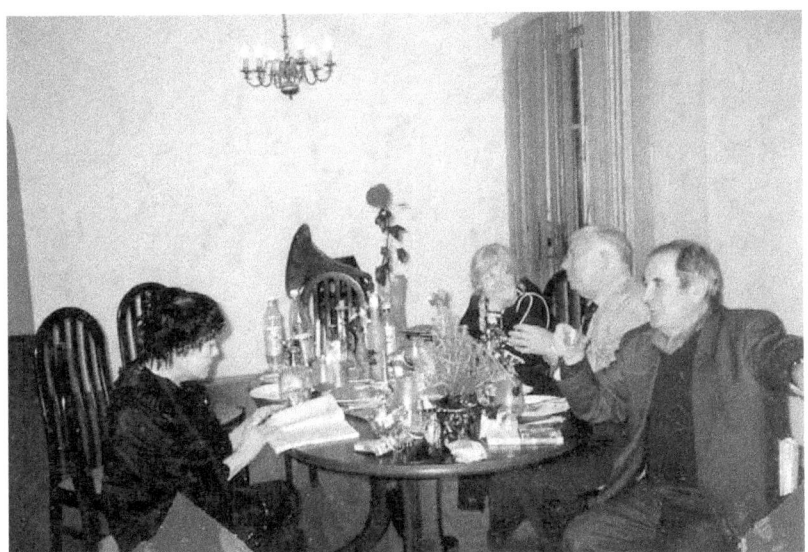

Москва, 2003. Автор в квартире Ахмадулиной и Мессерера: за столом с нами Анатолий Приставкин. В тот же вечер Белла читала нам новые стихи

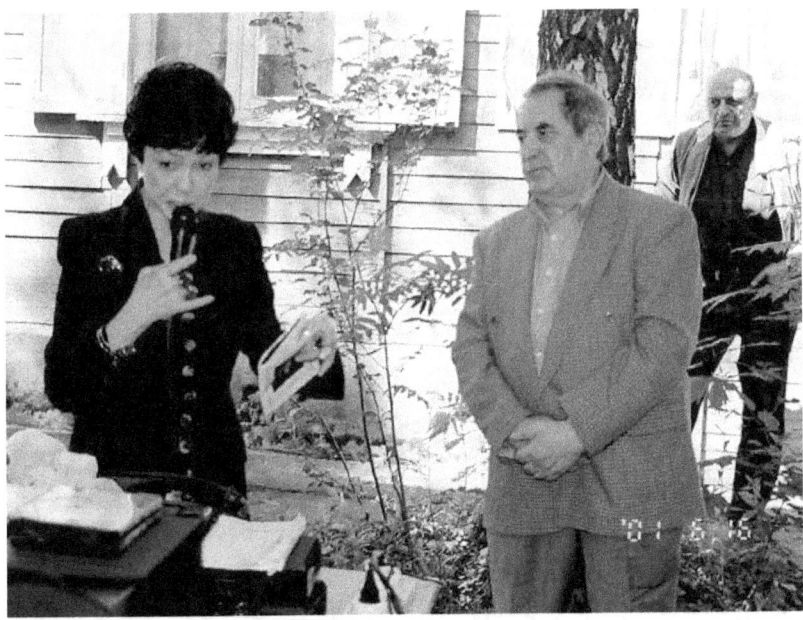

Переделкино, Домик Булата, 2001. Автор вручил Ахмадулиной почетный диплом, Медаль Американского культурного Фонда Окуджавы – «Бюст Булата» и денежную премию, присужденную Ахмадулиной по итогам Конкурса нашего Фонда

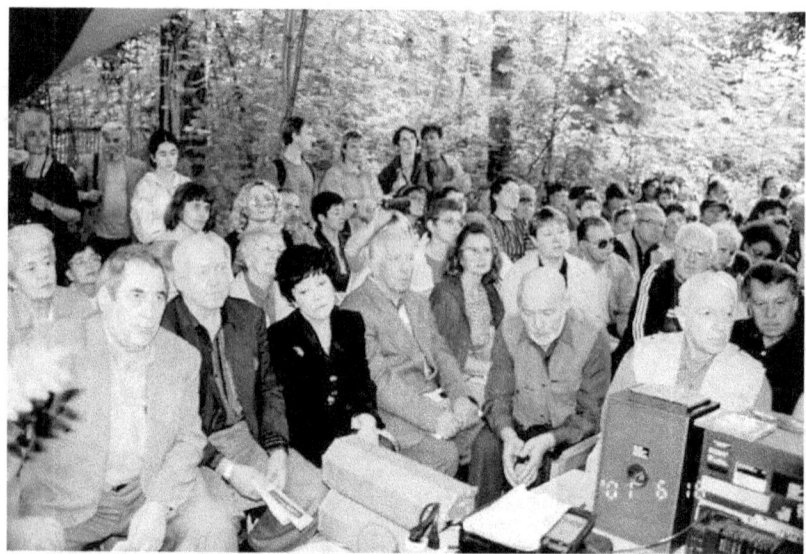

Перед вручением премии: Белла Ахмадулина, Борис Мессерер, Александр Половец. *Справа от Беллы Ахмадулиной и Бориса Мессерера* – Юрий Ряшенцев, Юрий Карякин, Александр Городницкий, другие гости встречи...

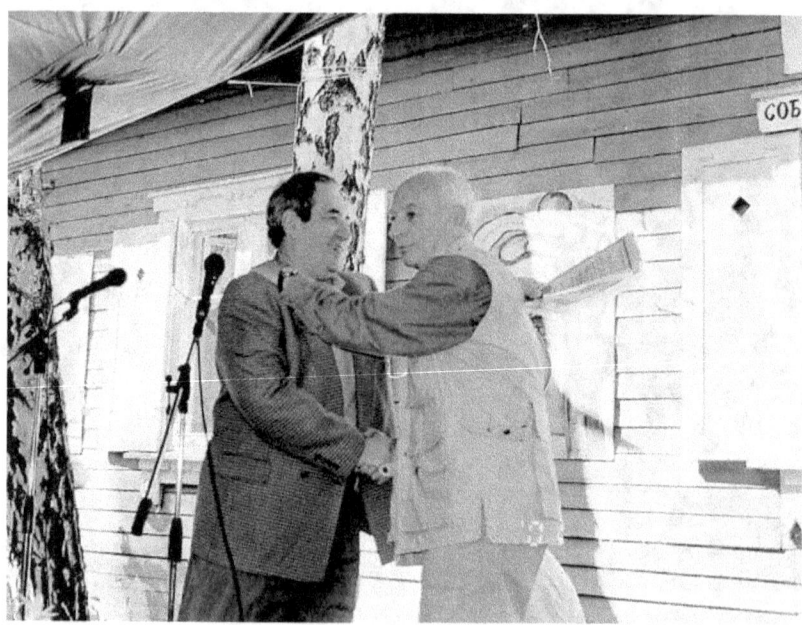

Александр Городницкий солидарен с решением нашего жюри, о чем, поднявшись на сцену, сказал собравшимся

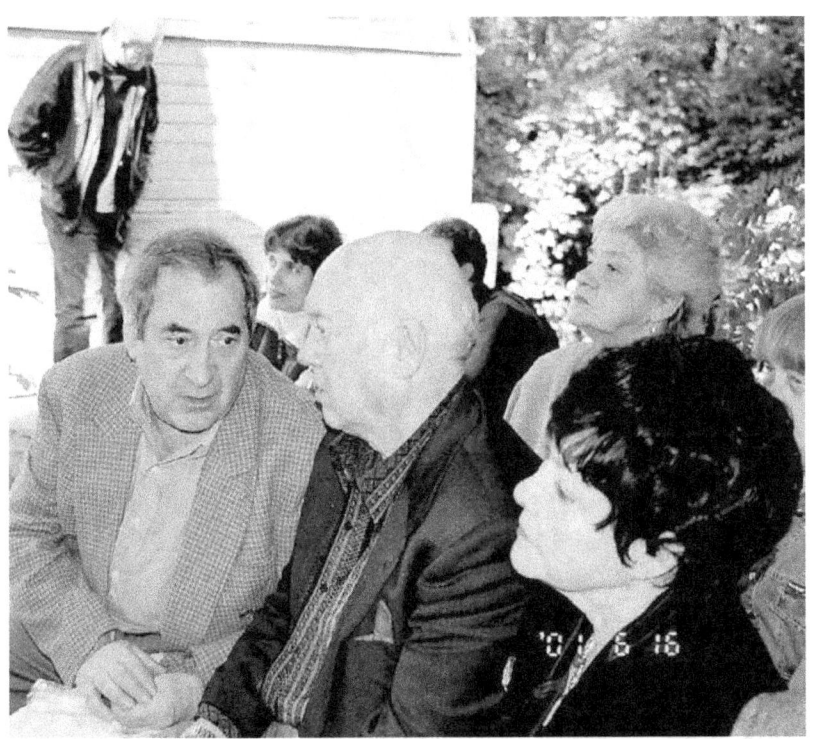

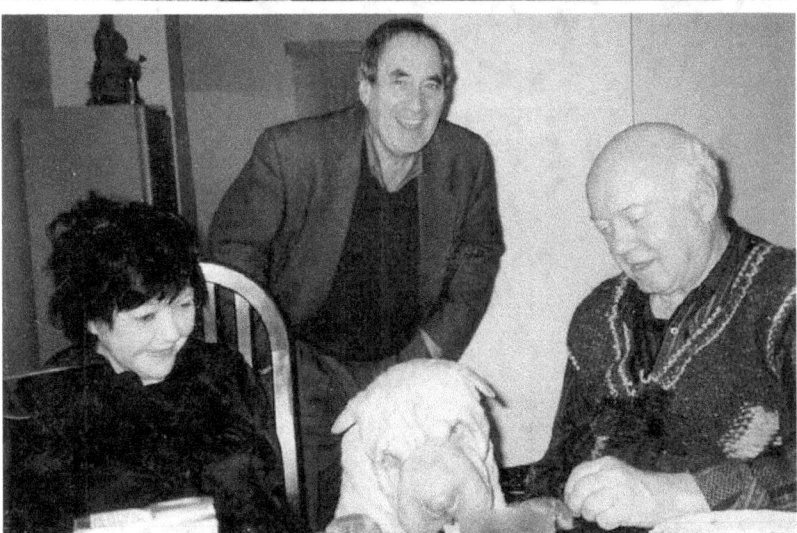

Спустя несколько лет автор снова заглянул на Аэропортовскую к Белле и Борису (имя роскошного шарпея – признаться, он запамятовал)

1997. До чего же приятно вести вечер Арканова!

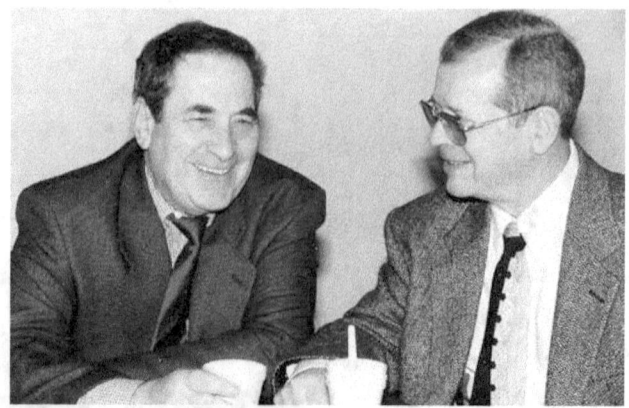

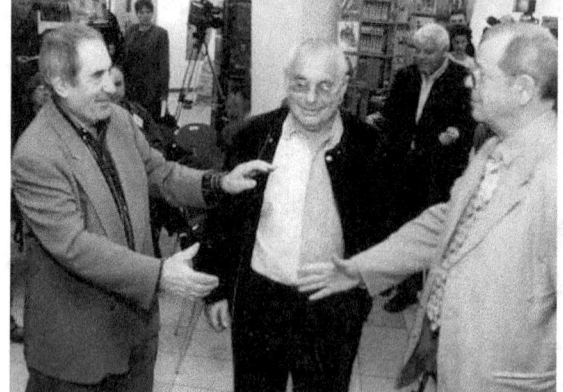

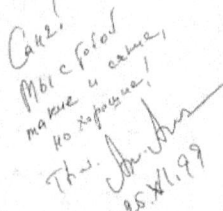

Москва, «Библио-Глобус», 2005. На презентацию книг Половца друзья пришли поприветствовать автора. Спасибо им!

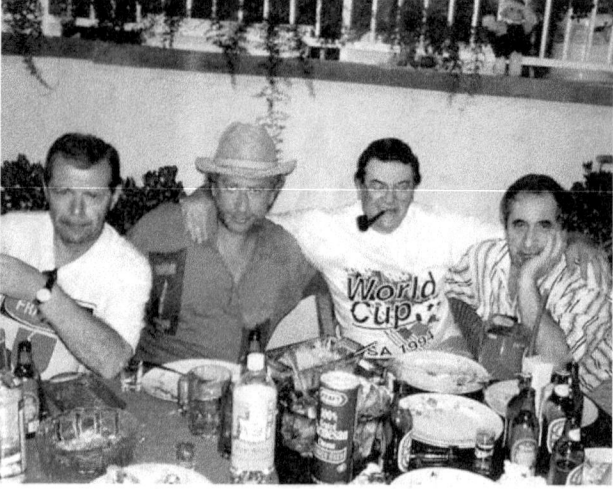

Начало 90-х. «А у нас во дворе...» – Аркадий Арканов, Илья Баскин, Александр Ширвиндт и хозяин дома

Александр Половец

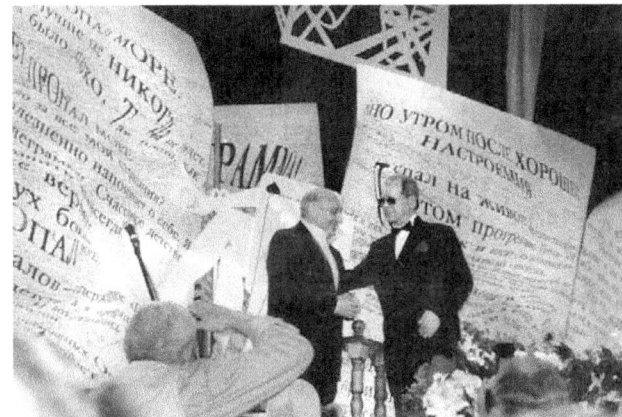

В жизни раз
бывает 70 лет...
Михаил
Жванецкий
поздравляет в ЦДЛ
Аркадия Арканова
(фото автора)

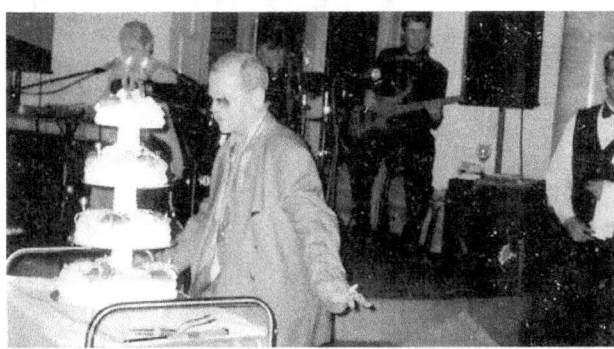

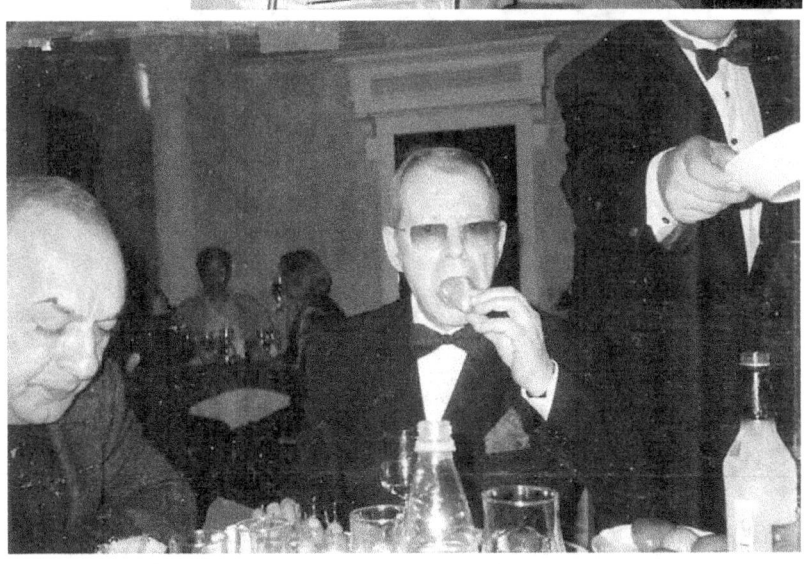

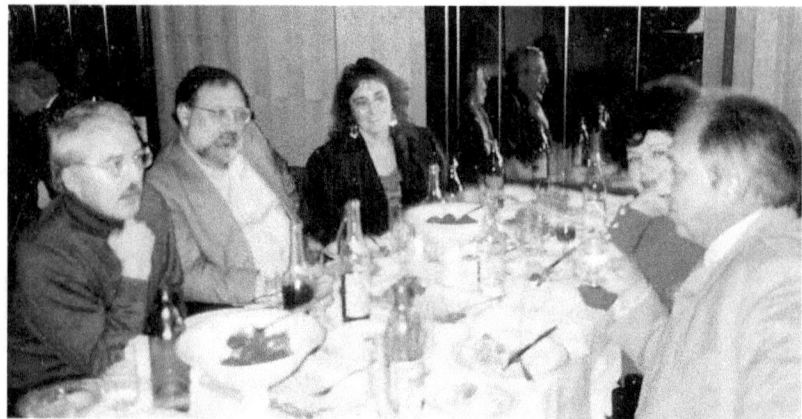

Москва, ресторан МИДа, 1991. Автор впервые за 16 лет оказался в Москве. Слева за столом: А.Битов, Р.Ибрагимбеков и его супруга Шохрат; *справа* – В.Бегишев с супругой Витой; *автор с фотоаппаратом – за кадром...*

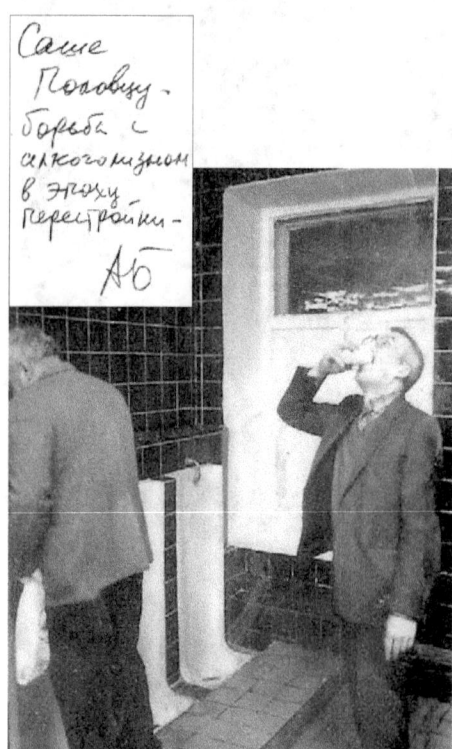

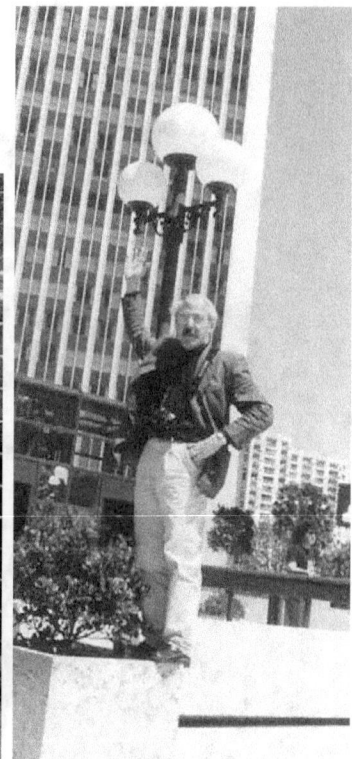

Приметы времени *(фото и записка от Андрея Битова)...*

Андрей Битов приветствует Город Ангелов

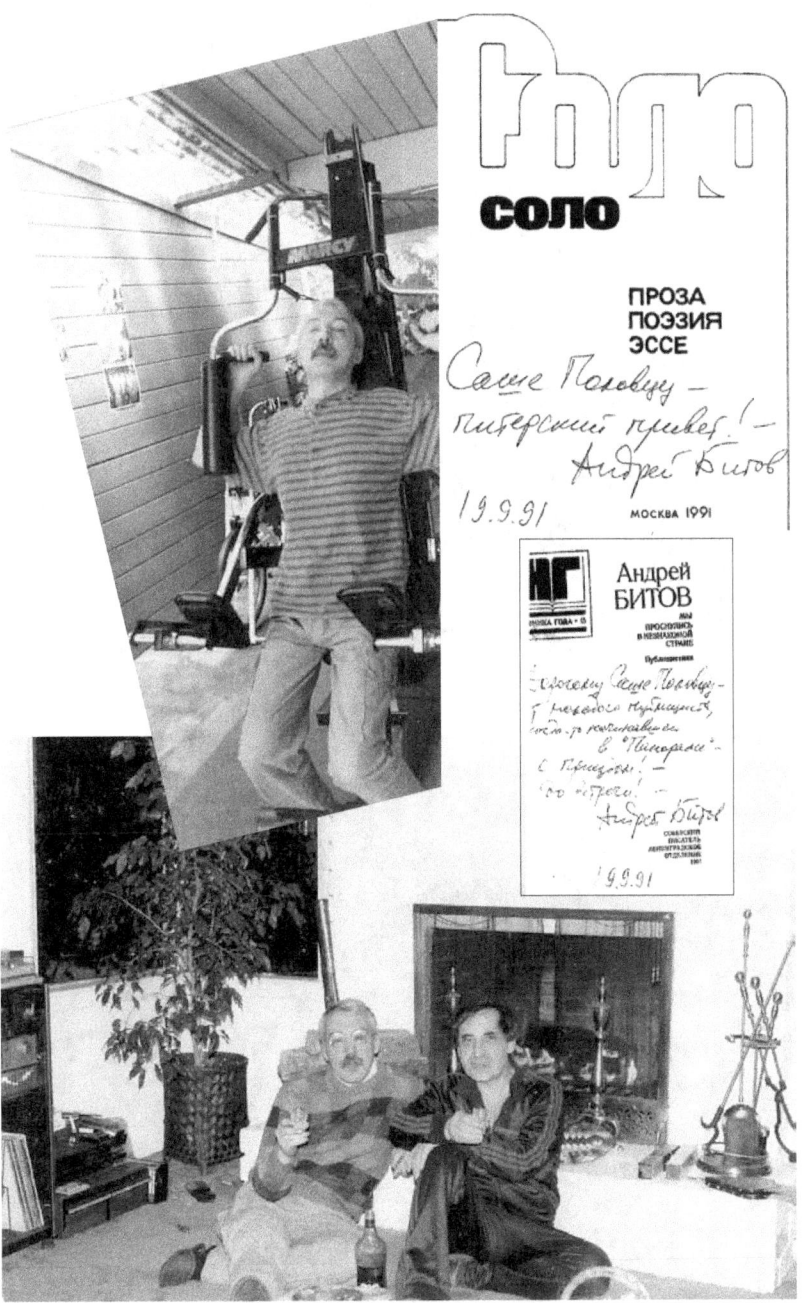

День завершается у камина

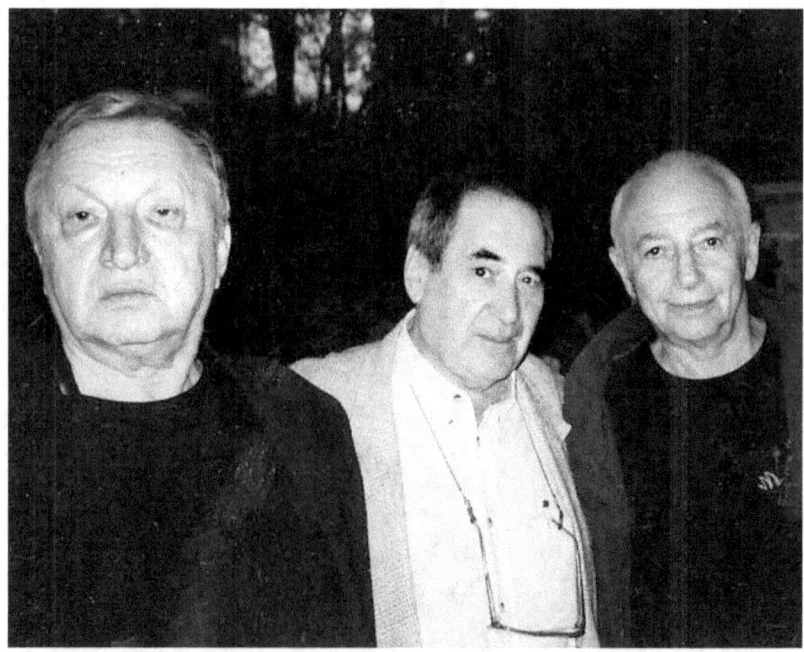

Переделкино, 2005. Возле домика Булата мы с Александром Городницким сфотографировались на память с Виктором Берковским – как оказалось, в последний раз: меньше, чем через год не стало замечательного барда...

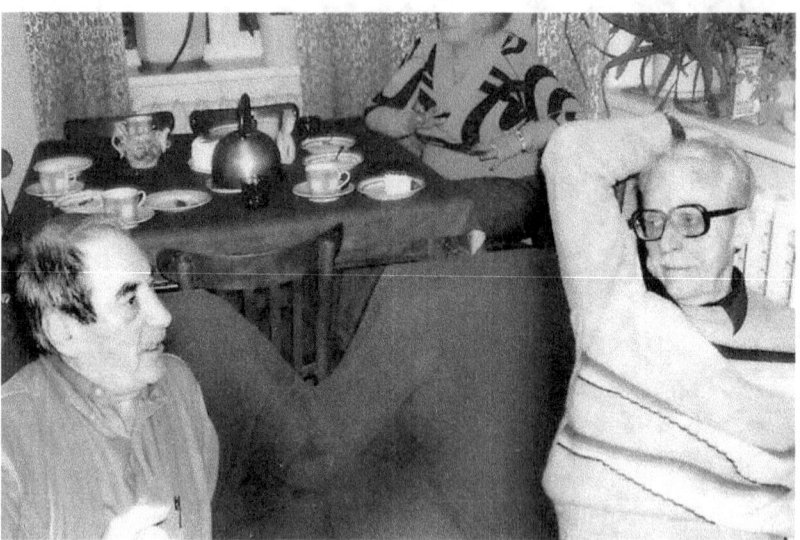

2005. Беседа в гостях у Бориса Васильева под Солнечногорском

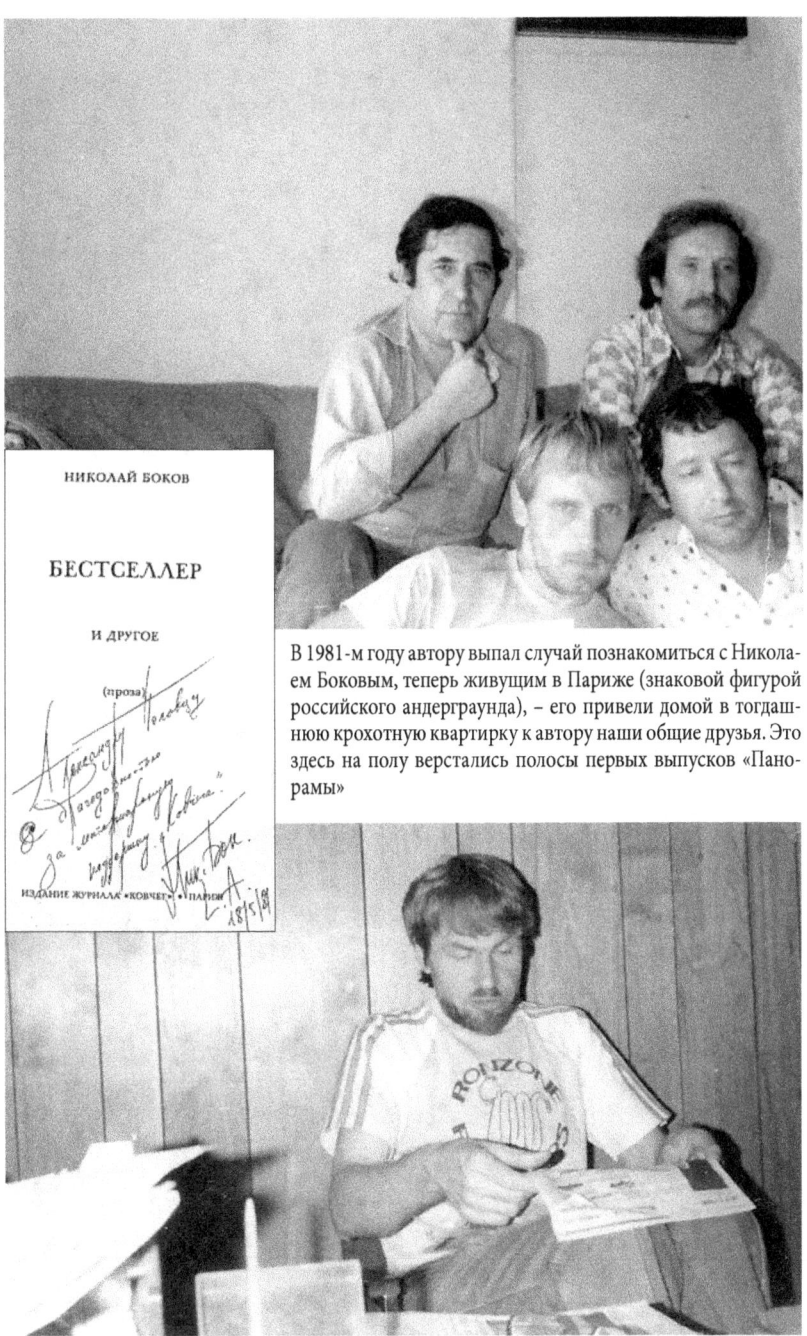

В 1981-м году автору выпал случай познакомиться с Николаем Боковым, теперь живущим в Париже (знаковой фигурой российского андерграунда), – его привели домой в тогдашнюю крохотную квартирку к автору наши общие друзья. Это здесь на полу верстались полосы первых выпусков «Панорамы»

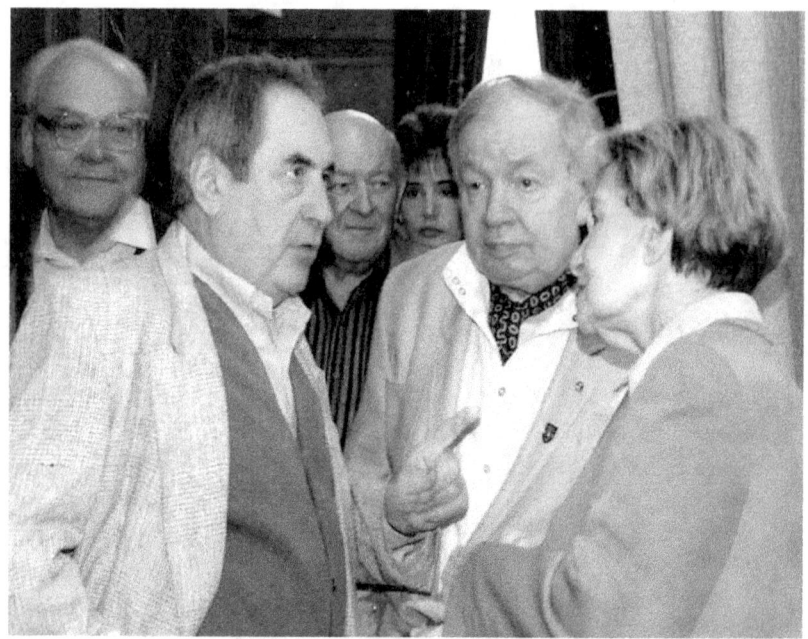

Москва, ЦДЛ, 2006. С Зоей Богуславской и Андреем Вознесенским всегда есть о чем поговорить

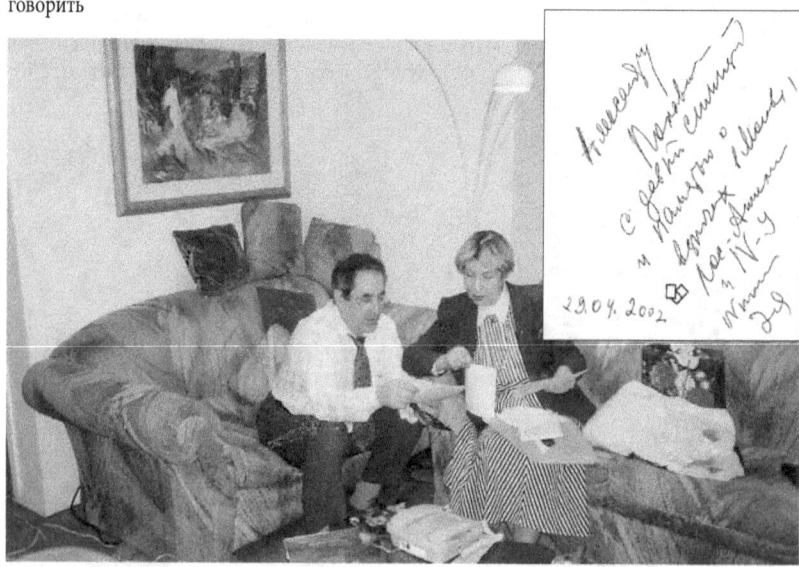

Зоя Богуславская, путешествуя по Калифорнии со своей только что изданной книгой, пригласила автора повидаться и одарила его экземпляром, еще не утратившим запах типографской краски

Александр Половец

Александр Генис
и Петр Вайль
добрались до
Голливуда

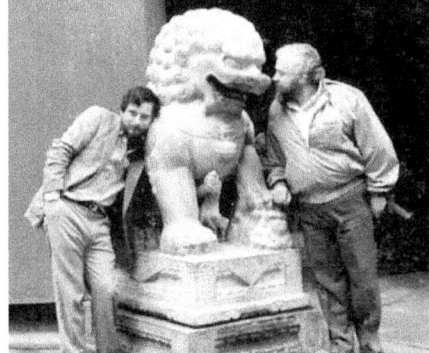

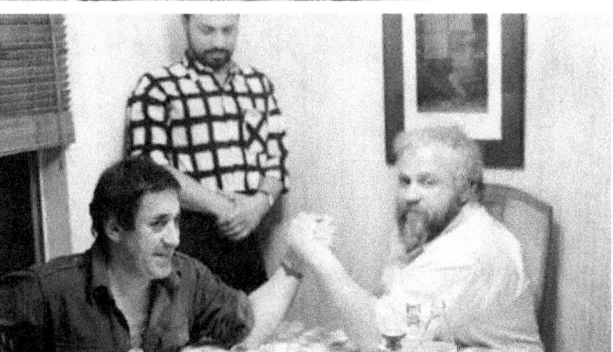

Лос-Анджелес, 1990.
Конечно же,
Петр Вайль стал
победителем,
иначе было бы
негостеприимно...

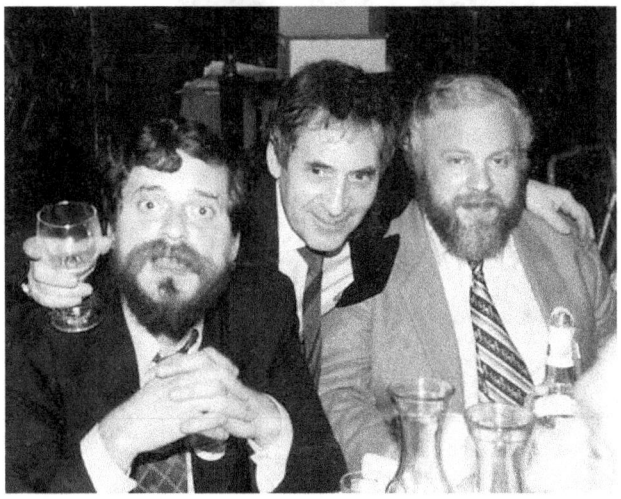

...а, в конечном
счете, как всегда,
победила дружба,
с чем и Александр
Генис *(слева на
снимке)*, очевидно,
солидарен

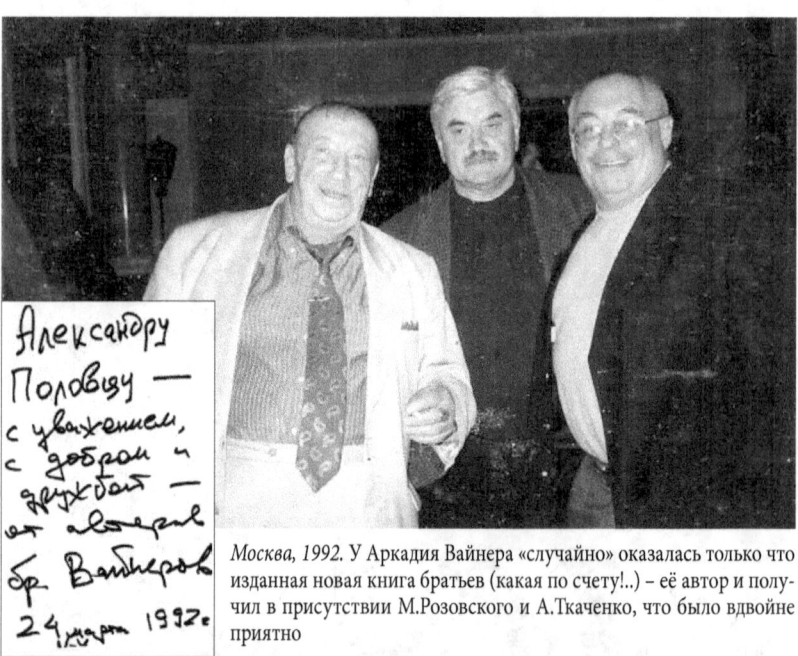

Москва, 1992. У Аркадия Вайнера «случайно» оказалась только что изданная новая книга братьев (какая по счету!..) – её автор и получил в присутствии М.Розовского и А.Ткаченко, что было вдвойне приятно

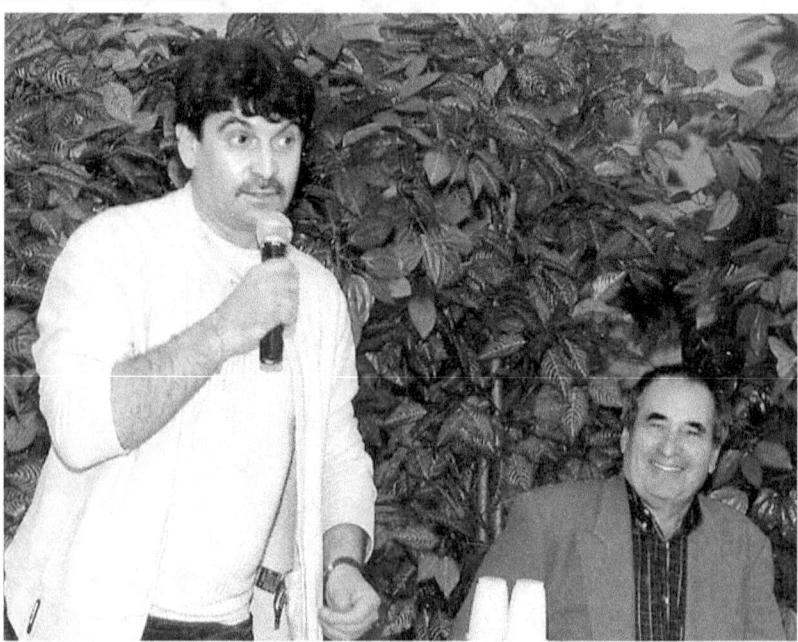

В.Вишневский ведет в «Библио-Глобусе» творческий вечер автора

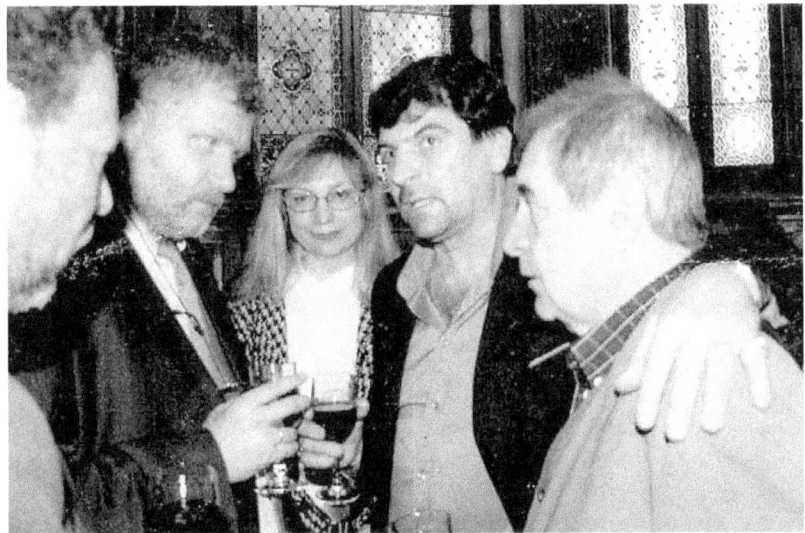

Однажды, на чьем-то юбилейном вечере, автор и Вишневский оказались в фойе ЦДЛ одновременно с нынешним главредом «Литературки» Ю.Поляковым (*второй слева*) – с ним автор беседовал в самой редакции газеты в прошлый приезд в столицу, чему посвящена глава в книге

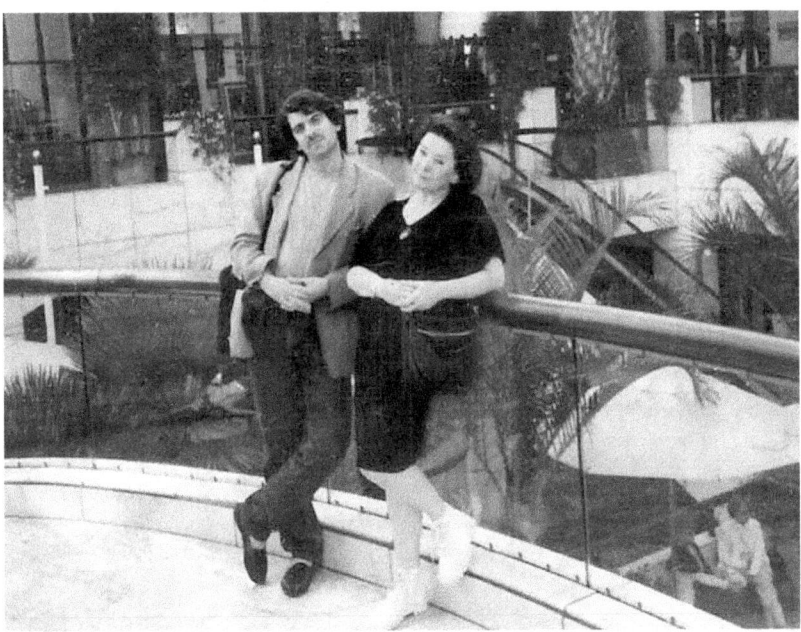

Владимир Вишневский расцветает рядом с красивыми женщинами – как в Беверли-Хиллз с Ларисой Голубкиной

...Мы и с феминистками дружны! И, в частности, с Марией Арбатовой

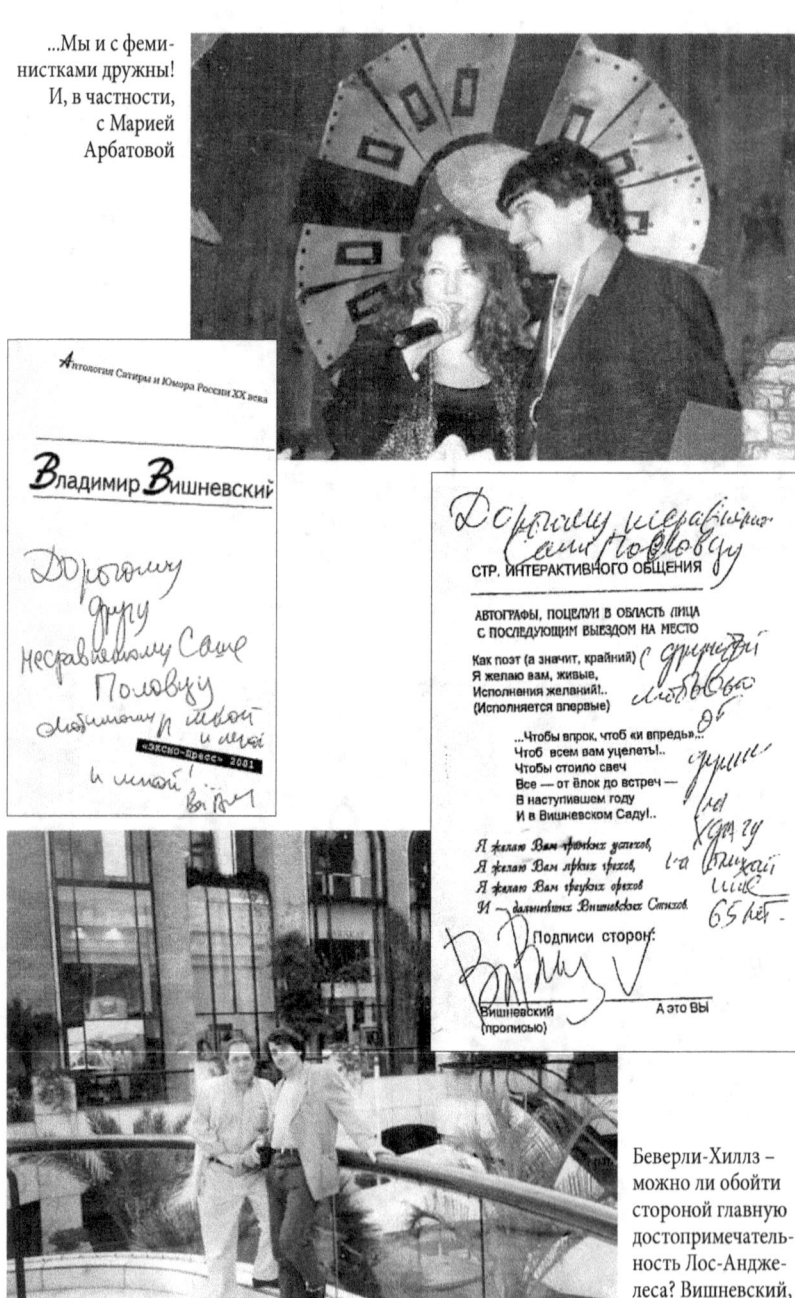

Беверли-Хиллз – можно ли обойти стороной главную достопримечательность Лос-Анджелеса? Вишневский, естественно, – не смог

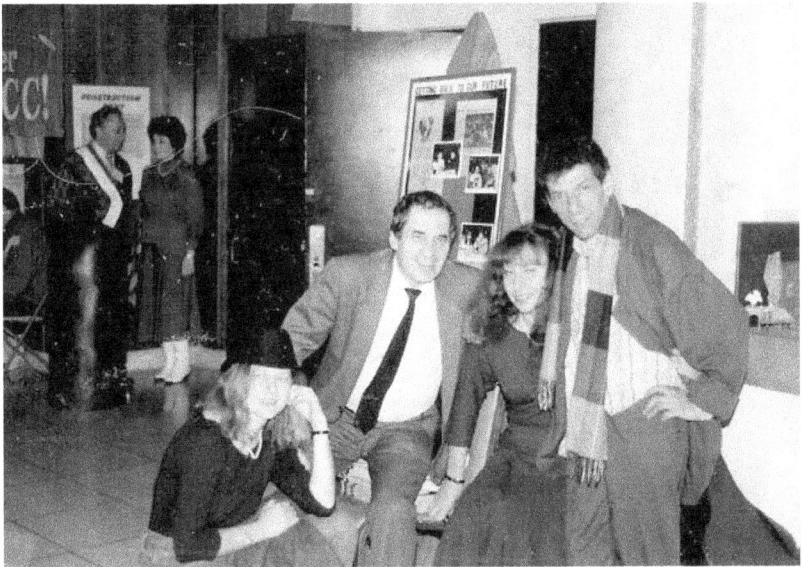

Бостон. В кулуарах Университетской конференции славистов автор познакомился с живущим в Израиле Михаилом Генделевым – его стихи неоднократно отмечались премиями на самых престижных поэтических конкурсах

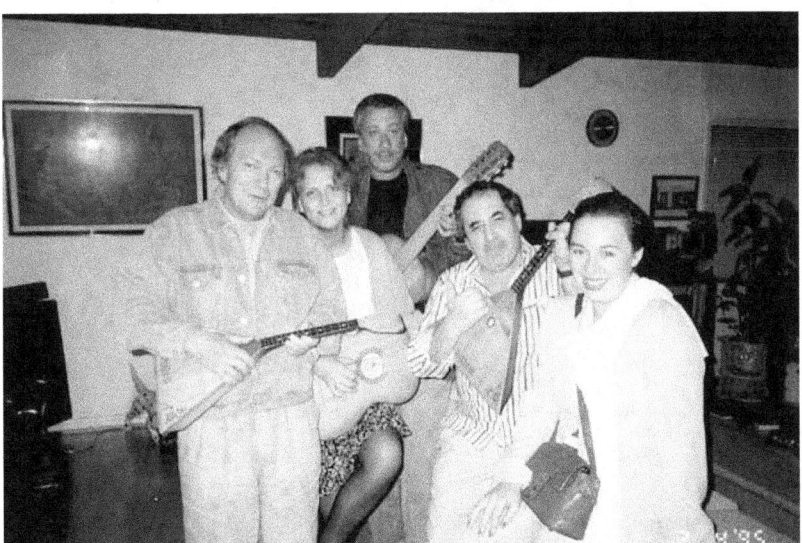

Не верь глазам своим: ни Анатолий Гладилин, наш гость из далекого Парижа, ни автор игре на балалайке не обучались, вот Инна Аленикова и Элик Баскин хотя бы умеют правильно взять в руки гитару – отчего бы, под хорошее настроение, не попробовать всем хотя бы позировать для сохранения памяти об этих днях в Калифорнии

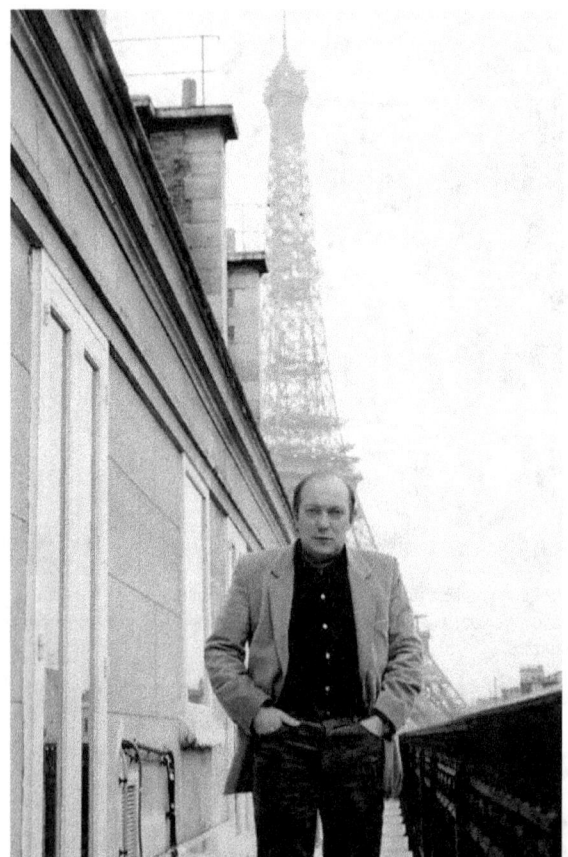

1994. Тогда Гладилин
работал в Париже на
радиостанции «Свобода»

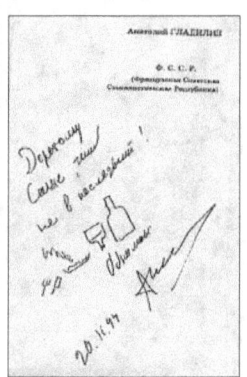

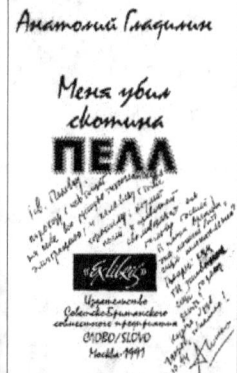

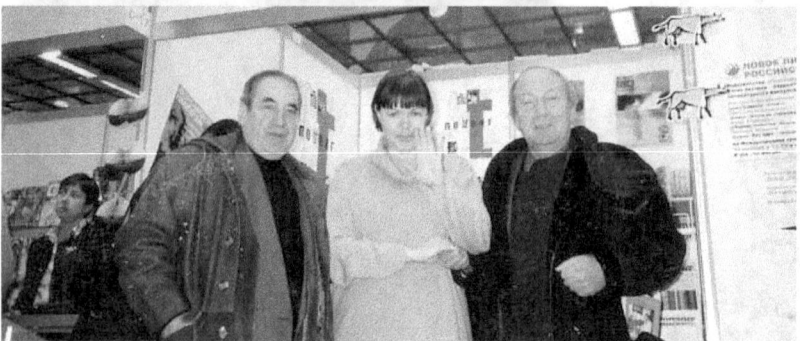

Москва, Книжная ярмарка «Нонфикшн». Каждый год она собирает со всего мира пишущих
по-русски авторов – их книги представляют на своих стендах издательства и сами авторы.
Потому и А.Гладилин редко пропускает это событие. *В центре* – редактор издательства «Олма-
Пресс» Елена Дмитриева

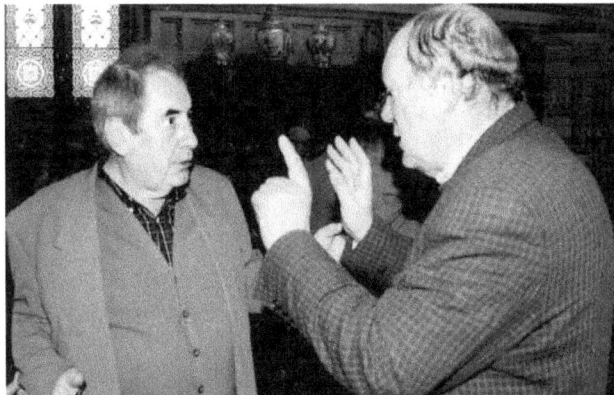

Москва, ЦДЛ. А.Гладилин, как всегда, прав: «Саша, не заливай, пожалуйста, – уж не столько мы с тобой тогда выпили!..» – я с ним не спорю. Никогда...

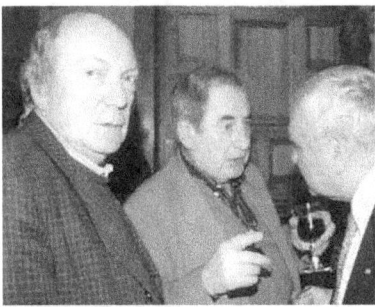

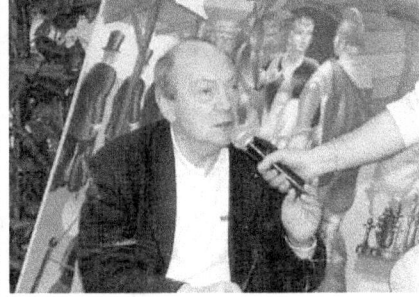

От Центрального Дома Литератора в Москве до Хот-Спрингз в Калифорнии расстояние серьёзное, а с друзьями везде хорошо!

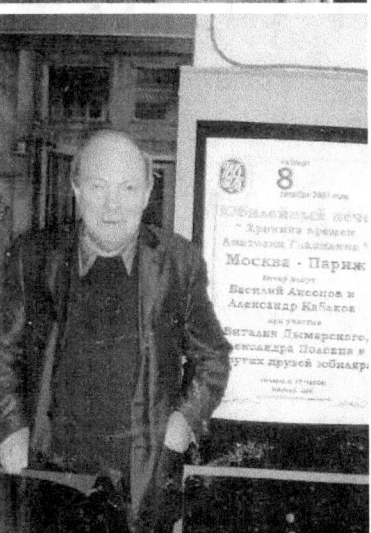

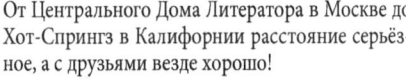

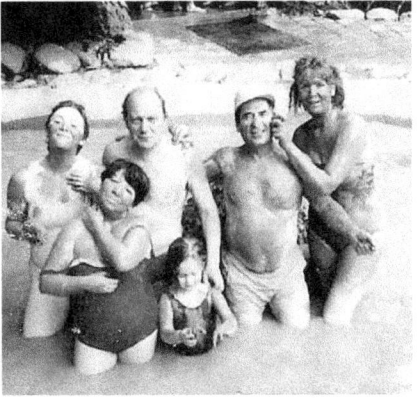

Как раз там, «на грязях», Ира Суслова *(её муж Миша не отказался от роли фотографа)*, А.Гладилин; автор подвергся «чистке» со стороны Инны Алениковой, что было приятно!

Лос-Анджелес, 1998. Александр Городницкий дома у автора...

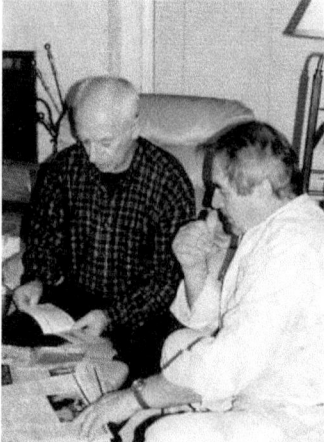

АЛЕКСАНДР
ГОРОДНИЦКИЙ

И ЖИТЬ ЕЩЕ НАДЕЖДЕ...

...и в «Панораме»

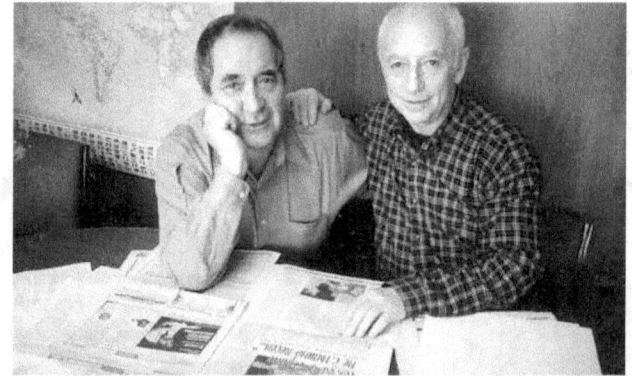

Москва, «Библио-Глобус», 2005. Слева направо: Анатолий Пристав-кин, Александр Половец, Аркадий Арканов, Анатолий Гладилин, Алек-сандр Городницкий (сидит)

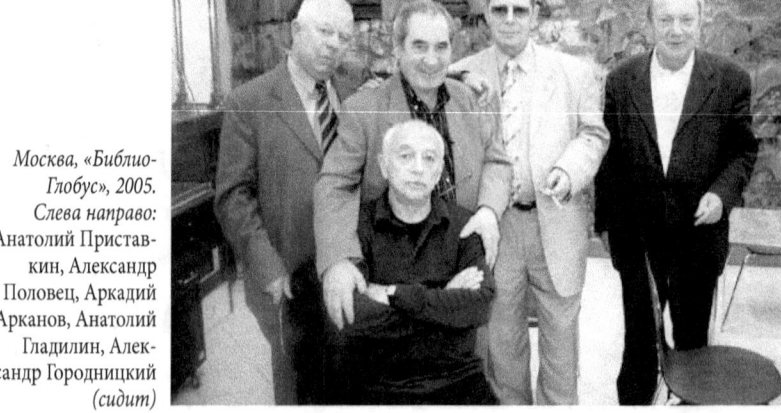

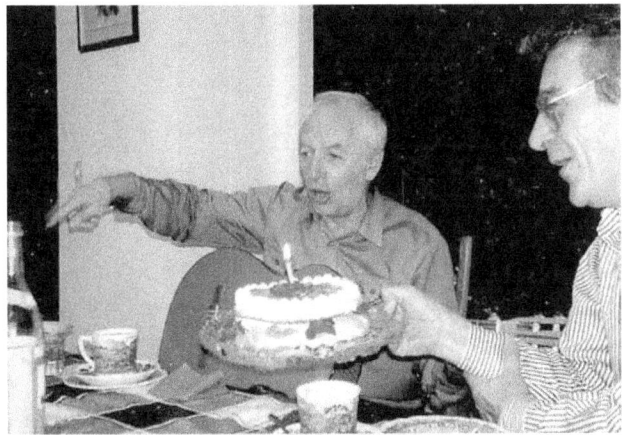

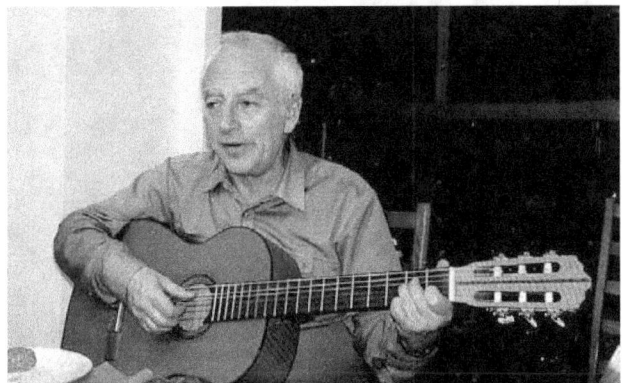

А.Городницкий
в гостях у друзей
не прочь спеть своё
под гитару...

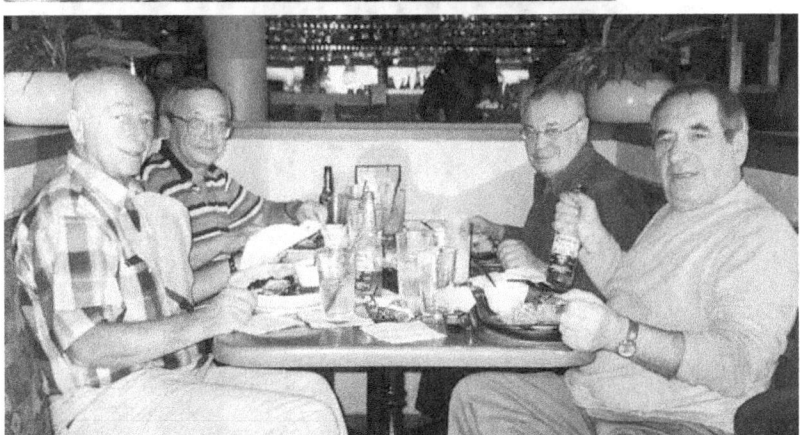

...но и застолью с друзьями не чужд. *На снимке с ним рядом* Ю.Ким, М.Розовский и автор в лос-анджелесском ресторане

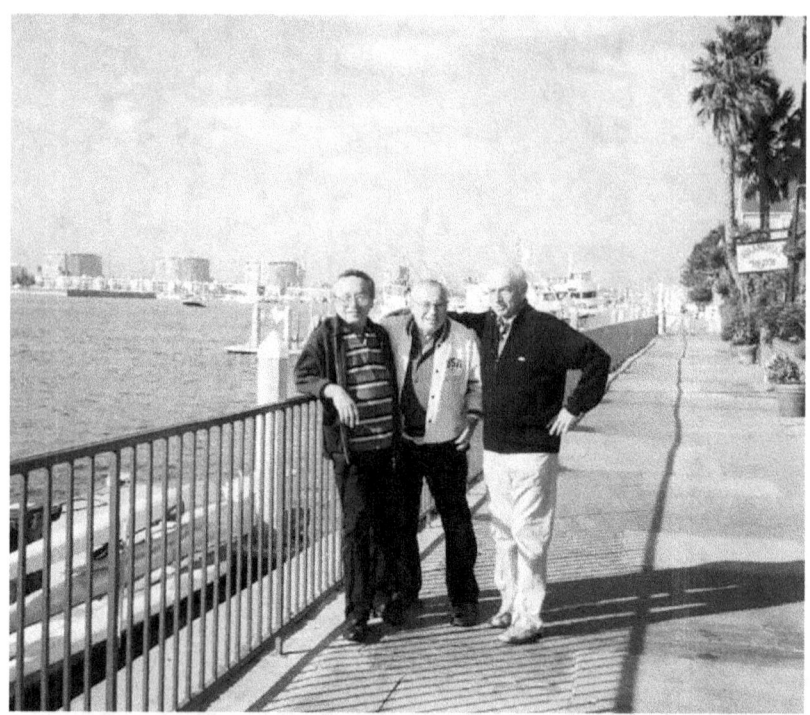

...в той же компании

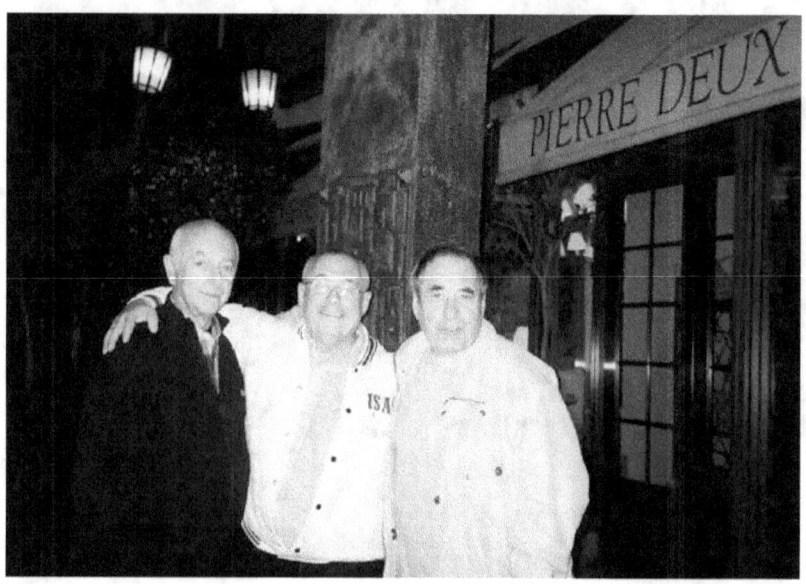

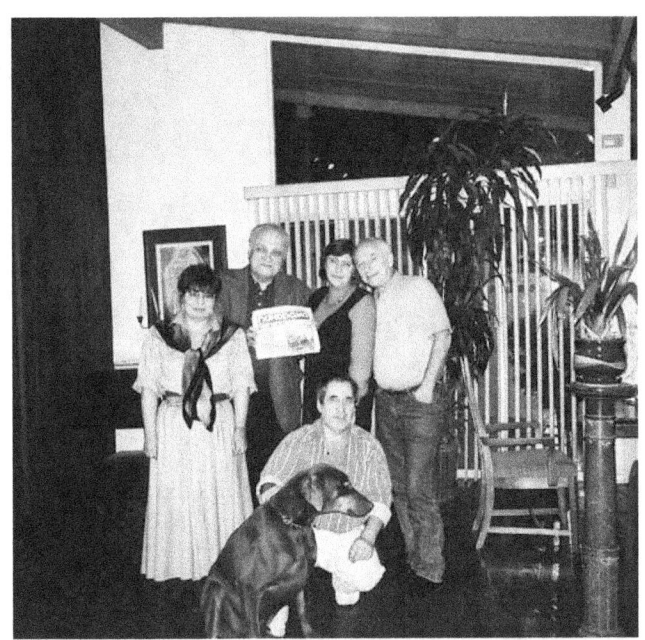

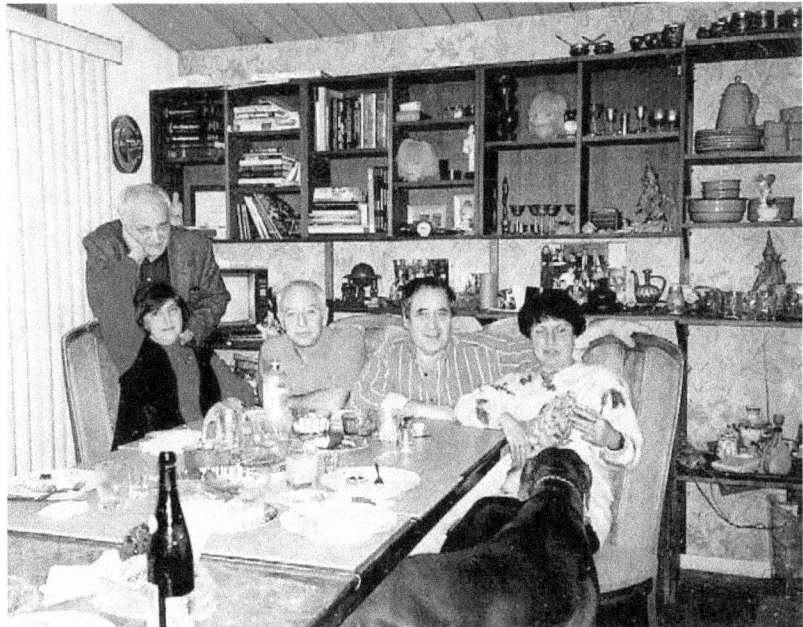

Дома у автора Городницкий и его жена Анна Наль повидались с Ивановыми – Вячеславом (Комой) и Светланой

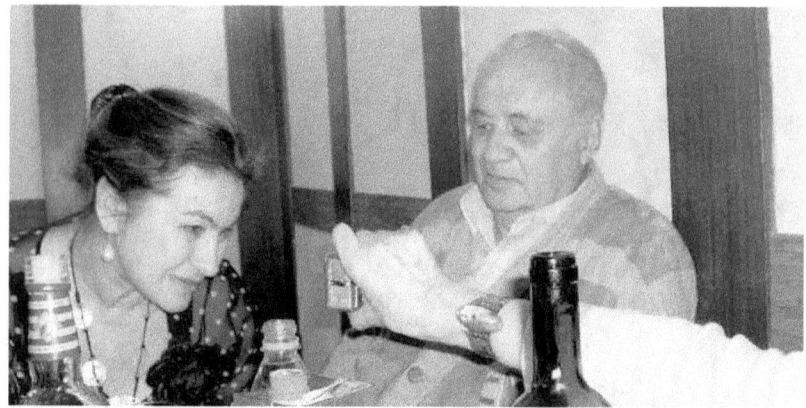

ЦДЛ, Арт-кафе. Мог ли надеяться автор на эту встречу со старинным другом? Случилась, однако – и вот, нашлись ведь, спустя четверть века. Эдуард Графов – «известинец», мастер фельетона. К нам за столик, представляя руководство ЦДЛ, подсела по-дружески Наташа Познанская

И.Губерман
в гостях у автора

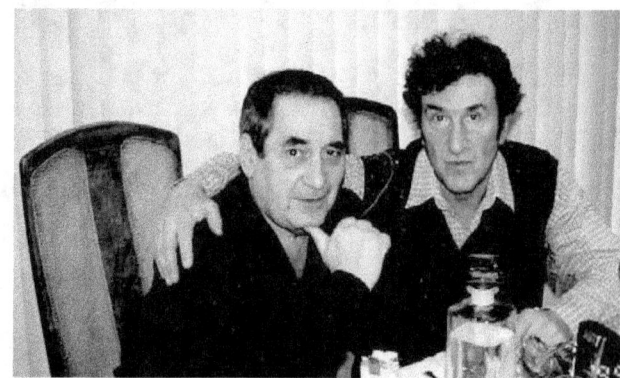

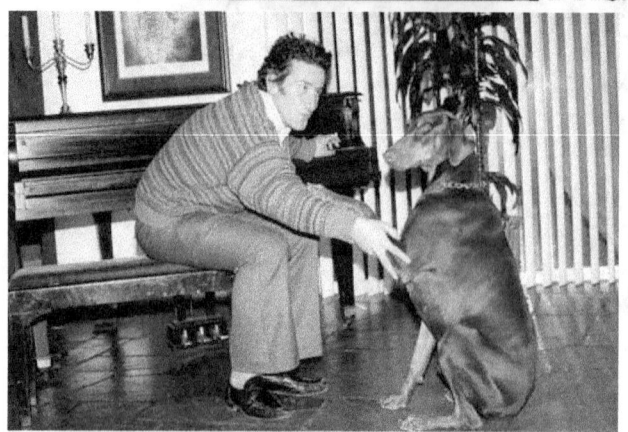

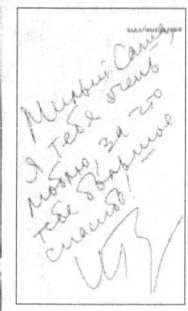

Что можно
добавить к этому
автографу Игоря
Губермана?

Александр Половец

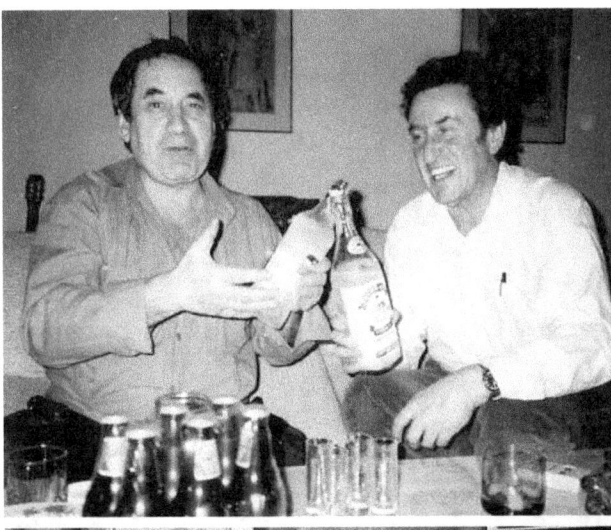

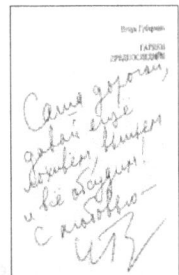

Лос-Анджелес, год значения не имеет. «Отчего не выпить бедному еврею, если у него нету слишком срочных дел...» (исполняется на мотив «Мурки»)

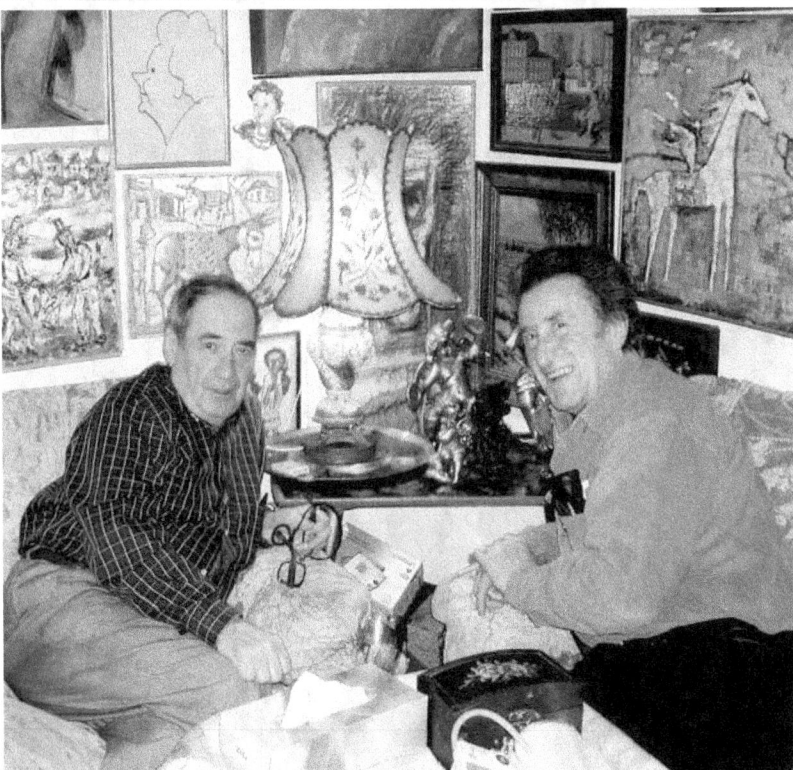

Иерусалим, 2011. Час расплаты: теперь автор в гостях у Губермана

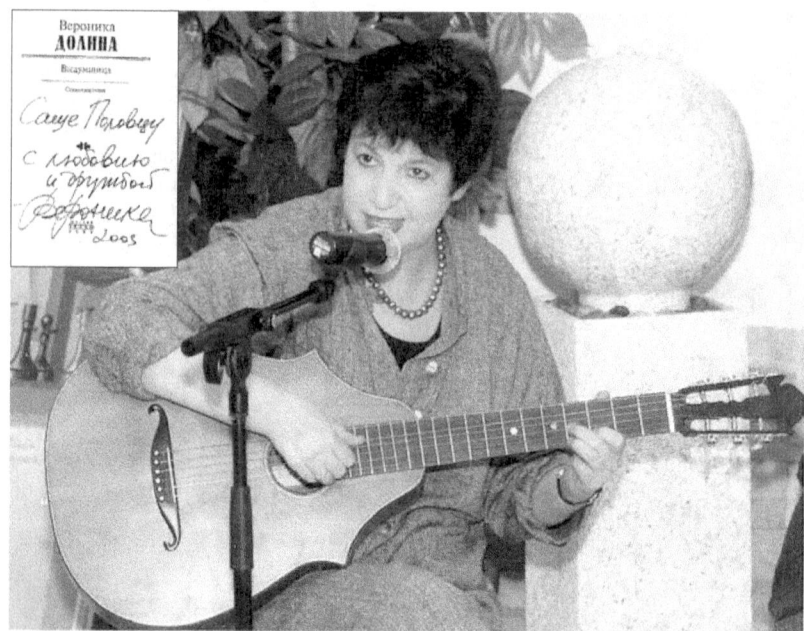

Все тот же «Библио-Глобус». Вероника Долина и выступила, и спела на презентации книг автора

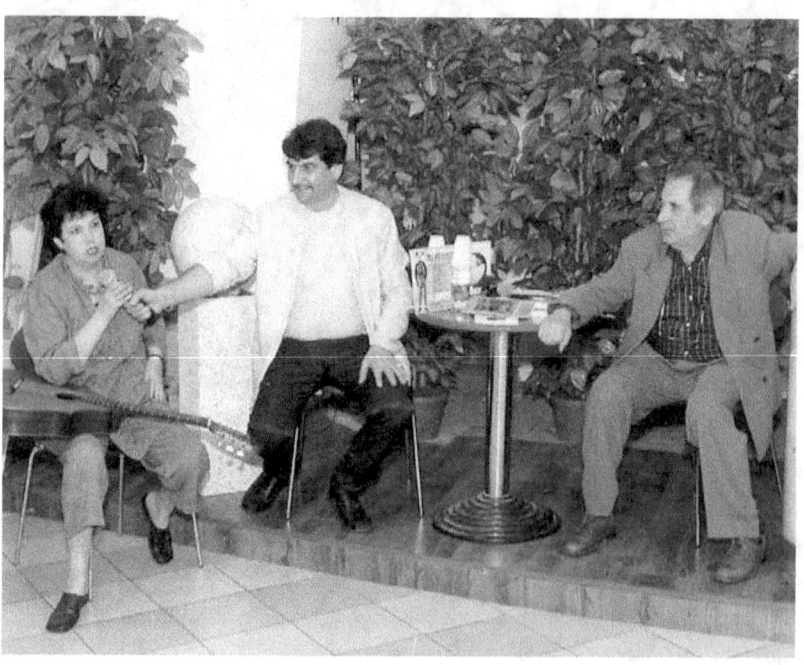

Александр Половец

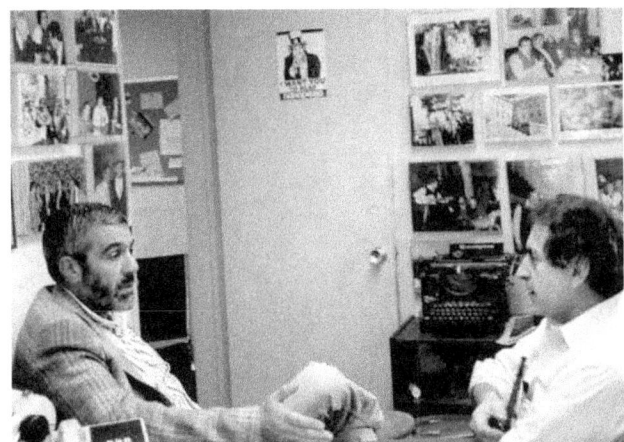

Лос-Анджелес, начало 90-х. Сергей Довлатов в «Панораме»

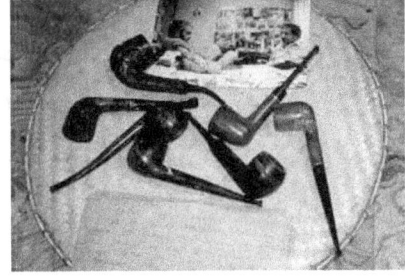

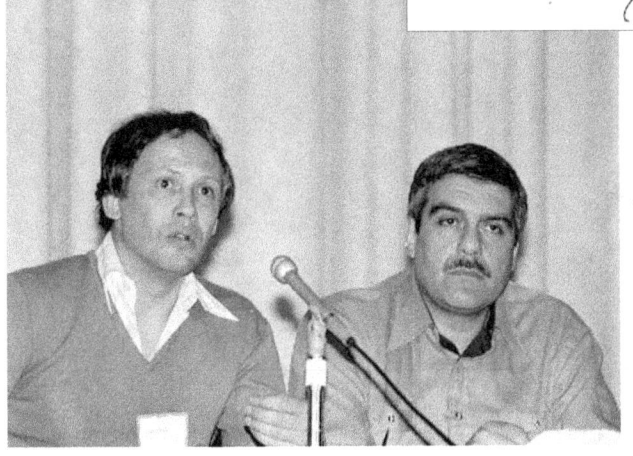

Лос-Анджелес, 1980. Президиум Конференции «Русская литература в изгнании»: Д.Бобышев и С.Довлатов – оба в прошлом ленинградцы и дружны много лет

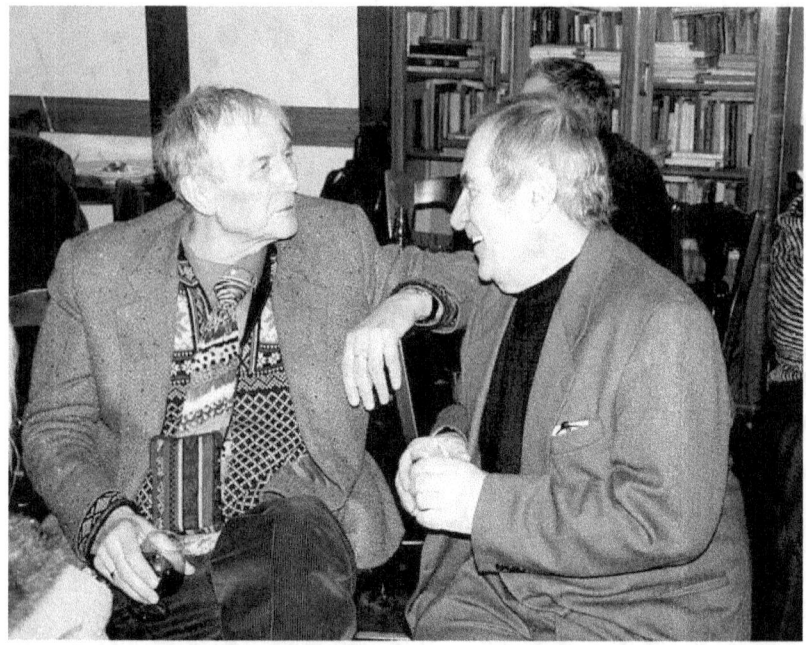

Москва, ЦДЛ, 2004. После встречи автора с читателями, куда и Евтушенко успел заглянуть. Потом, конечно же, прошел еще час-другой – здесь хорошо беседуется...

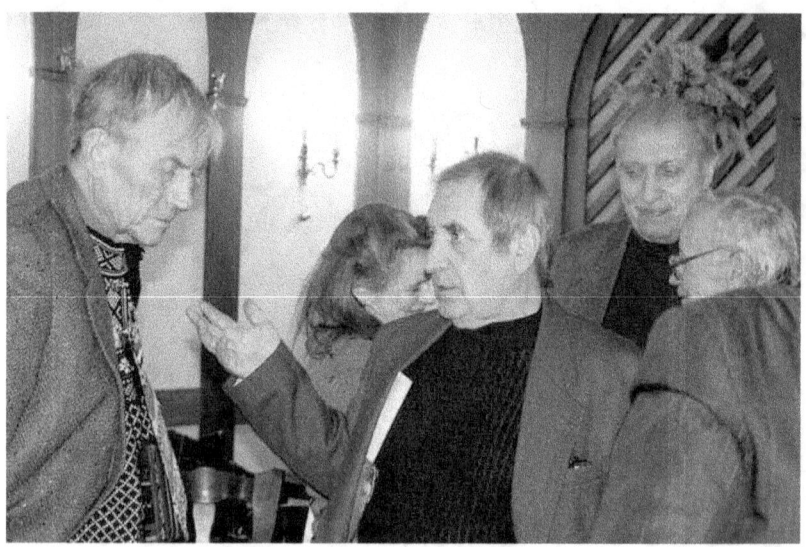

К беседе присоединились и друзья автора – Наталья Горленко, Валерий Бегишев и Владимир Рясной *(справа от автора)*

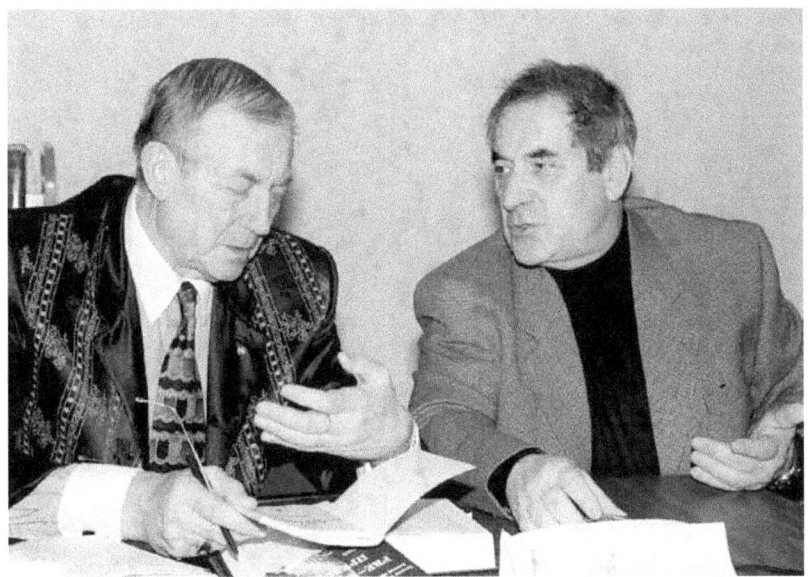

Перед выступлением Е.Евтушенко на встрече с читателями в Сан-Франциско

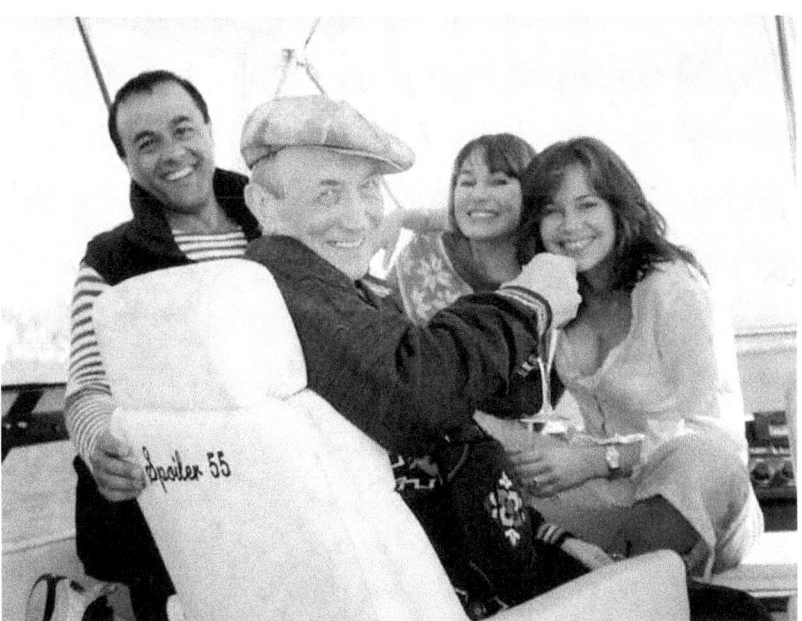

Хорошо, когда везде друзья, – и особенно, если у них своя яхта! *На снимке:* Евтушенко сопровождает (или они – его?) актрис Г.Логинову и Е.Редникову под чутким присмотром владельца яхты Армаиса

Нью-Йорк. У «Дяди Вани» с хозяйкой ресторана Мариной Трошиной

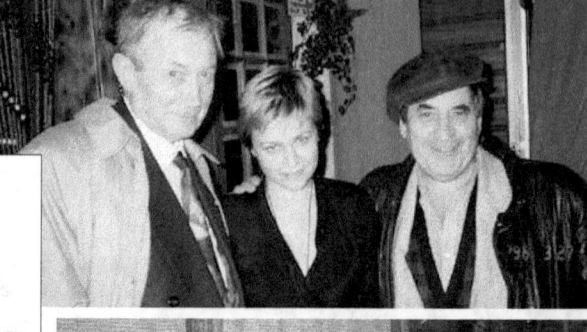

Переделкино. На даче Евтушенко с Ольгой Окуджава – к нему мы зашли «по соседству» после проведения Дня памяти Булата в его «Домике»

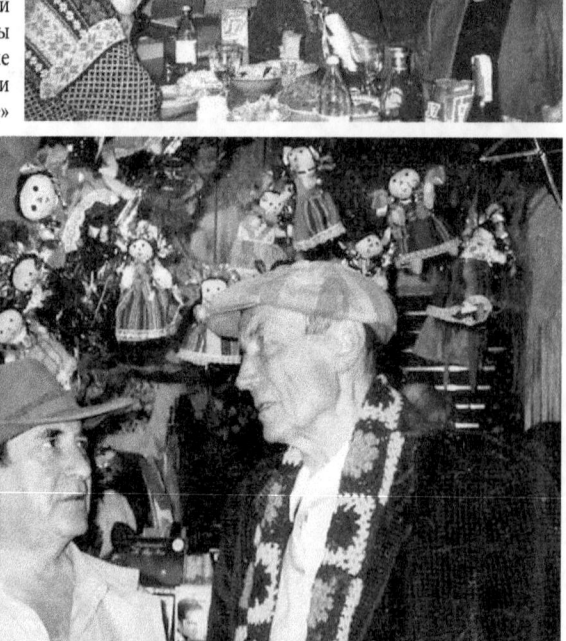

Евгений Евтушенко – однажды на мексиканской ярмарке в Лос-Анджелесе...

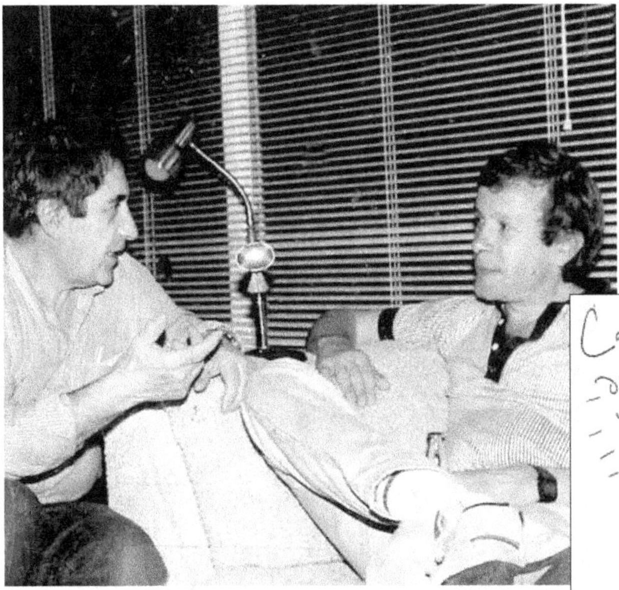

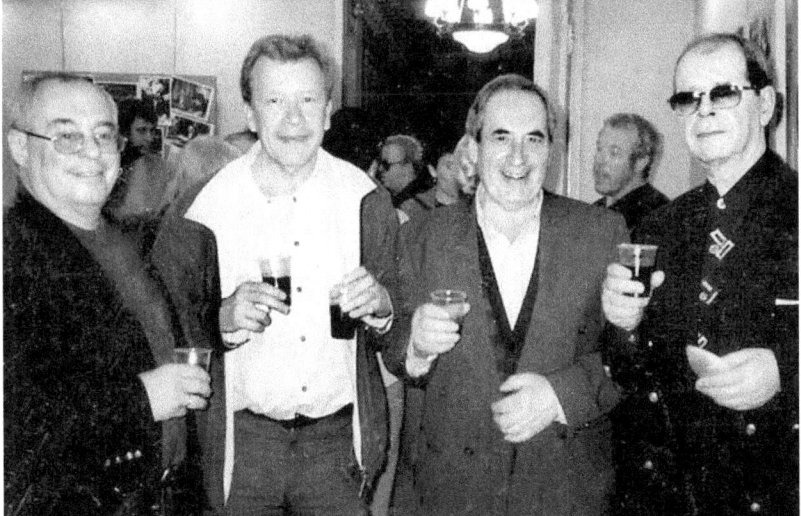

Виктор Ерофеев
в Лос-Анджелесе,
а в России – разгар
перестройки,
и в книжном деле –
тоже...

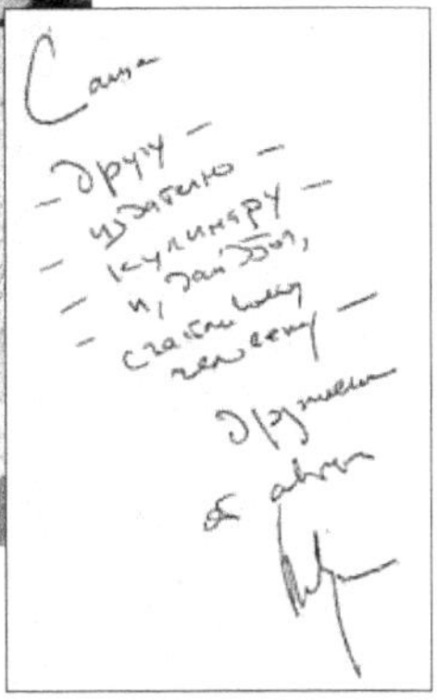

В театре Современной пьесы – после традиционного концерта в память Окуджавы – как не помянуть нашего замечательного друга! Марк Розовский, Виктор Ерофеев, автор и Аркадий Арканов *(в просвете виден Макаревич)*

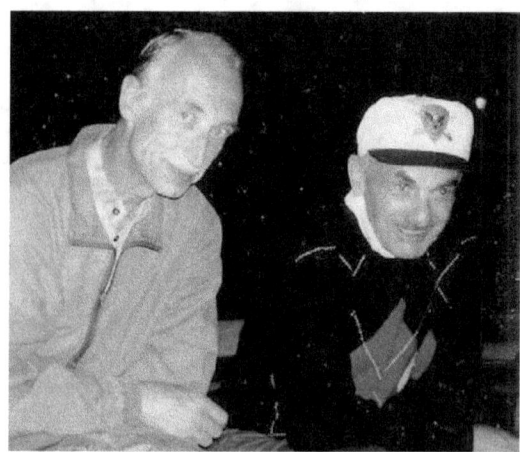

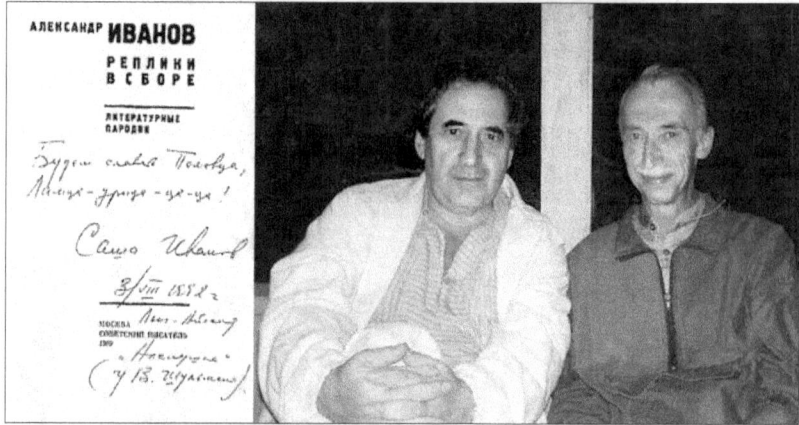

Начало 90-х. Александр Иванов: «Отдых под Нью-Йорком не хуже, чем, например, на подмосковной Клязьме...»

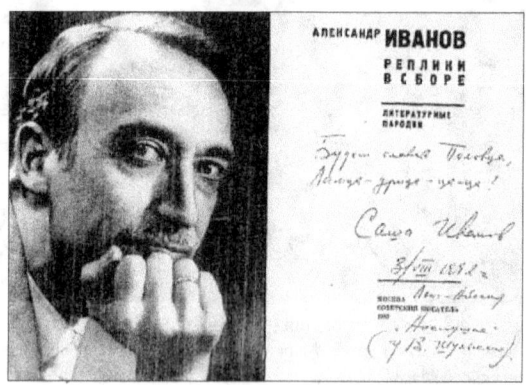

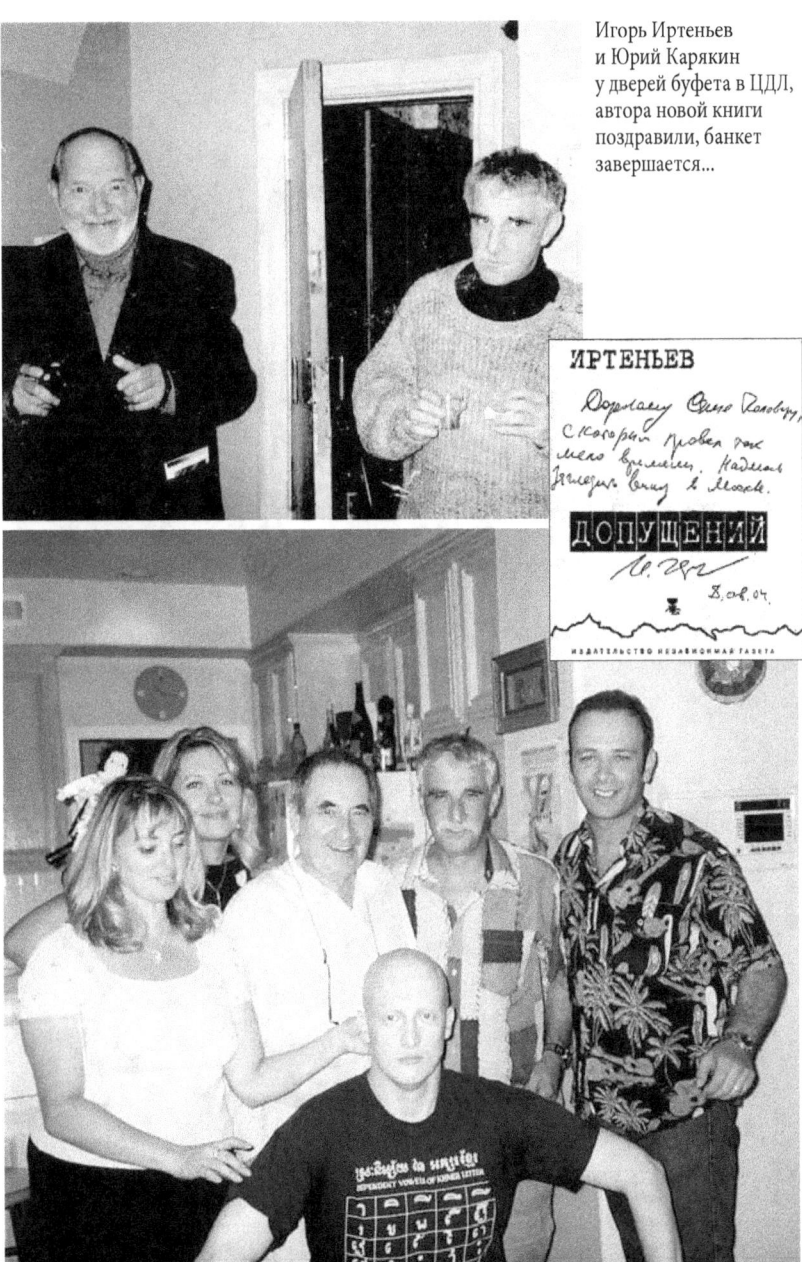

Игорь Иртеньев
и Юрий Карякин
у дверей буфета в ЦДЛ,
автора новой книги
поздравили, банкет
завершается...

И.Иртеньеву в Лос-Анджелесе всегда рады – только что он выступил в доме Алексея Кискачи *(на переднем плане снимка)*

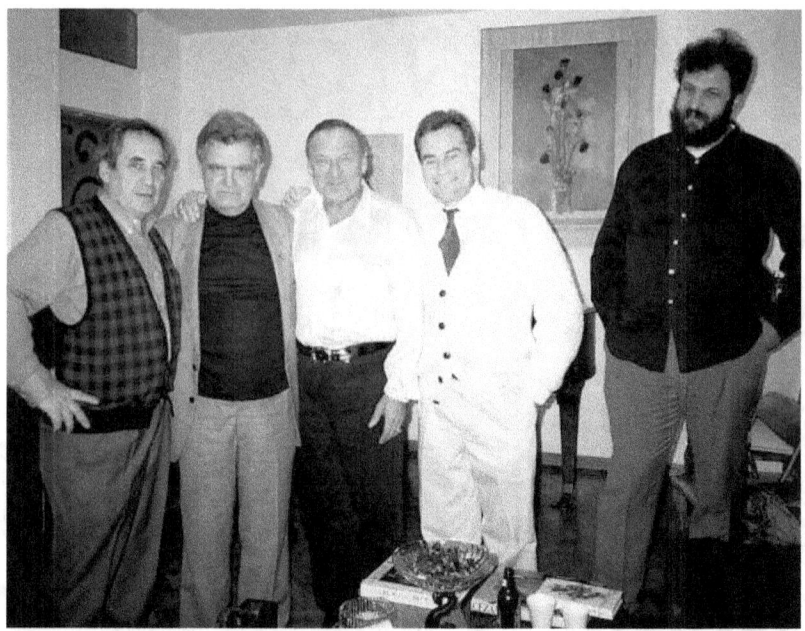

Фазиль Искандер (*второй слева*) в Лос-Анджелесе бывает нечасто

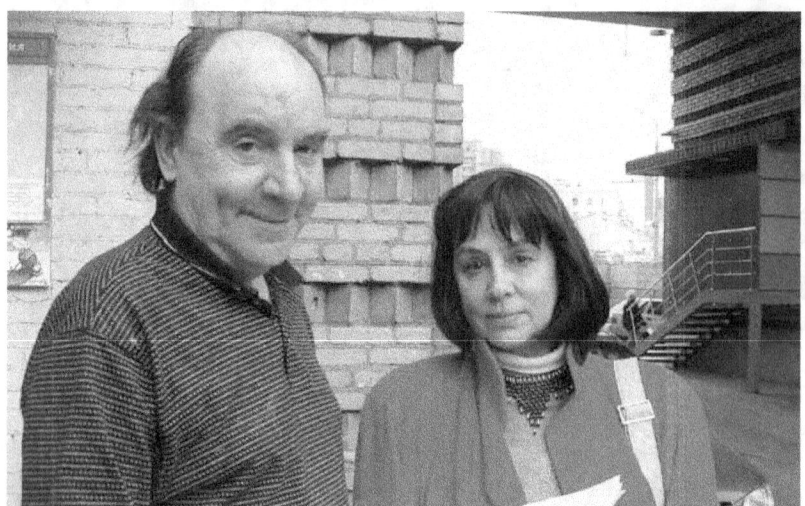

Геннадий Жаворонков – один из ведущих журналистов «Новой газеты», правозащитник и разоблачитель коррупции в верхних эшелонах российской власти. В главах книги автор и Геннадий вспоминают эпизоды, когда в 60-е годы Жаворонков подпольно размножал фотопечатью изданные «Посевом» томики Авторханова и Солженицына. Татьяна Кузовлева с автором навестили его дома незадолго до его кончины...

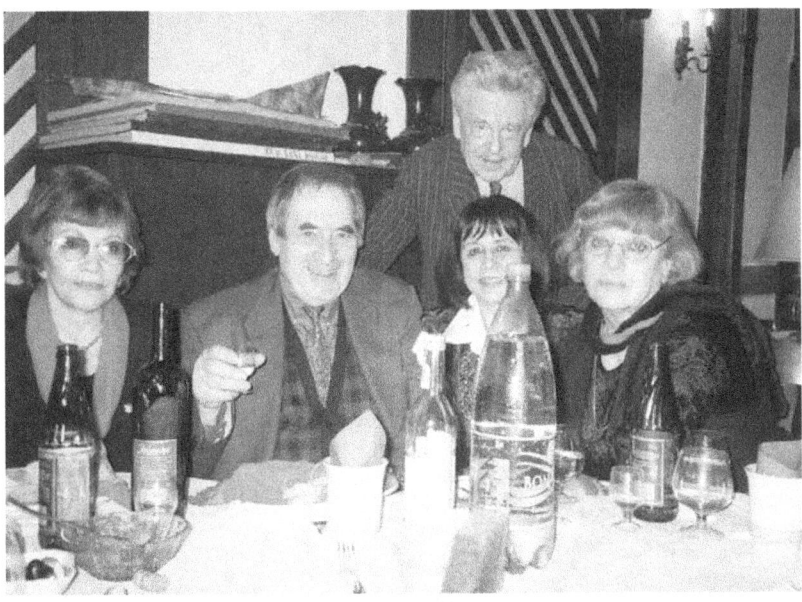

После Вечера журнала «Кольцо А», на который был приглашен Александр Половец, авторы и гости собрались в Нижнем буфете ЦДЛ. В компании с Половцем – Римма Казакова, Татьяна Кузовлева, Валентин Оскоцкий, Алла Рахманина

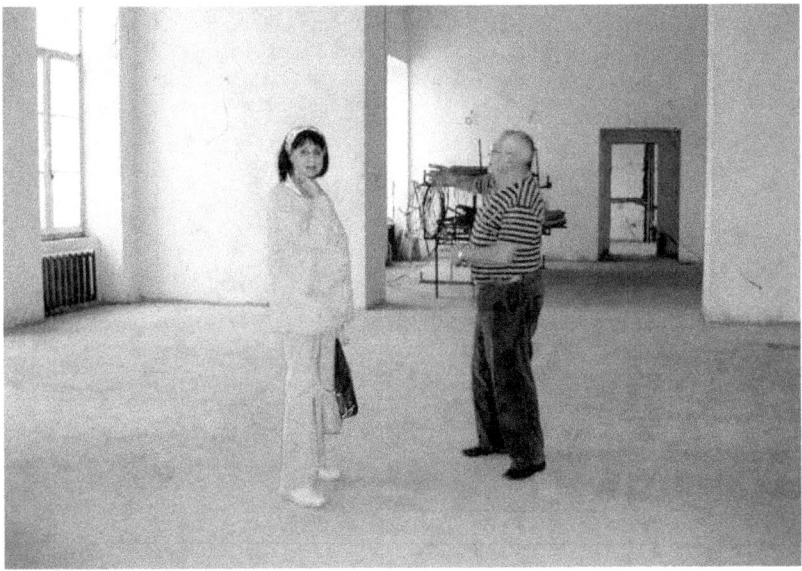

Москва, на Никитской, 2010. Здесь будет театр заложен: Марк Розовский показывает Татьяне Кузовлевой новое помещение его театра

Москва, Дом кино.
Этот снимок стал
возможен много
лет спустя после
моего отъезда,
прервавшего
нашу дружбу
с Юрой Колосовым.
Трудится он всё
там же, в Союзе
работников кино,
в здании Дома кино
на Васильевской
улице. Наши
встречи снова
регулярны при
моих приездах
в Москву,
принимает в них
участие порой
и Таня Кузовлева

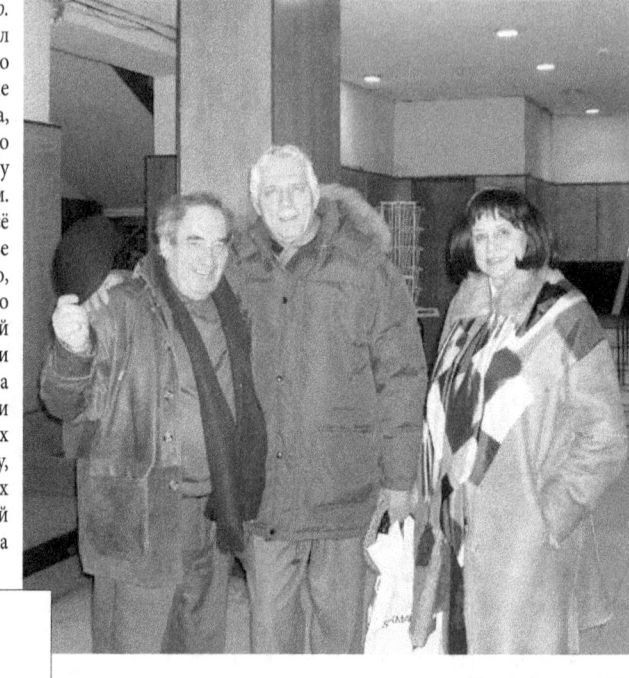

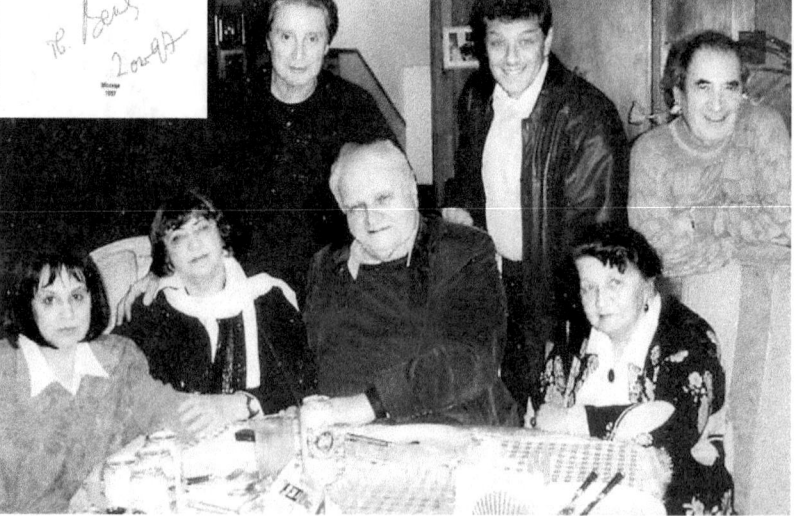

Лос-Анджелес, 2005.
Традиционная встреча в доме у автора: Татьяна Кузовлева,
Светлана Иванова, Вячеслав Иванов, Калерия Озерова; Вениамин
Смехов, Владимир Паперный и автор *(стоят во втором ряду)*

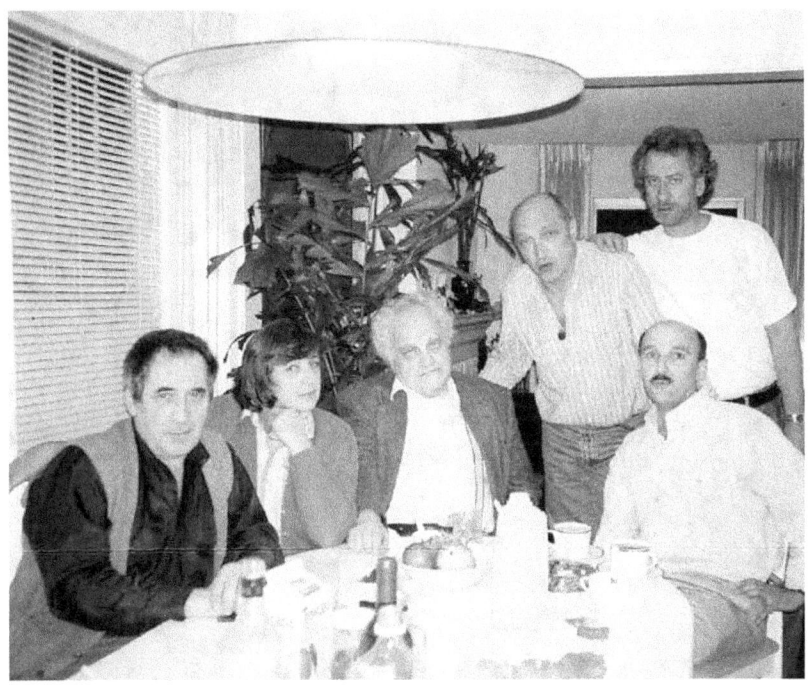

М.Козаков в гостях у Э.Баскина, пришла с ним повидаться и чета Ивановых

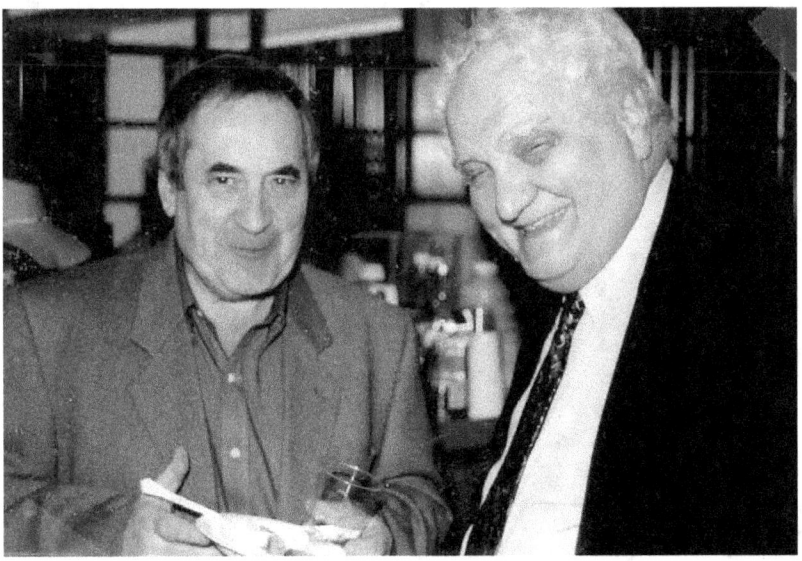

В.Иванов с удовольствием участвует в юбилейных мероприятиях

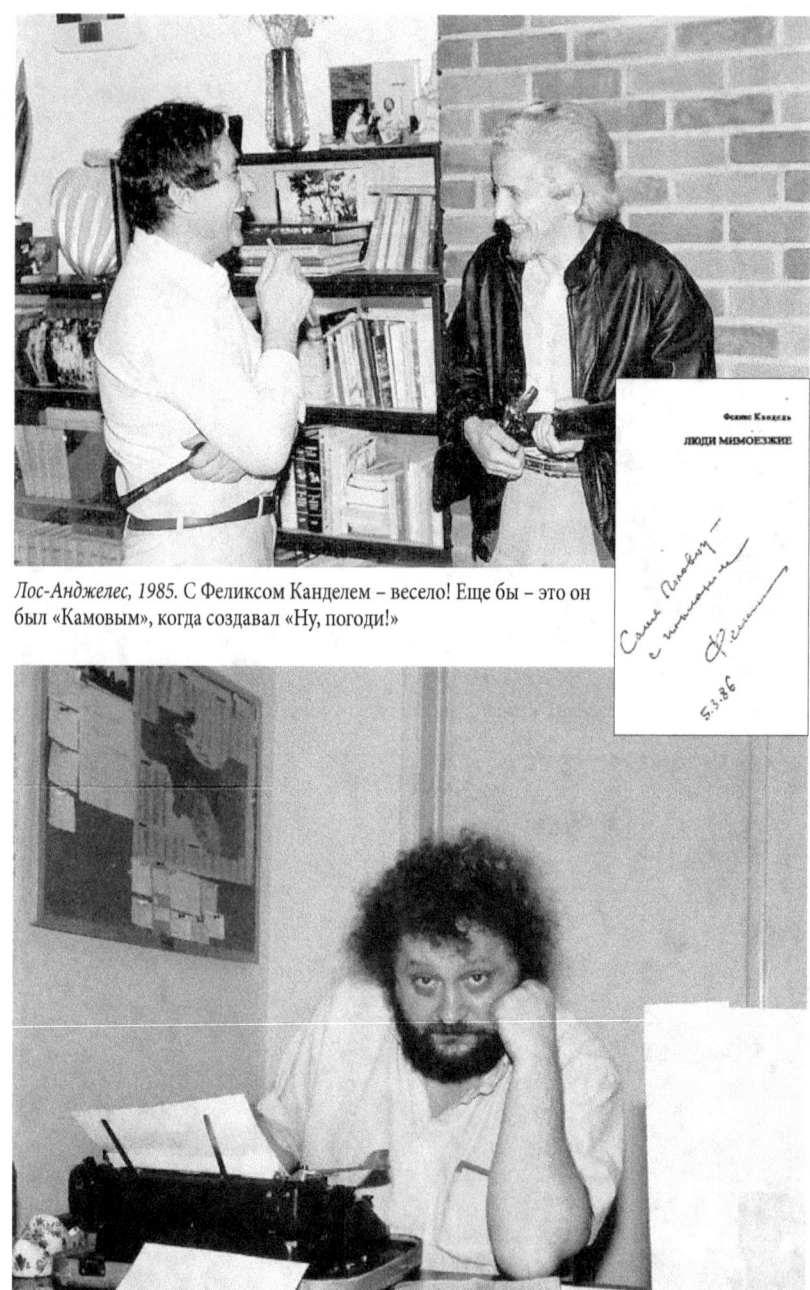

Лос-Анджелес, 1985. С Феликсом Канделем – весело! Еще бы – это он был «Камовым», когда создавал «Ну, погоди!»

Владимир Козловский в «Панораме»: «Умножающий познания умножает скорбь свою...»

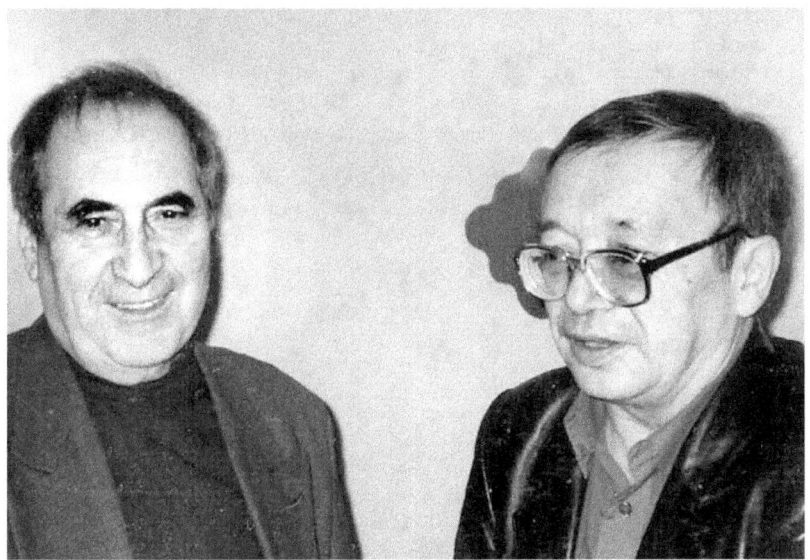

Юлий Ким живет в Израиле, но и в московском ЦДЛ присутствует, по возможности, – это его дом вот уже которое десятилетие

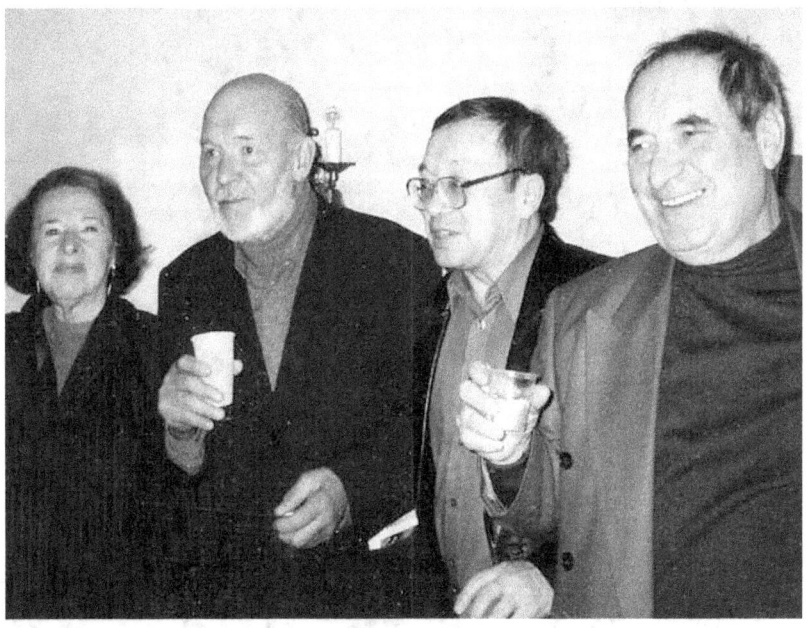

В ЦДЛ не чаем единым жив человек... *Слева направо:* Алла Гербер, Юрий Карякин, Юлий Ким и автор

1980.
Наум Коржавин
на конференции
славистов...

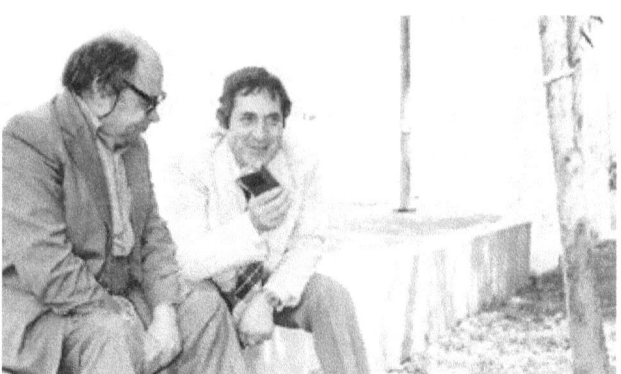

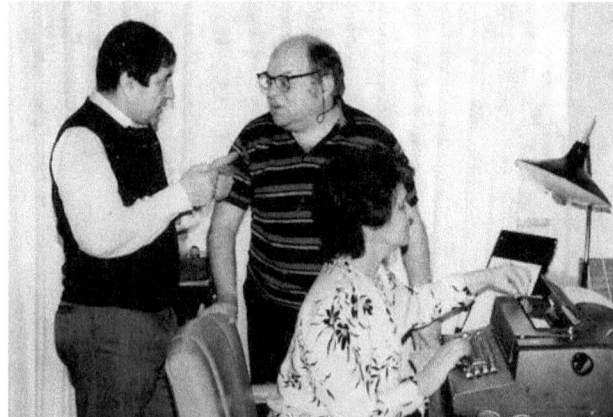

1985.
...в редакции
«Панорамы»

...и в 2011 году
в ЦДЛ – здесь
автору повезло
оказаться на
творческом вечере
Н.Коржавина

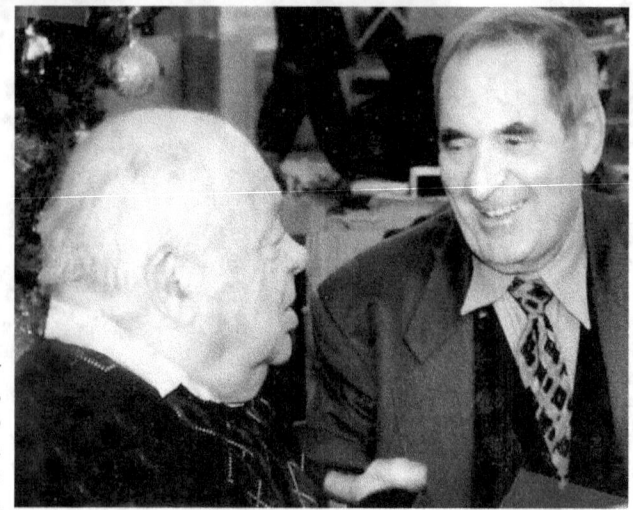

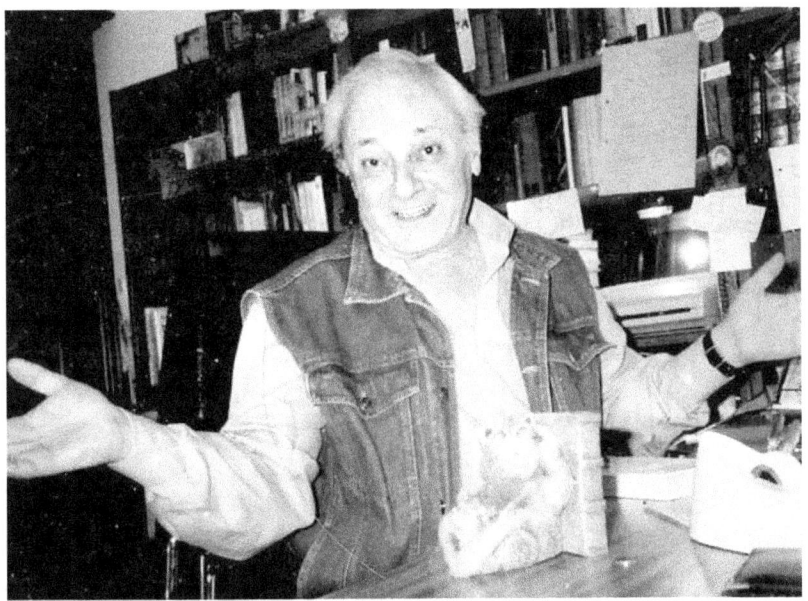

Владимиру Кунину в лос-анджелесском доме автора уютно!

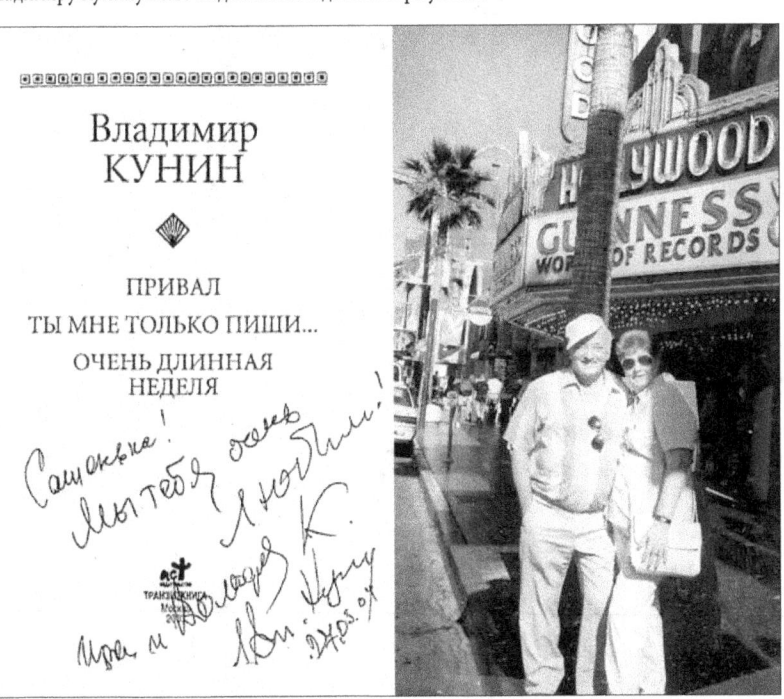

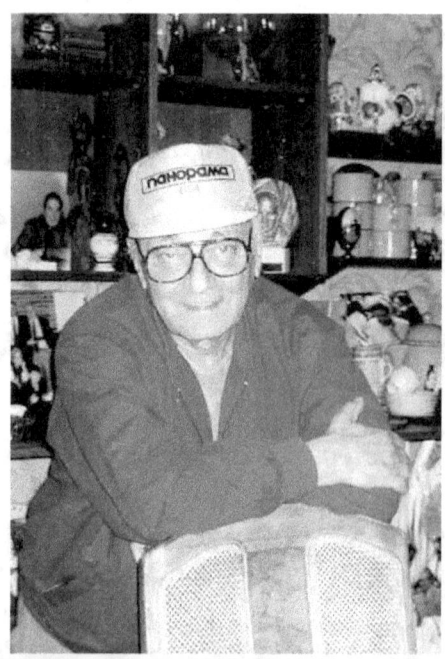

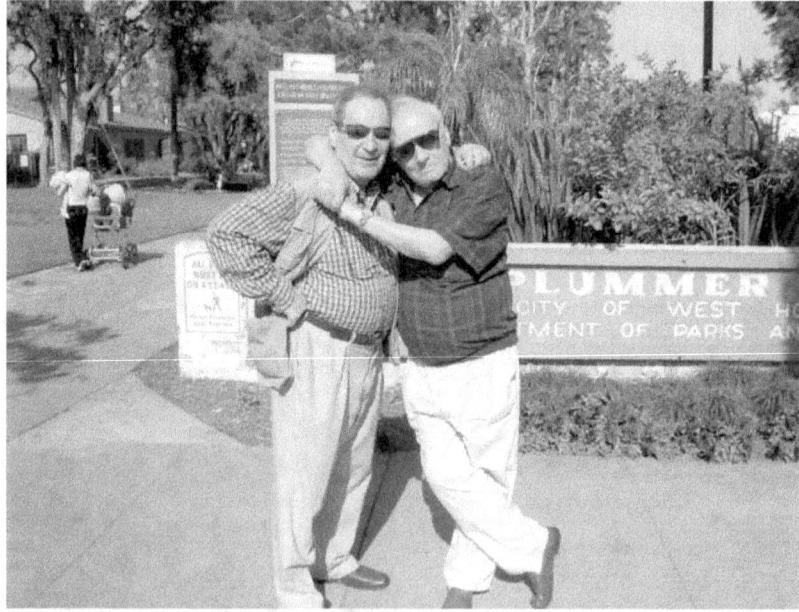

Пламмер-парк в Западном Голливуде – излюбленное место прогулок бывших россиян (и укра-инцев, и белорусов, и грузин...), не могли мы с Куниным обойти его стороной

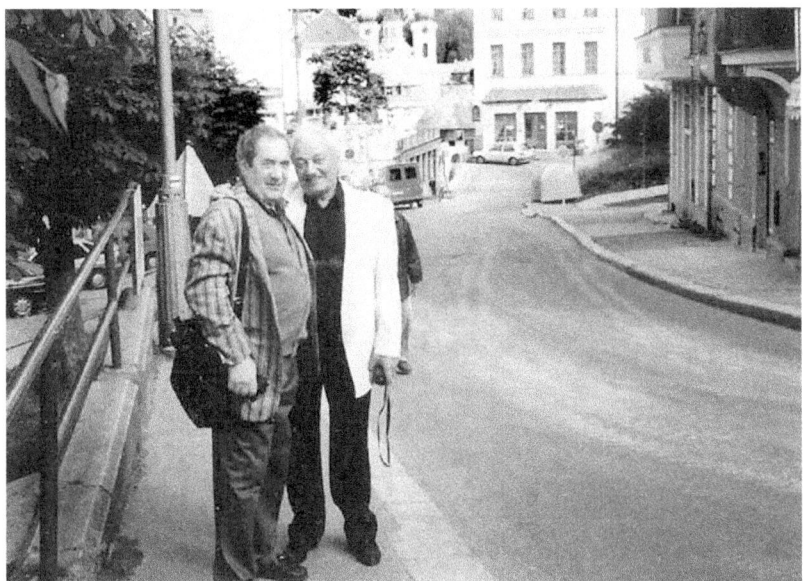

Лос-Анджелес – Карловы Вары. С Куниными, Владимиром и Ириной, – сокращаются любые расстояния...

Роберт Кайзер (автор «КГБ» и других книг, хранение которых обещало значительный тюремный срок). А здесь, в Лос-Анджелесе, после славистской конференции, нам уже не страшно

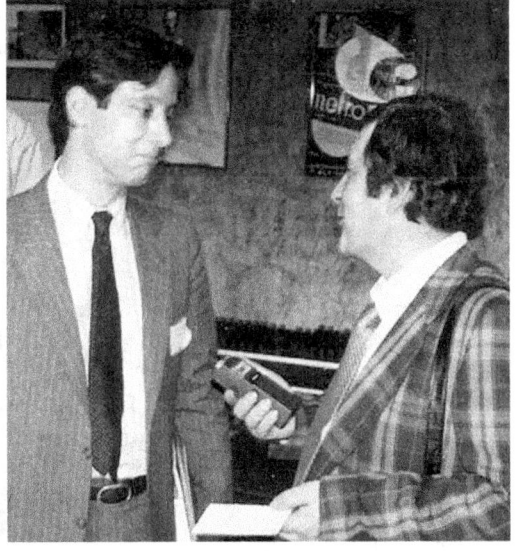

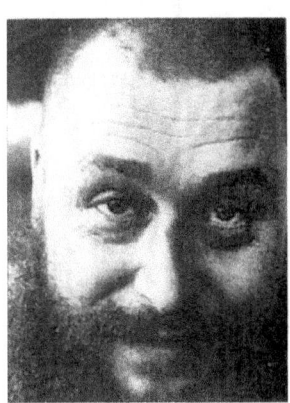

Константин Кузьминский, поэт, собрал и издал в 70-е годы в Техасском университете (г. Остин) уникальную энциклопедическую коллекцию творчества поэтов и художников ленинградского, прежде всего, андерграунда – «Голубая Лагуна» *Photography by Will Van Overback*

Конец 80-х.
В редакции
«Панорамы»
Аркадий Львов

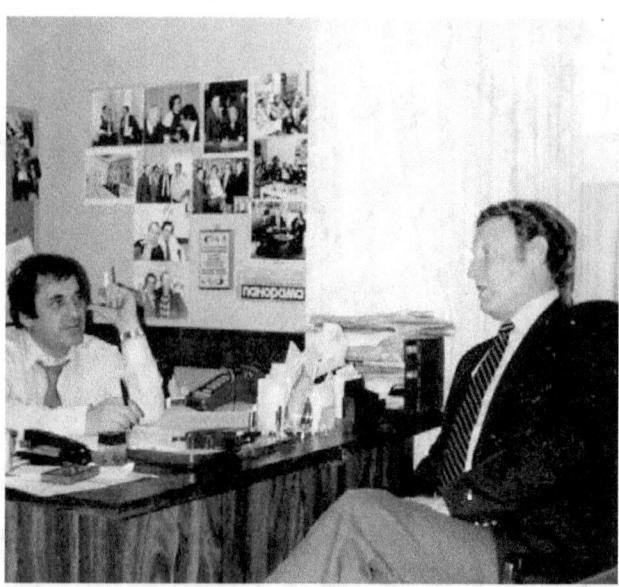

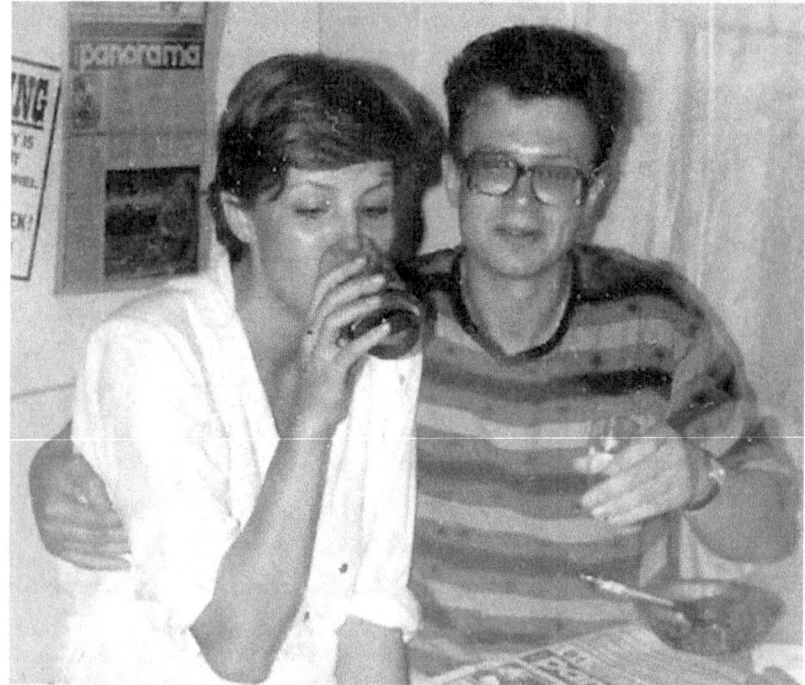

Калифорния, 1981. Первый год Лимонова с Наташей Медведевой – они в гостях у автора, он их познакомил совсем недавно

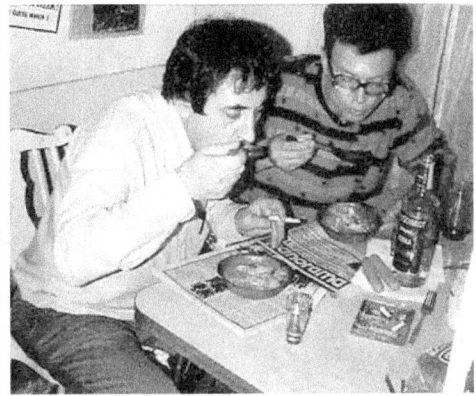

Лос-Анджелес, 1981. Щи Лимонов сварил точно по рецепту из «Эдички» и теперь расхлебывает их с автором в квартирке, где на полу начиналась «Панорама»

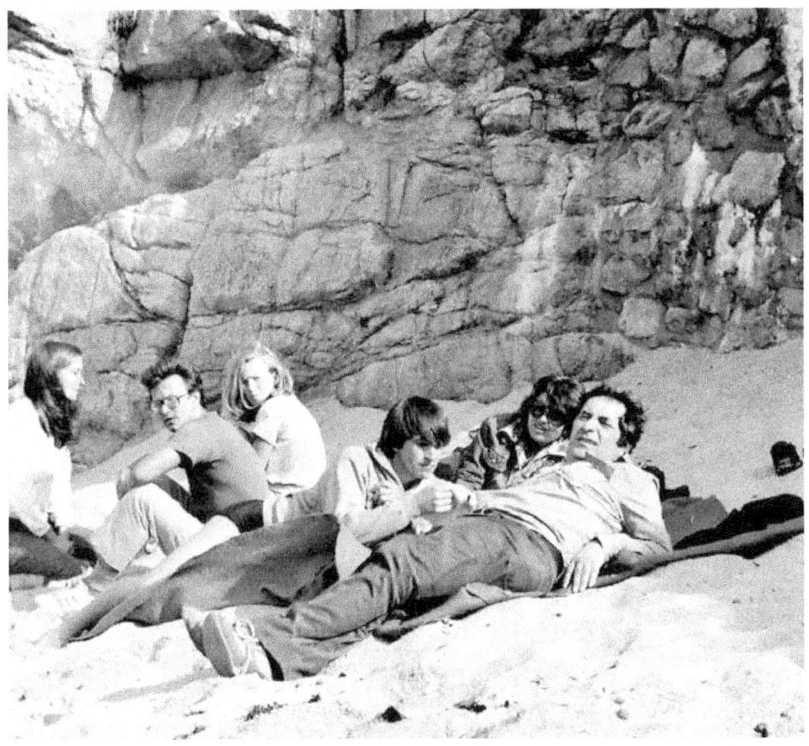

Северная Калифорния, замечательный курортный городок Кармел, 1981. «Какие мы были молодые!..» – не сдержался Саша Соколов, увидев в 2012-м году сохранившийся у меня снимок, – здесь, кроме него самого, Эдуард Лимонов и автор в замечательном окружении наших спутниц тех времен

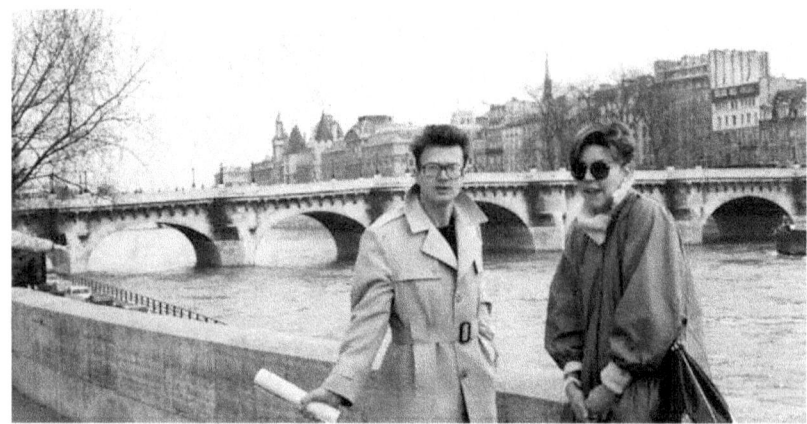

Лимонов с Наташей Медведевой – автор этим снимком сохранил эпизод счастливого времени, до случая, когда в ресторане, где пела Наташа, кто-то, какой-то сумасшедший, порезал ей лицо...

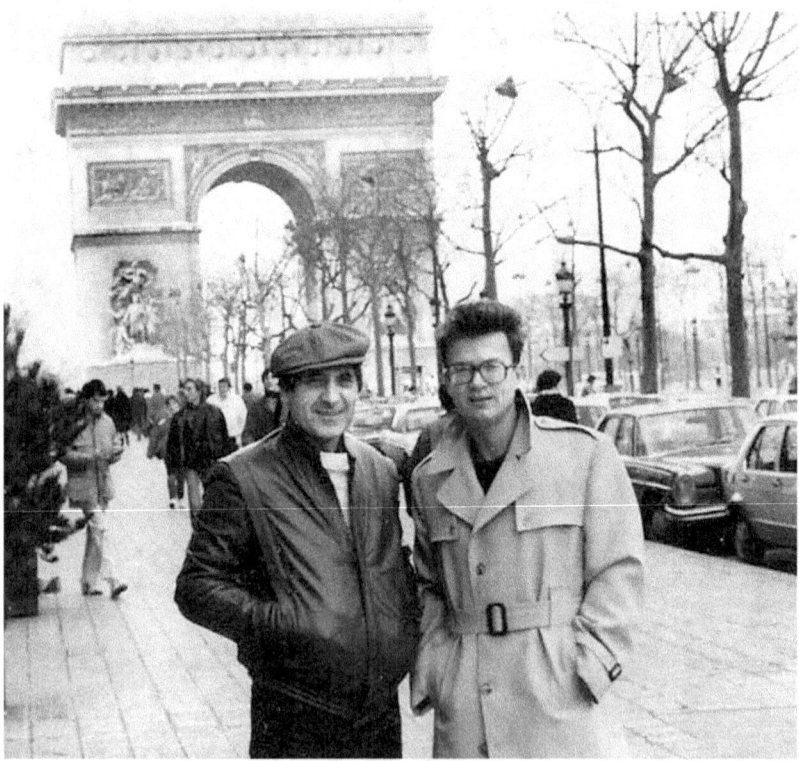

Париж, 1983. За нашими с Лимоновым спинами – Триумфальная арка: дальше отступать некуда...

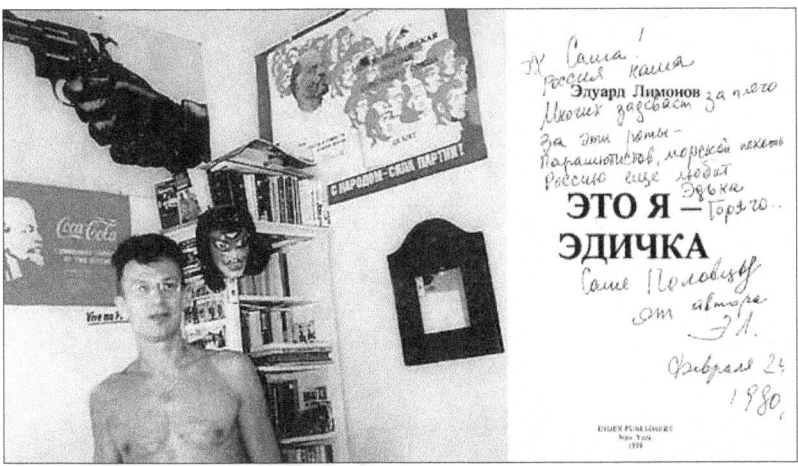

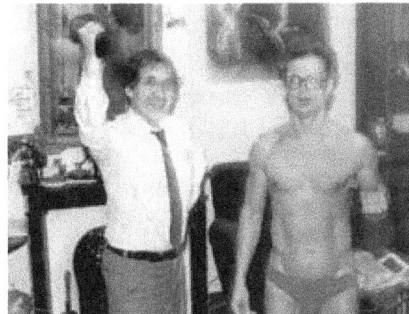

1980. Парижское жилье Лимонова: физическая форма – это очень важно!

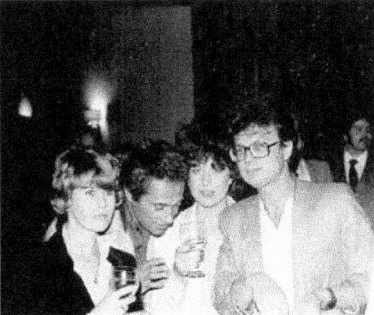

1980. Э.Лимонов впервые в Лос-Анджелесе, его первый роман только что принес ему известность *(с бокалом его приветствует Миша Суслов)*

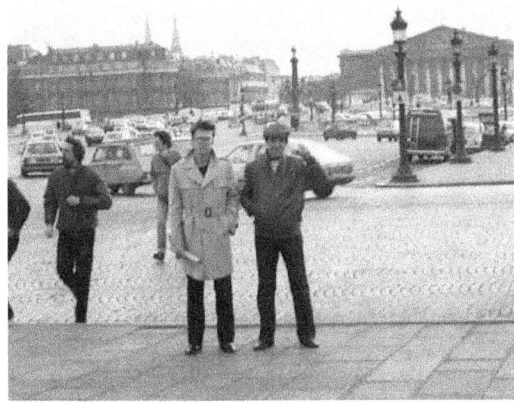

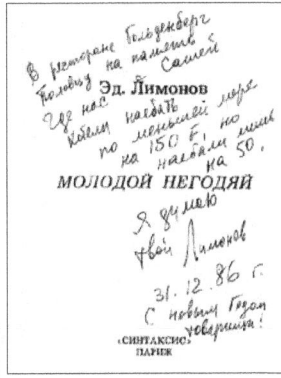

Из парижских сюжетов

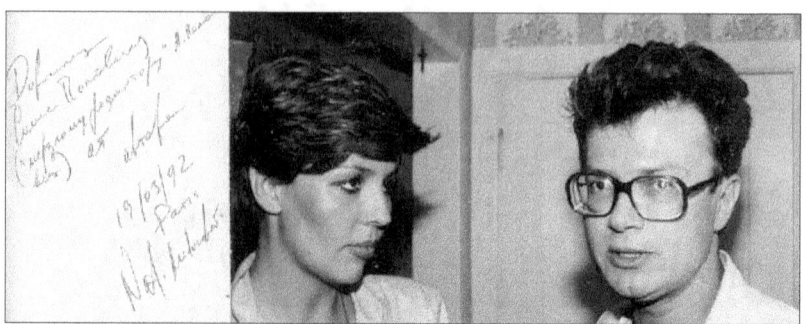

Париж. Эдуард Лимонов и Наташа Медведева – этим снимком автор горд по сей день

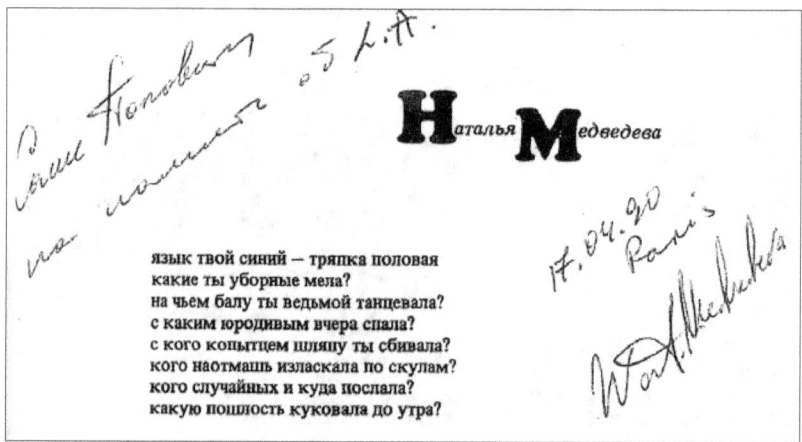

язык твой синий — тряпка половая
какие ты уборные мела?
на чьем балу ты ведьмой танцевала?
с каким юродивым вчера спала?
с кого копытцем шляпу ты сбивала?
кого наотмашь изласкала по скулам?
кого случайных и куда послала?
какую пошлость куковала до утра?

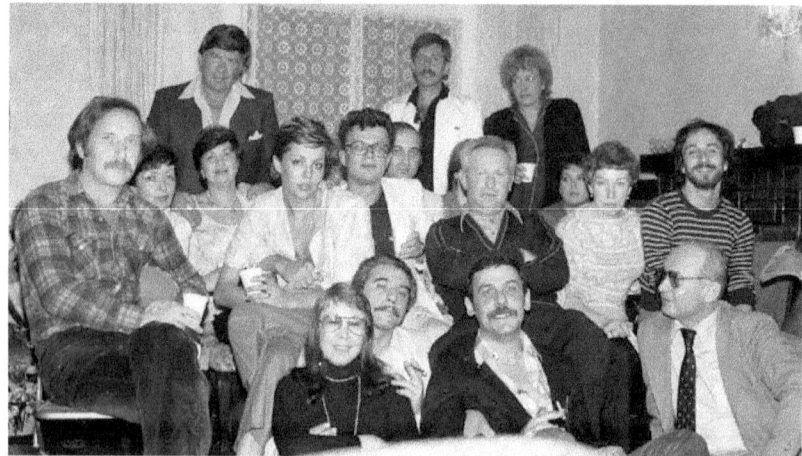

Лимонов с Наташей снова в Лос-Анджелесе – здесь у него всегда собиралась благодарная аудитория

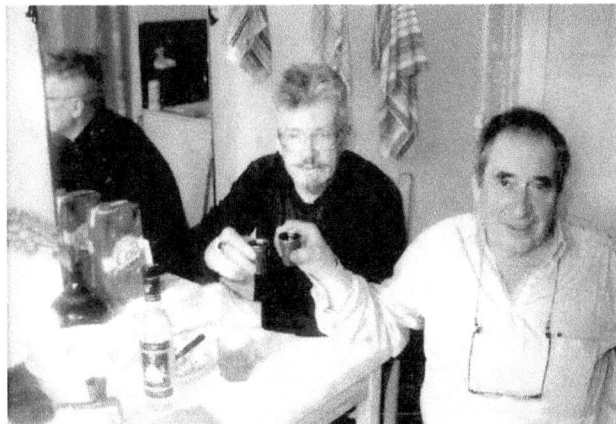

2004. Перед самым выступлением в ЦДЛ автор заехал домой к Лимонову, чтобы помянуть с ним Наташу – уже год, как ее не стало...

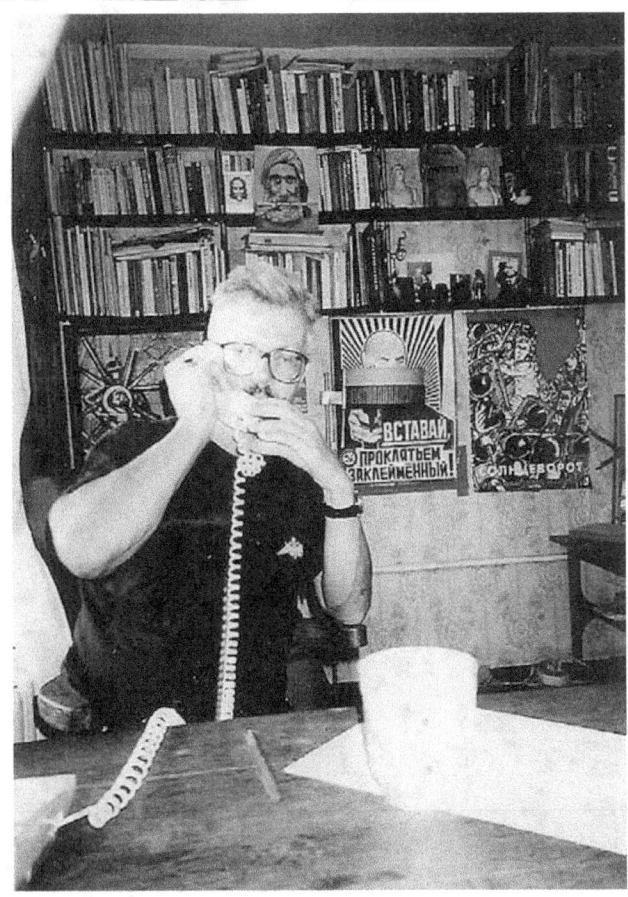

Итак – Москва...

Москва, 2000-е. Здесь Лимонов – вождь... У него своя партия!

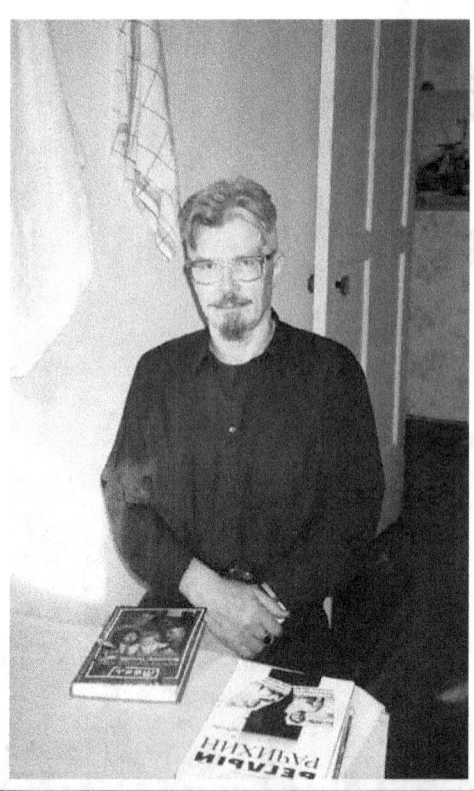

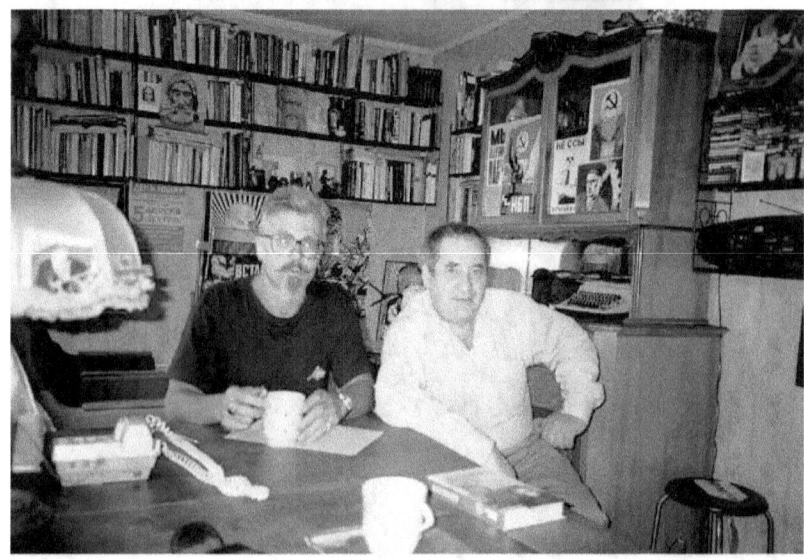

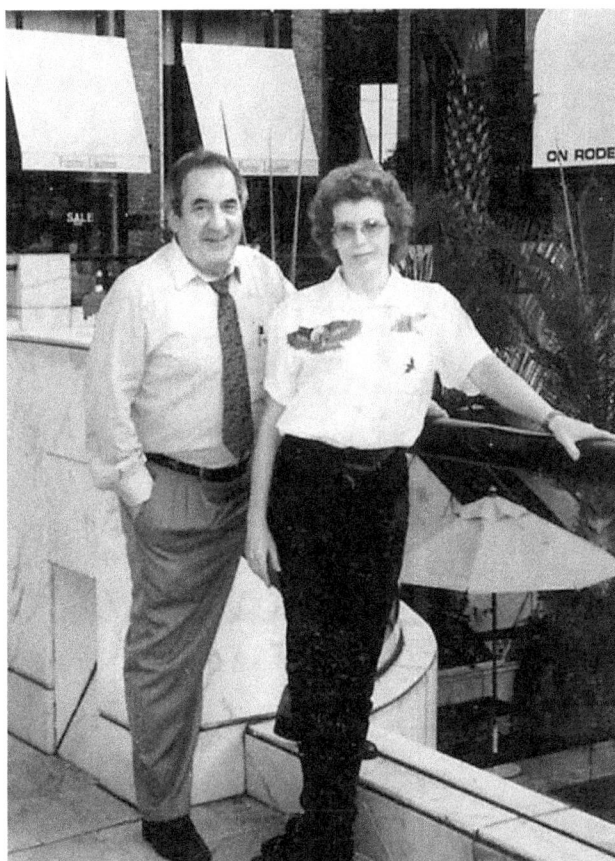

Конец 90-х.
Юлия Латынина
на приватной
экскурсии
в Беверли-Хиллз

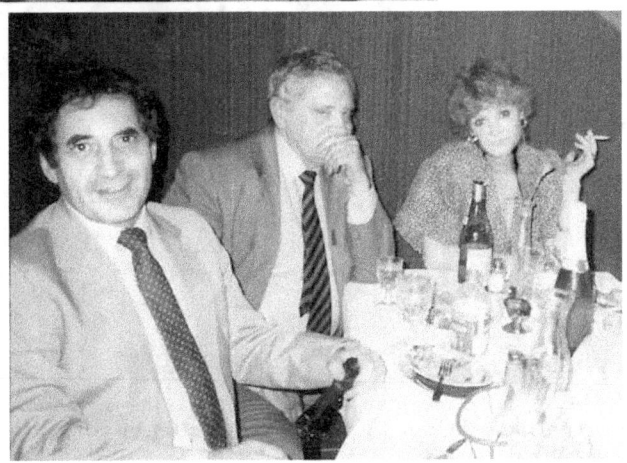

Нью-Йорк, 1987.
Русский ресторан
в Бруклине. Вла-
димир Максимов
сейчас пьет только
минералку. Недав-
но он предложил
предисловие
к первому изданию
повести о беглеце
Рачихине. Здесь
же – Рашель Валк,
жена издателя книг
В.Максимова (моих
книг в том числе)

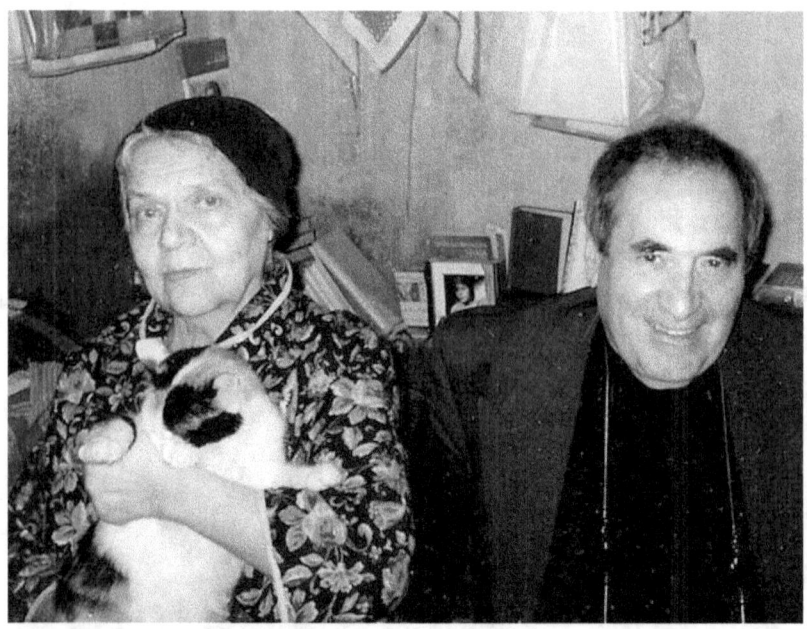

Москва, 2005. В гостях у Новеллы Матвеевой

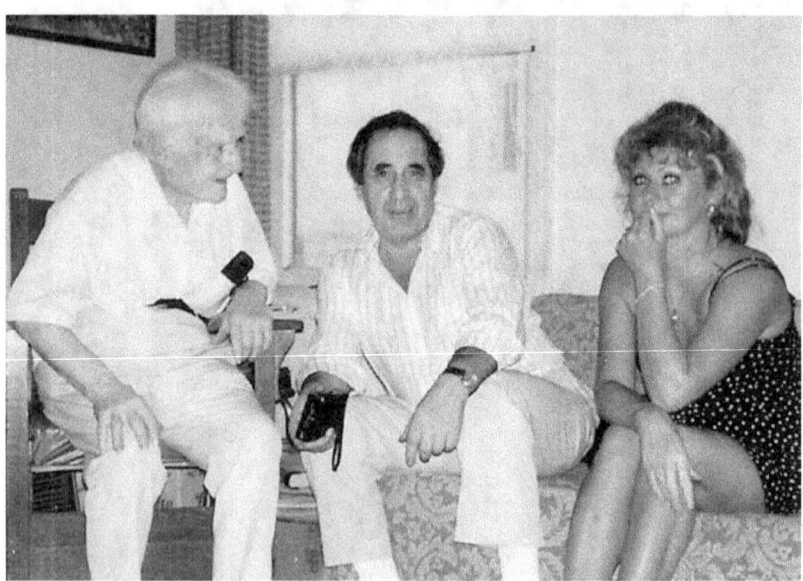

Лос-Анджелес, 1994. Бостонская гостья, писательница Ирина Муравьева, и автор навестили 90-летнего Николая Юлиановича Пушкарского, просветителя и пропагандиста русской культуры в Штатах

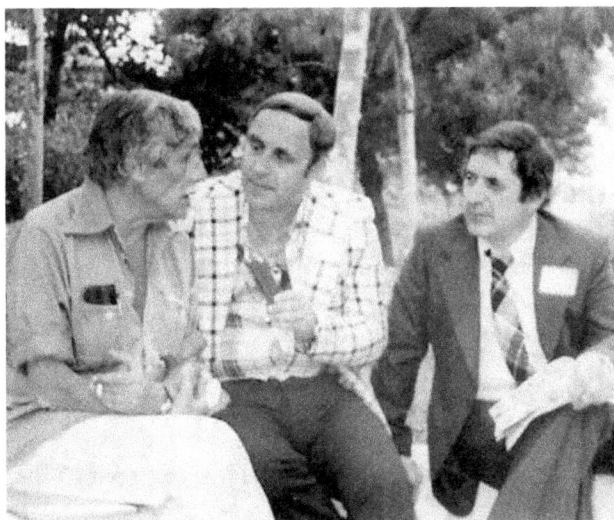

1981. Виктор Платонович Некрасов прямо из Парижа – к нам, в Лос-Анджелес, на конференцию славистов.
В центре – журналист Сергей Левин

В «Панораме» коллега из Израиля – Рафаил Нудельман (редактирует там журнал «22»)

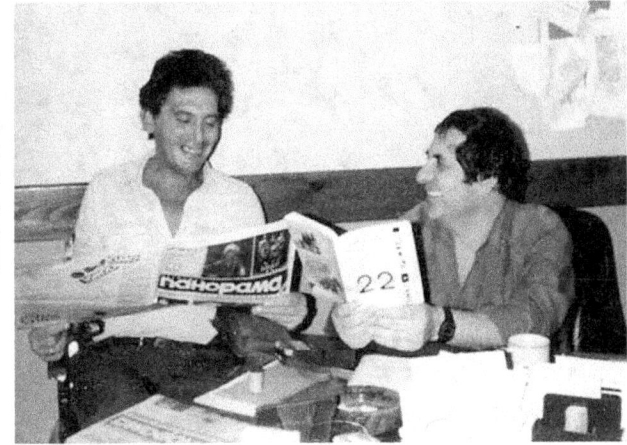

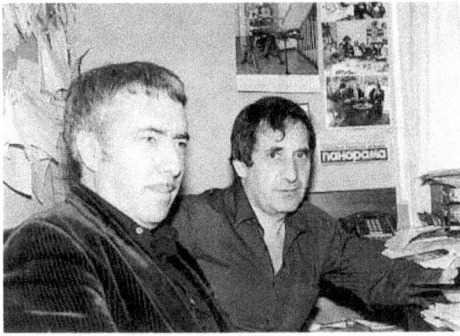

Виктор Перельман одним из первых в «Третьей волне» эмиграции из СССР издавал «толстый» журнал «Время и мы»

Одна из последних наших фотографий с Анатолием Приставкиным, недавно ушедшим из жизни, – в тот раз случилось нам встретиться с ним на его творческом вечере в московском Доме кино

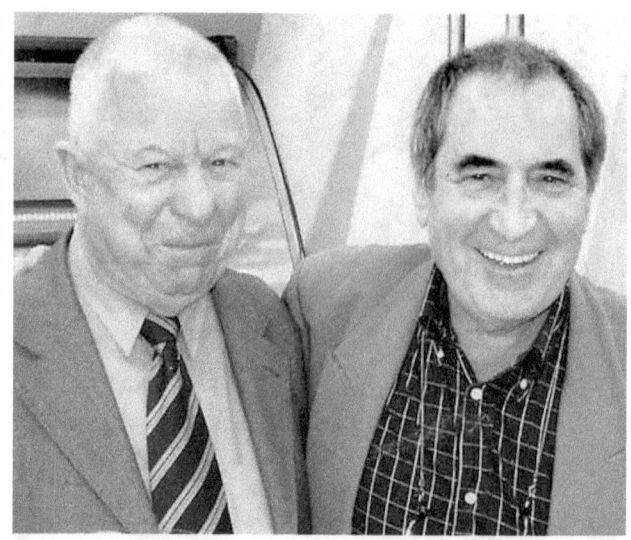

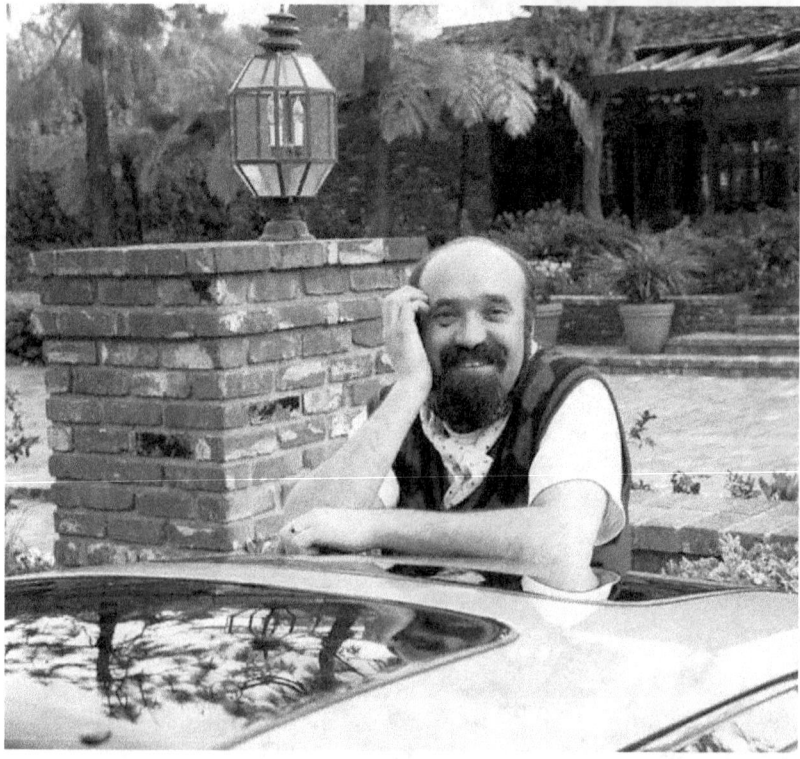

Писателю Евгению Попову Калифорния нравится!

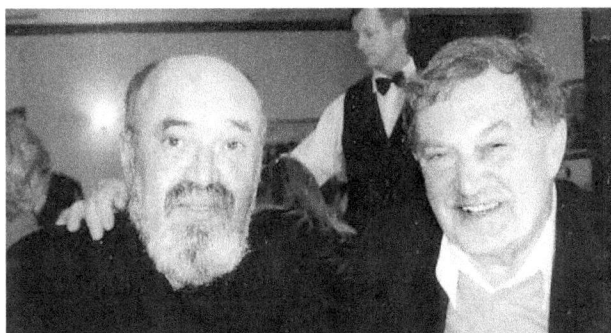

Москва, 2005. После «Букера». Евгений Попов с Василием Аксеновым ста-а-арые друзья, «Метрополь» они готовили вместе...

...но и в Москве хорошо среди очаровательных поэтов – Галины Нерпиной *(слева)* и Татьяны Кузовлевой, тем более, что рядом с ними оказался остроумнейший артист Евгений Весник

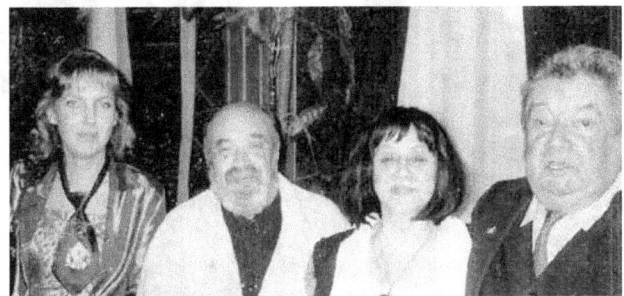

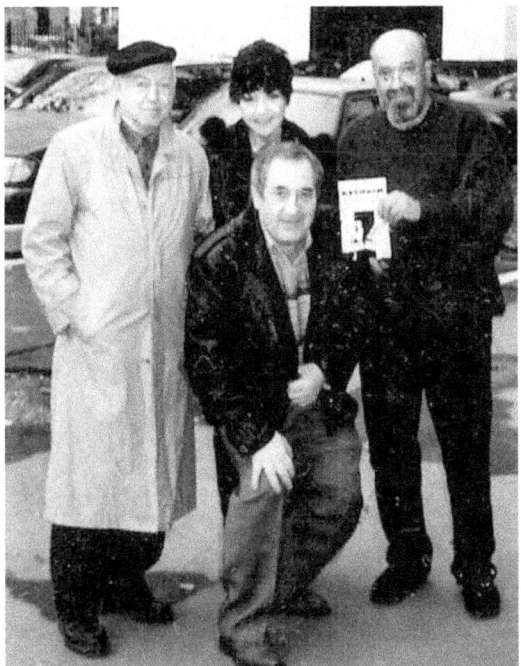

2002. Во дворе дома на Ленинградском проспекте. Здесь с Поповым соседствуют Ахмадулина и Мессерер. В руках у Попова только что вышедшая книга Половца. Мы отправляемся смотреть новую Москву. И потом, естественно, в ресторан Дома кино – там автор в самый последний раз отобедал с Саввой Кулишом

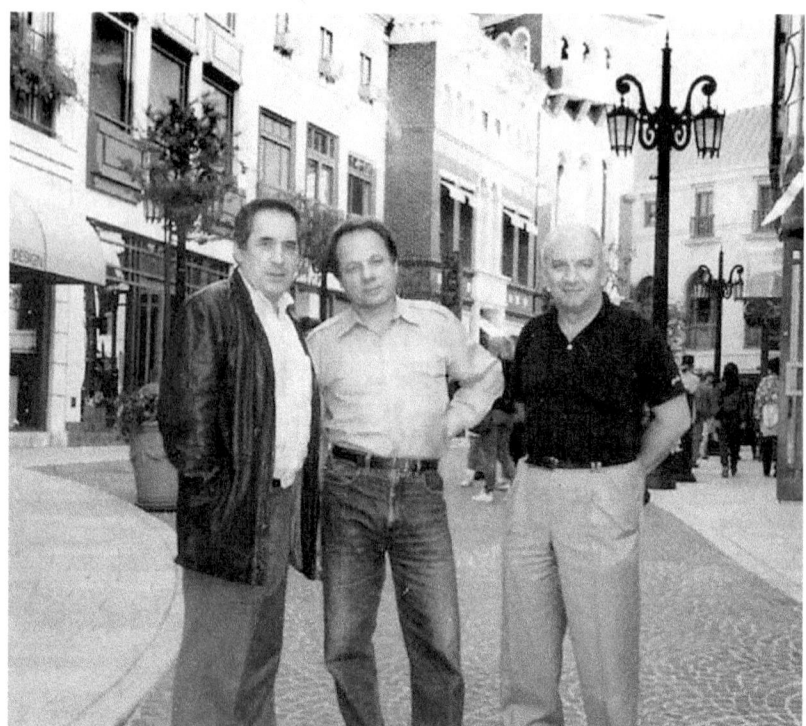

Конец 90-х. Олега Попцова и его коллегу автор знакомит с Лос-Анджелесом

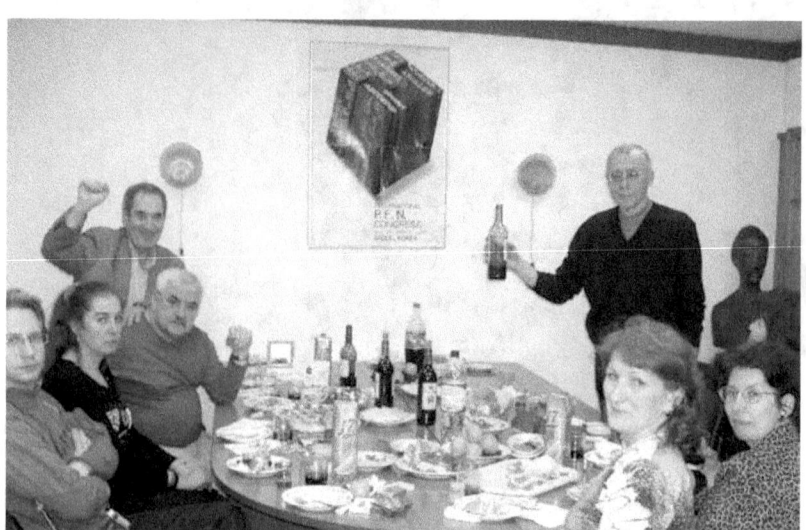

2006. Старый Новый год с друзьями в ПЕН-центре

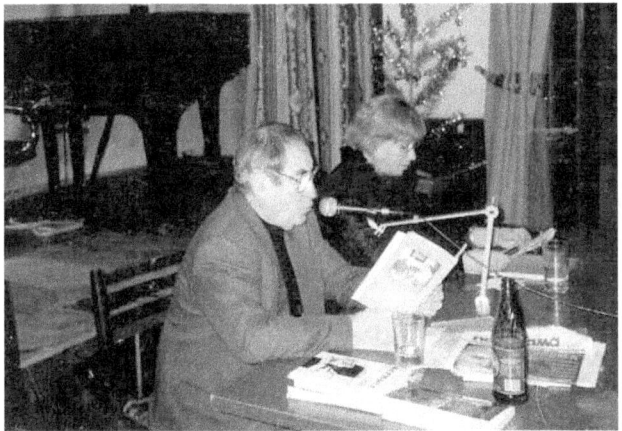

Москва, ЦДЛ, 2004. Александр Половец на встрече с читателями. Вечер ведет Алла Рахманова

Хорошо на отдыхе! Дома с Чарли и на Лазурном берегу: «...здесь женщины прекрасны!»

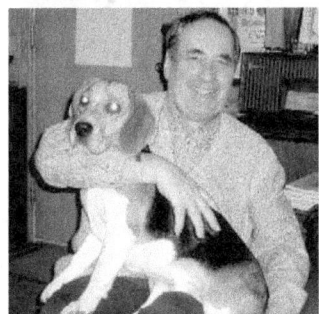

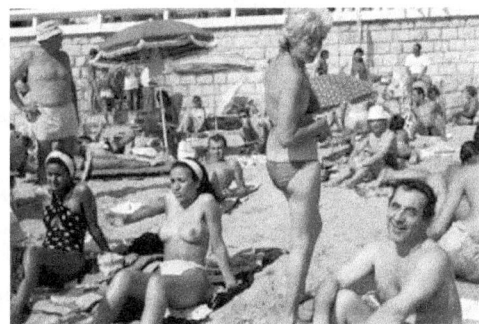

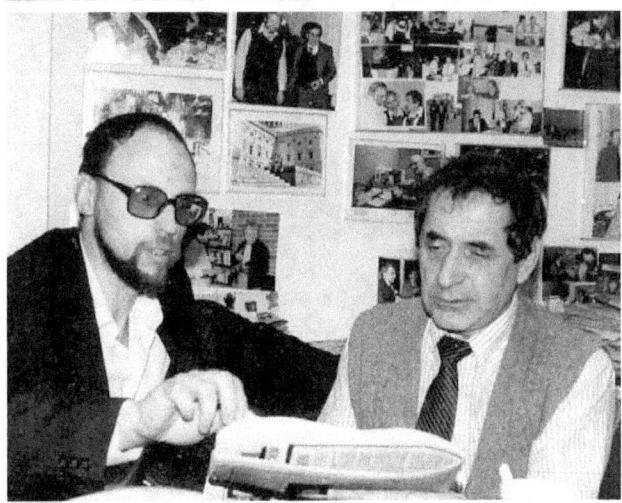

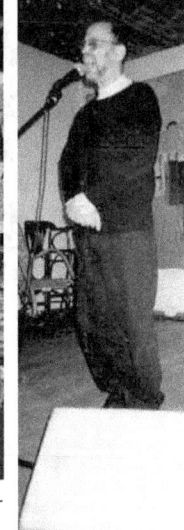

Начало 90-х. Дмитрий Пригов в редакции «Панорамы» и на выступлении *(фото справа)*

Бостон. Феликс Розинер
рад встретить друзей

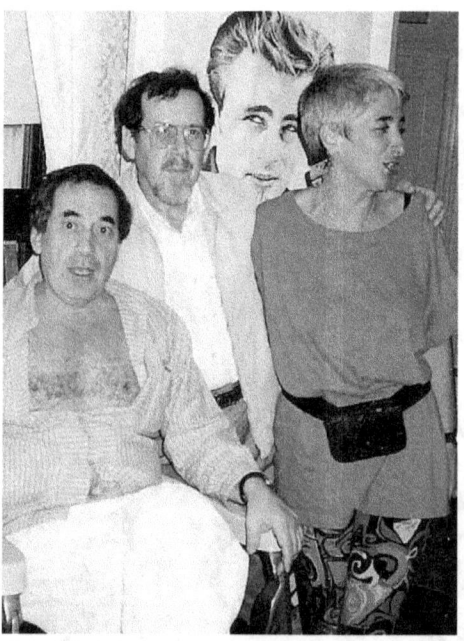

Феликс Розинер

ЛИЛОВЫЙ ДЫМ

*Самое дорогому
— с дружбой, любовью
и... Будь счастлив!
Феликс Розин.
8/11-87
Бостон*

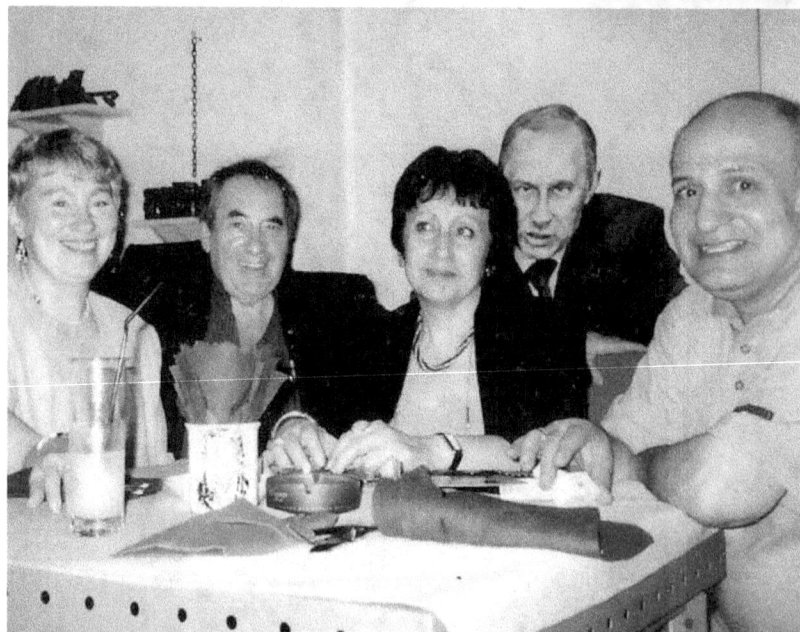

Московское кафе «Путин с нами» (кажется, оно называлось так), 2003. Дина Рубина (в центре), книжный торговец А.Гантман и Алена Холмогорова из журнала «Знамя»

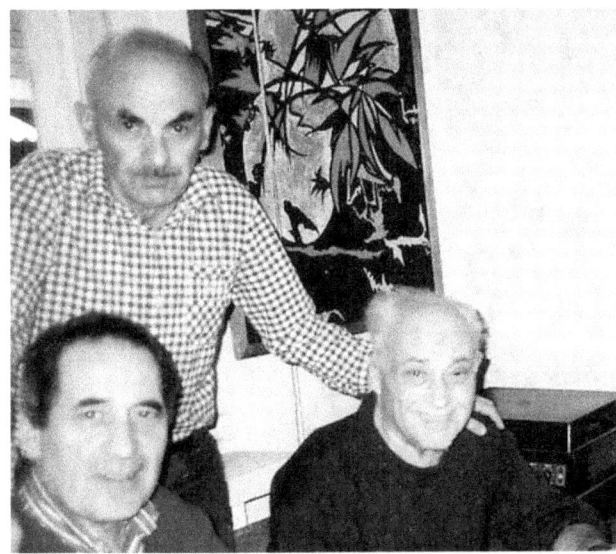

Переделкино, 1993.
С Булатом
Окуджавой на даче
у Анатолия
Рыбакова

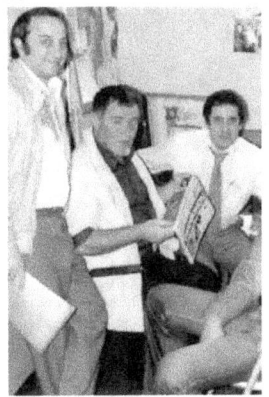

Середина 80-х.
Э.Севела
в «Панораме».
Слева – журналист
Сергей Рахлин

Лос-Анджелес, 1992. Эфраим
Севела *(справа),* рядом с ним
зачинатель советского звукового
кино Леон Канн, автор
и Савелий Крамаров

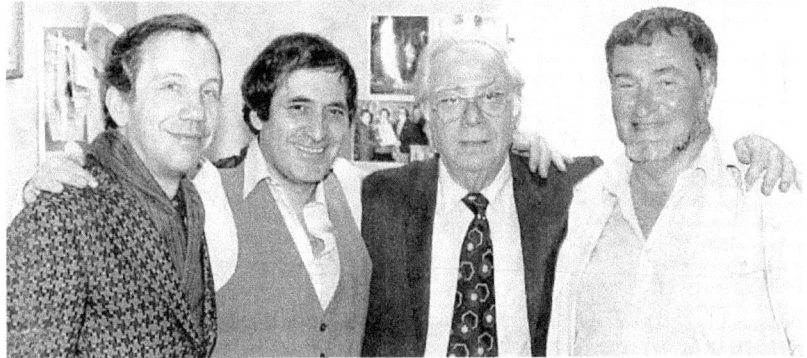

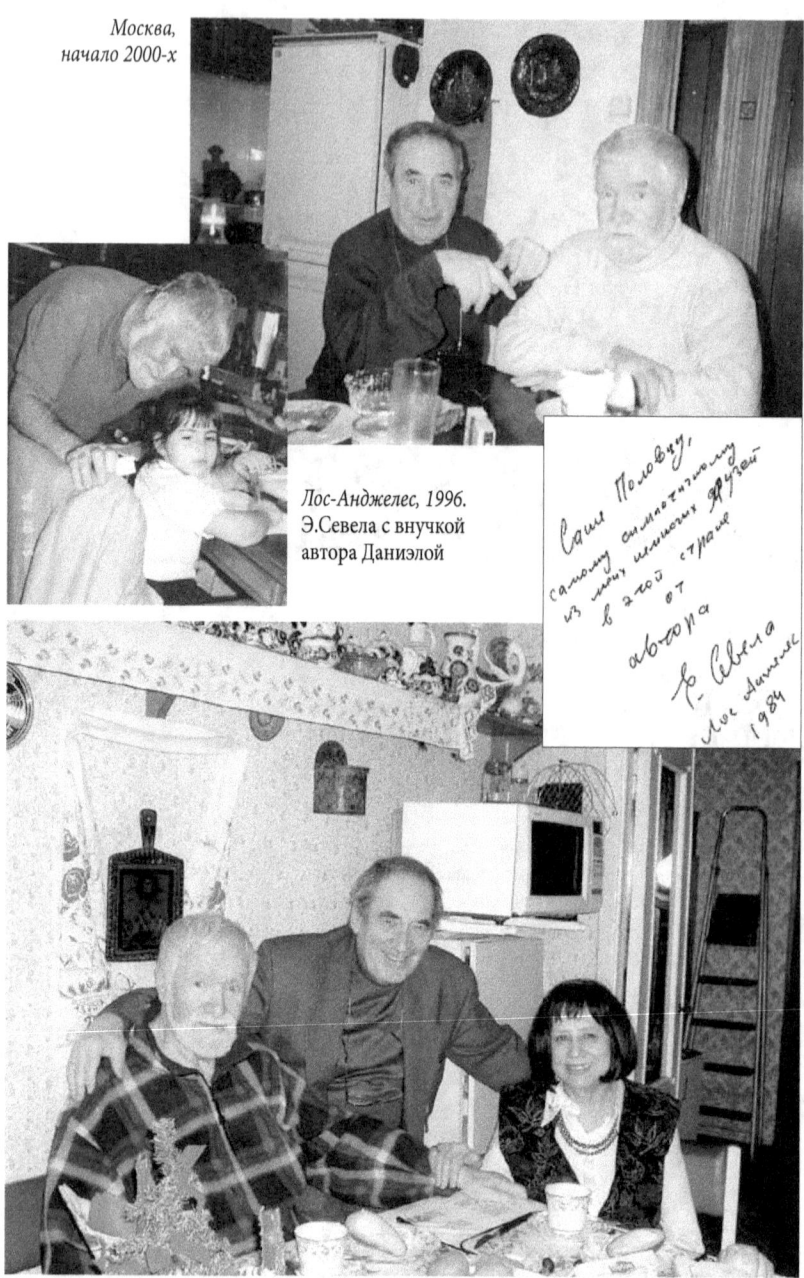

*Москва,
начало 2000-х*

*Лос-Анджелес, 1996.
Э.Севела с внучкой
автора Даниэлой*

В последние годы Эфраим Севела тяжело болел – зная об этом, автор не упускал случая, бывая в Москве, навестить его дома и, когда получалось, – вместе с Таней Кузовлевой

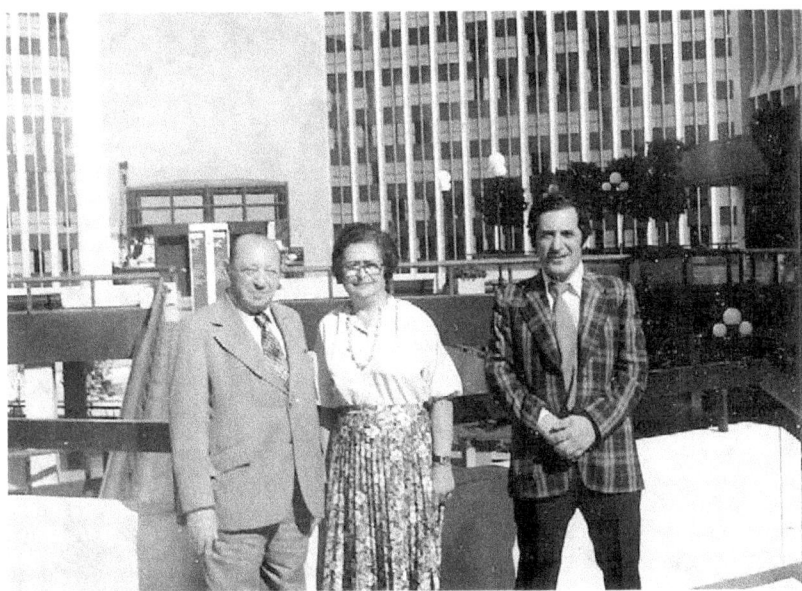

«Новое Русское Слово», единственная русско-
язычная ежедневная газета считалась «главной»
в эмиграции. Её хозяином, издателем и главным
редактором много лет был старейший журналист русского зарубежья Яков Моисеевич Седых
(Цвибак). Автор, успев с ним подружиться, бывая
в Нью-Йорке, непременно навещал его
в редакции, а однажды принимал замечательного
гостя с супругой Жени в Лос-Анджелесе

Бывший менеджер
газеты, впоследствии,
после кончины Седых,
ставший и её владель-
цем Валерий Вайнберг
*(крайний слева, а на
фото повыше –
в центре).* Не дожил
бежавший из советской
России Яков Седых до
дней, когда его детище,
в лице бывшего менед-
жера газеты, вошло в
тесное сотрудничество
с российскими властны-
ми структурами *(справа
от Вайнберга «сам»
Черномырдин)...*

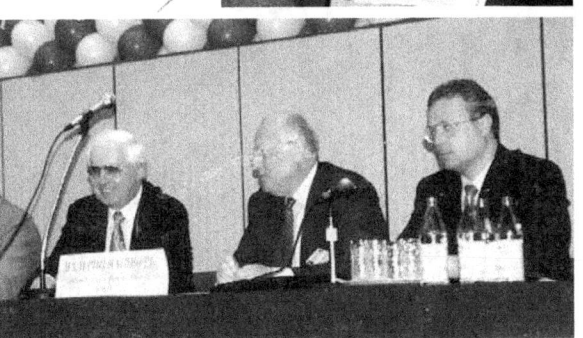

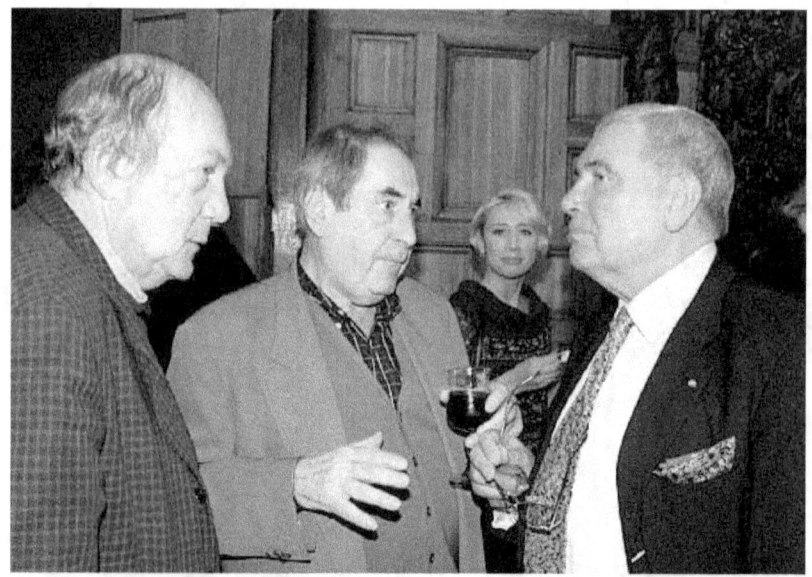

Место встречи изменить нельзя – в фойе ЦДЛ: Анатолий Гладилин, автор и Евгений Сидоров

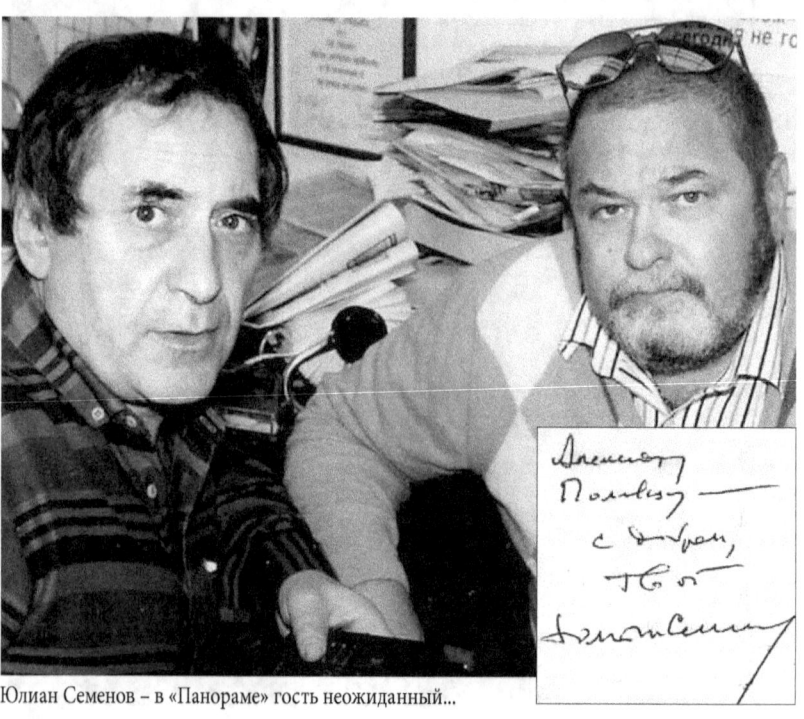

Юлиан Семенов – в «Панораме» гость неожиданный...

Александр Половец

Алексей Симонов
(сын того самого!),
директор
ПЕН-центра,
сменивший
на этом посту
Александра
Ткаченко

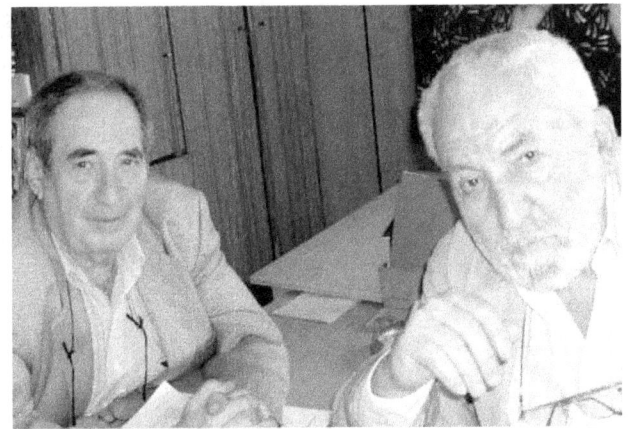

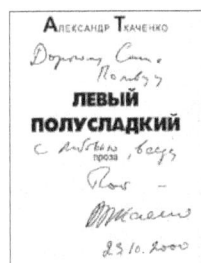

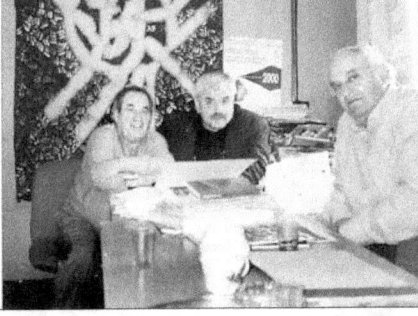

*ПЕН-центр,
середина 2000-х.
В гостях у директора ПЕН-центра
Александра
Ткаченко (в центре)
А.Половец
и Аркадий Ваксберг,
приехавший
из Парижа
повидаться
с друзьями*

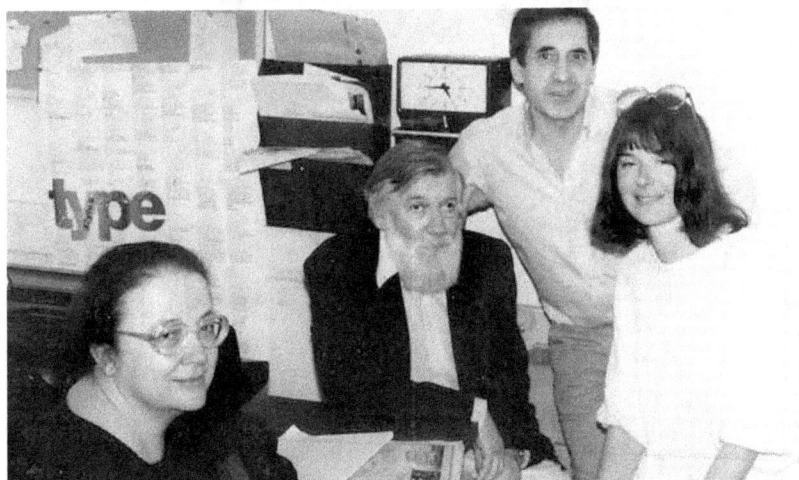

Мария Розанова, Андрей Синявский, автор и профессор-славист Ольга Матич в редакции «Панорамы»

*Вашингтон,
середина 80-х.*
Саша Соколов
и автор
демонстративно
обменялись своими
изданиями

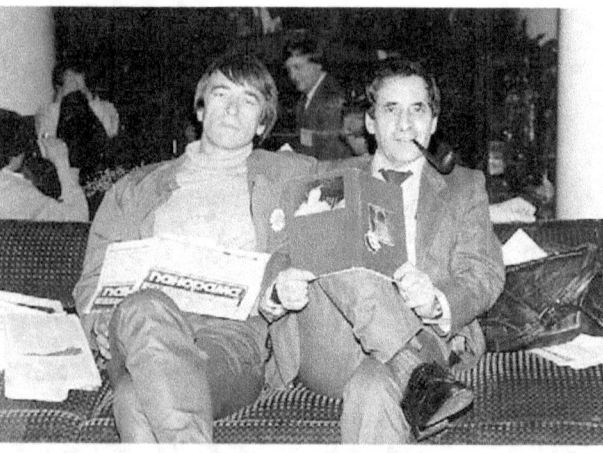

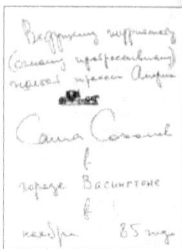

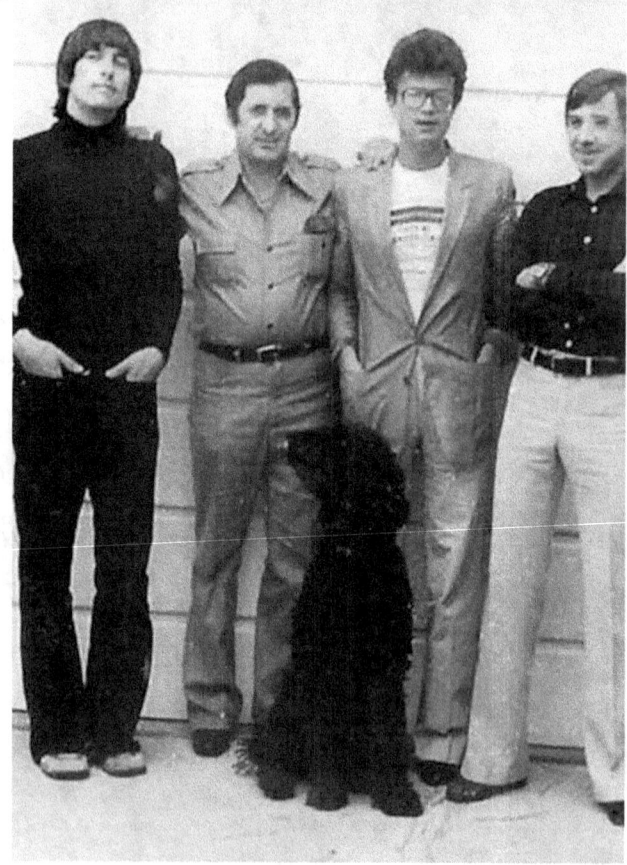

Лос-Анджелес, 1979.
Саша Соколов,
автор, Э.Лимонов,
его приятель
и пудель Пушкин

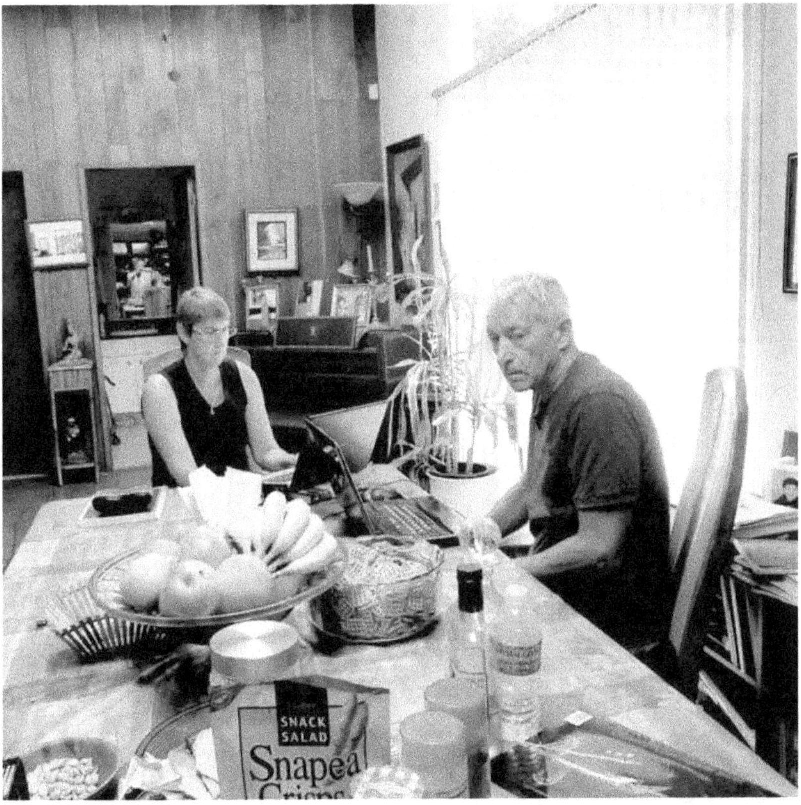

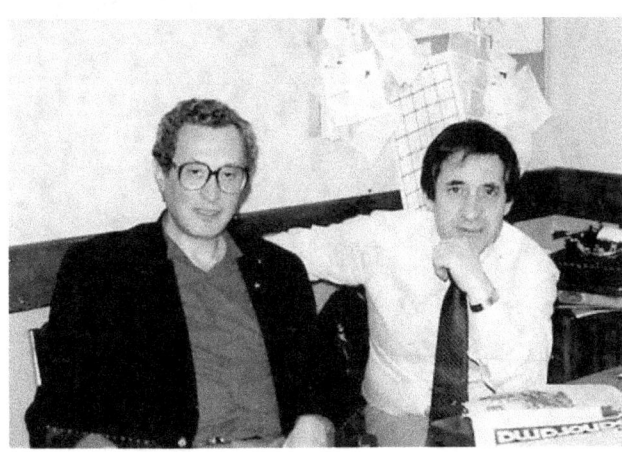

Лос-Анджелес, 2012. Саша Соколов после долгих лет и многих разговоров с автором, наконец, собрался с женой Марлин в город своей молодости

Середина 80-х. Илья Суслов, тогда сотрудник журнала «Америка», рассказал коллегам из «Панорамы» о делах вашингтонских

Лос-Анджелес. Илья Суслов здесь всегда желанный гость

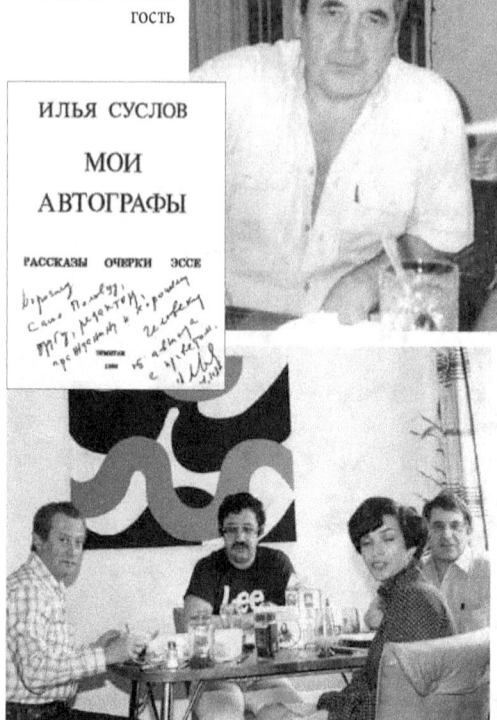

Однажды, в самом начале 80-х, автор решился на автомобильное путешествие из Нью-Йорка в Вашингтон, пригласив в спутники Юру Ойслендера. Остановились мы в первый вечер у нашего общего приятеля (а для Юры – и коллеги по «Литературке») – Ильи Суслова, бывшего ведущего 16-й полосы газеты – «Клуба 12 стульев»

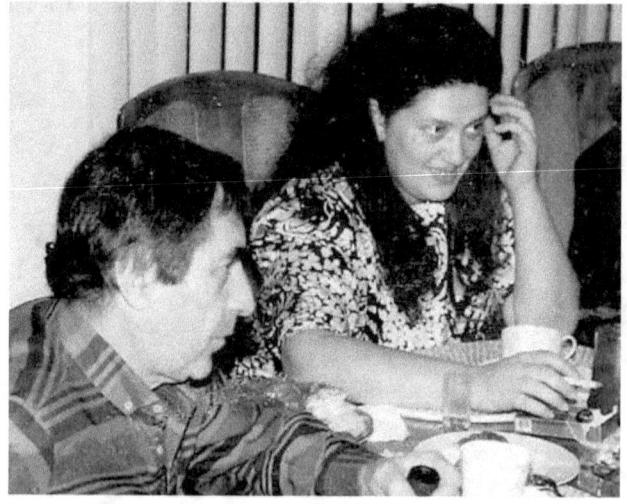

Лос-Анджелес, 1995. Татьяна Толстая в гостях у автора

Александр Половец

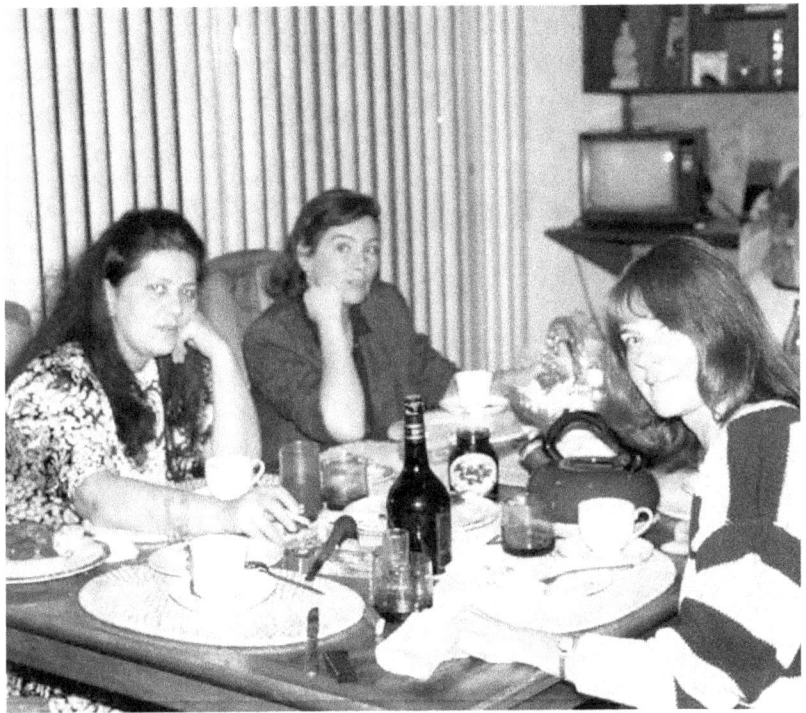

За столом у автора встретились с Татьяной Толстой Ольга Матич, руководитель университетской кафедры славистики, и Алёна Гринберг, представлявшая сегодня часть нашей редакции

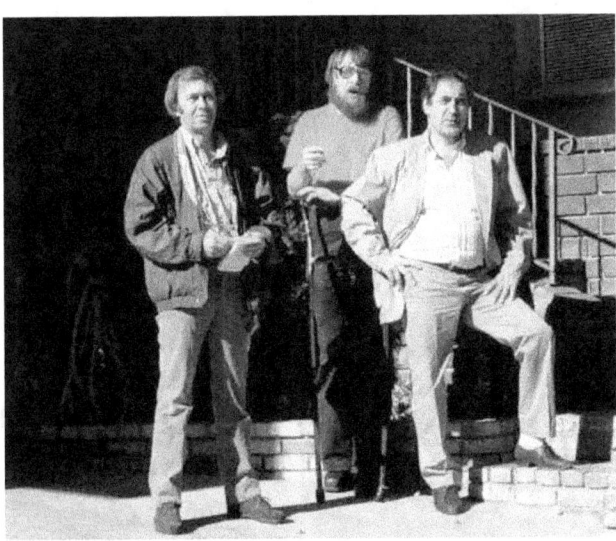

Гости из Ленинграда литераторы Л.Уфлянд и М.Кузьмин, оба не всегда вписывались в официальное русло советской литературы. Дом автора они сочли уютным и гостеприимным, но дорога позвала путешественников дальше!

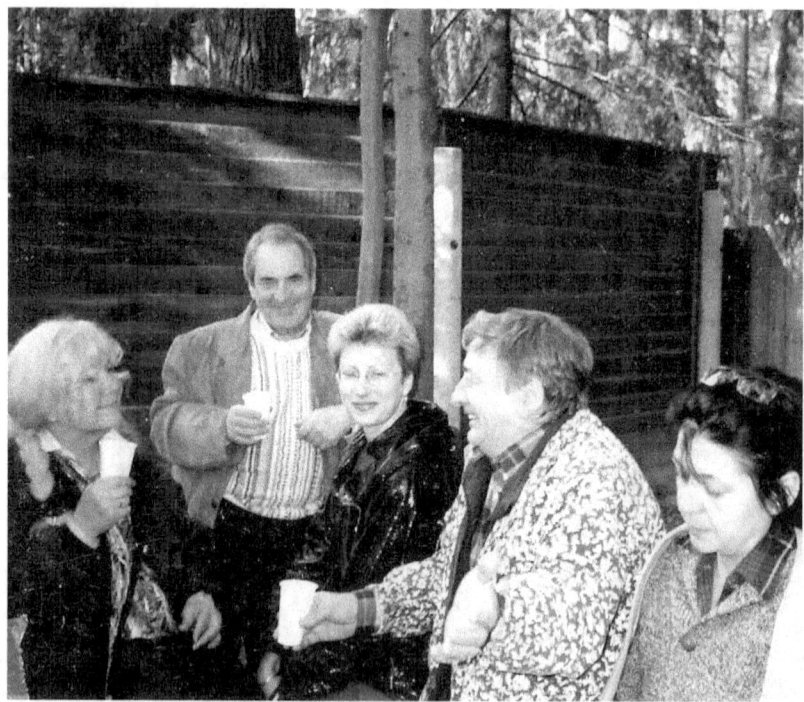

Эдуард Успенский с супругой Элеонорой *(в центре)* составили нам с Ольгой Владимировной компанию на даче Щекочихина в Переделкино – сюда зазвал нас гостеприимный Юра сразу после проведения Дня памяти Окуджавы в Домике Булата

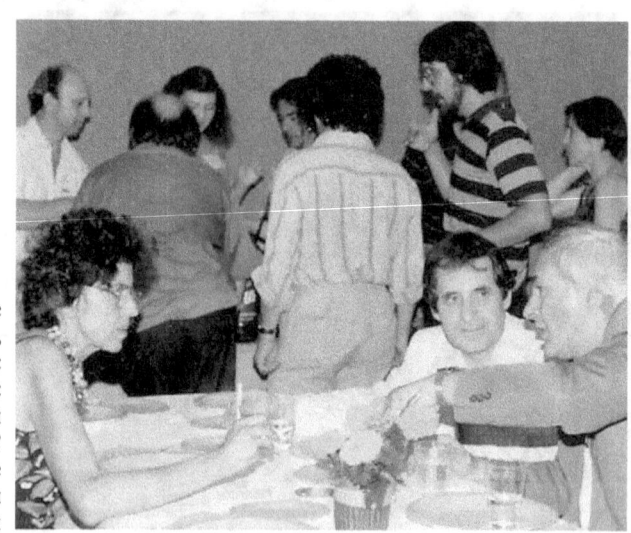

1985. Слушавшие «Голос Америки», кто из нас не помнит голос ведущей Людмилы Фостер? Она в беседе с автором и Львом Халифом

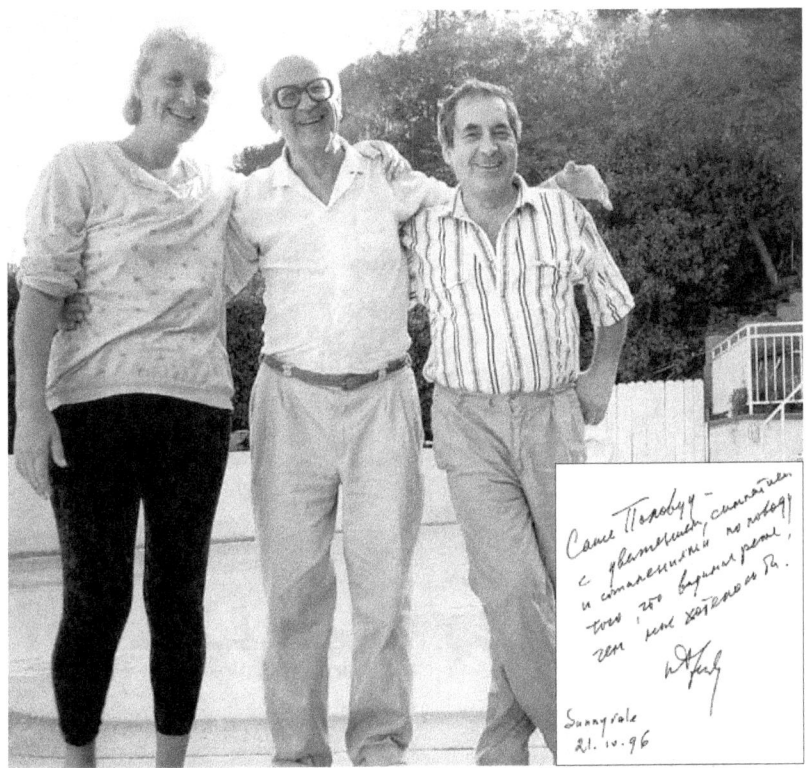

Инна Аленикова, Валерий Фрид, Александр Половец

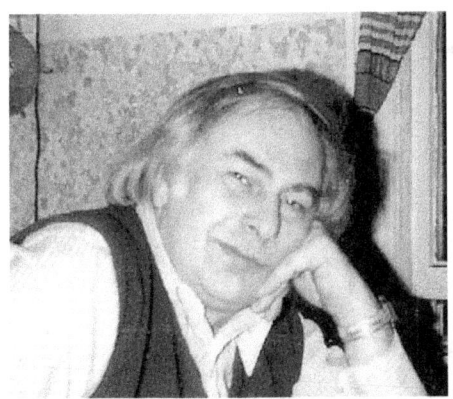

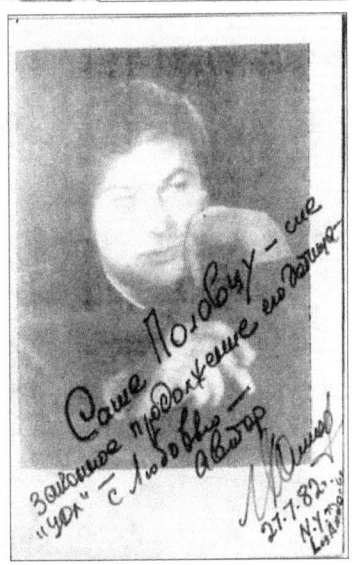

Лев Халиф после многих изданных книг в России и Америке сегодня делает своё творчество достоянием пользователей «всемирной паутины»

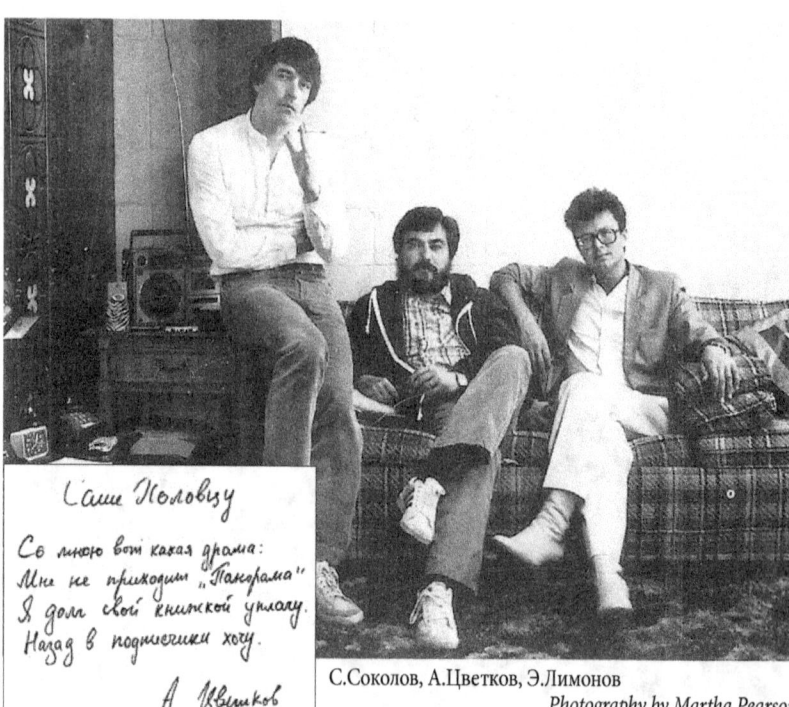

С.Соколов, А.Цветков, Э.Лимонов
Photography by Martha Pearson

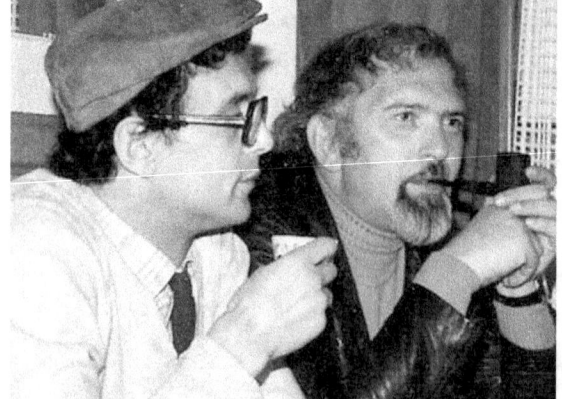

Женева, 1984.
Братья Шаргородские –
Александр и Лев

С братьями Шаргородскими, Александром и Львом, автора связывала многолетняя дружба – теперь только с Лёвой... Алика не стало в коце 90-х. Но попутешествовать мы успели – в Швейцарских Альпах...

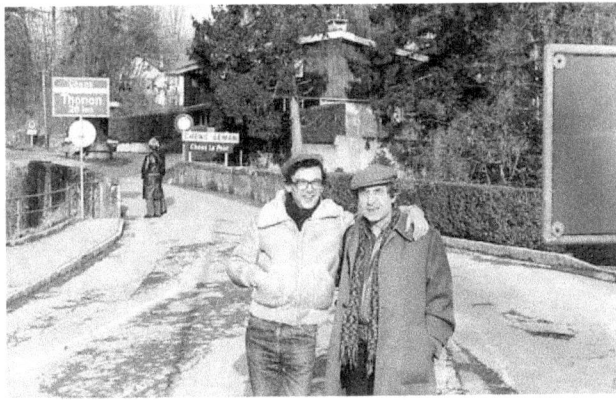

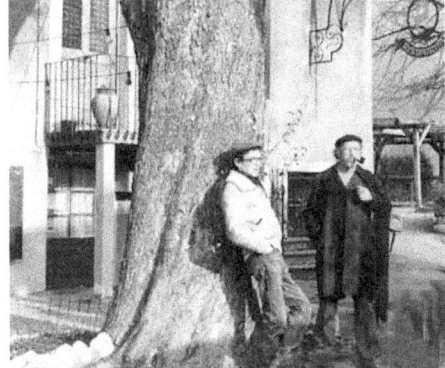

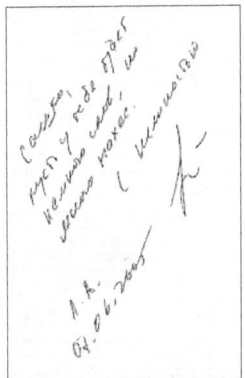

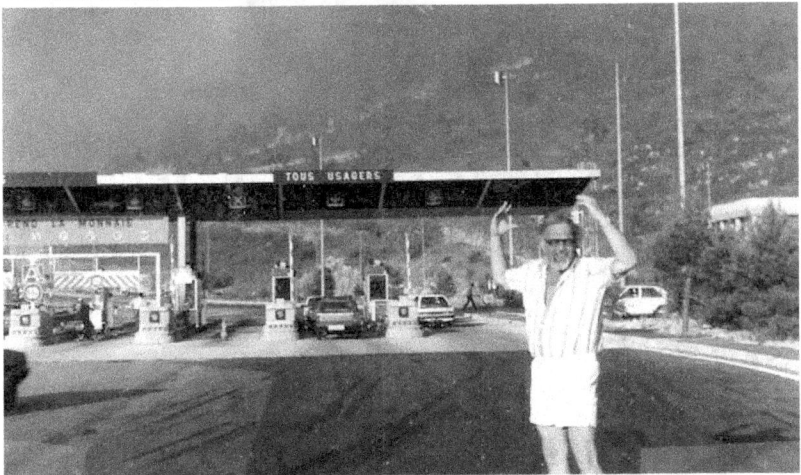

...а однажды и по южному побережью Средиземного моря – это тогда и там по пути в Монако мы застали лесные пожары: «Горим!»

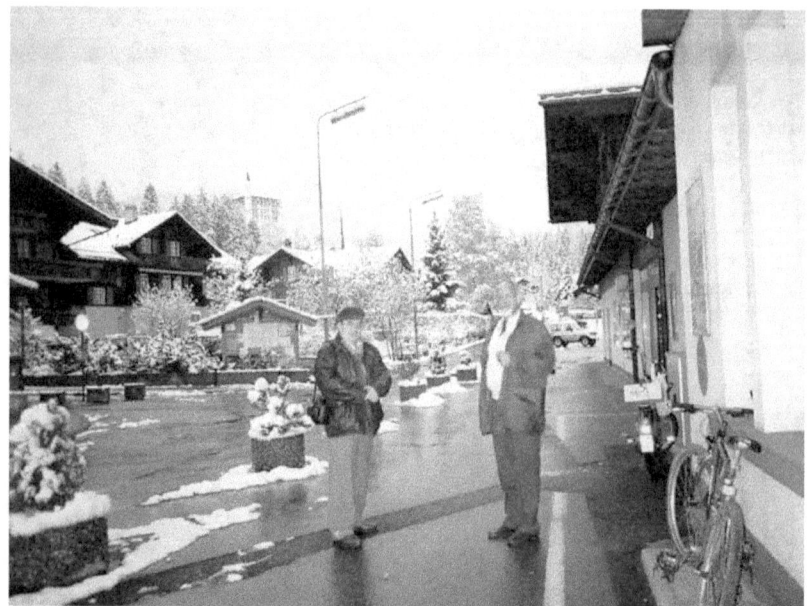

Альпийская деревня зимой великолепна!

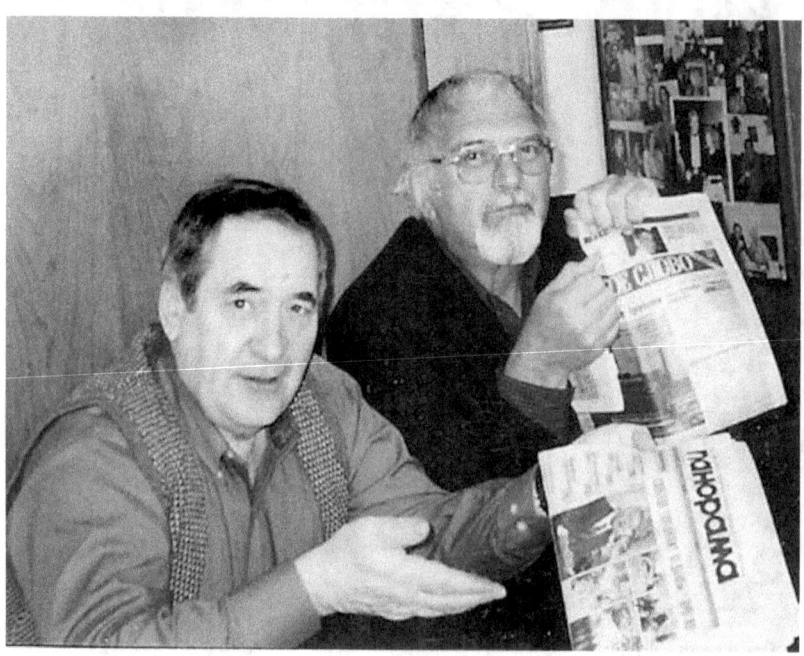

2000. Лев Шаргородский – постоянный автор «Панорамы» и ее друг

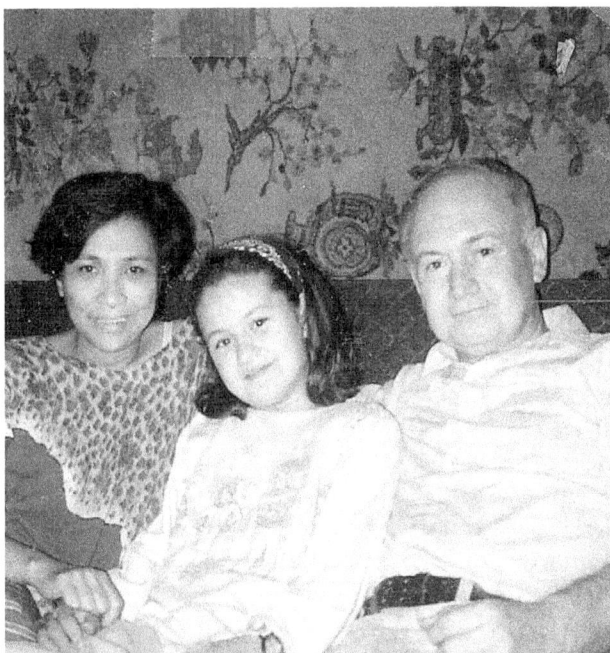

Томас Шуман, журналист, КГБист-перебежчик с женой-филиппинкой Тэсси и дочкой

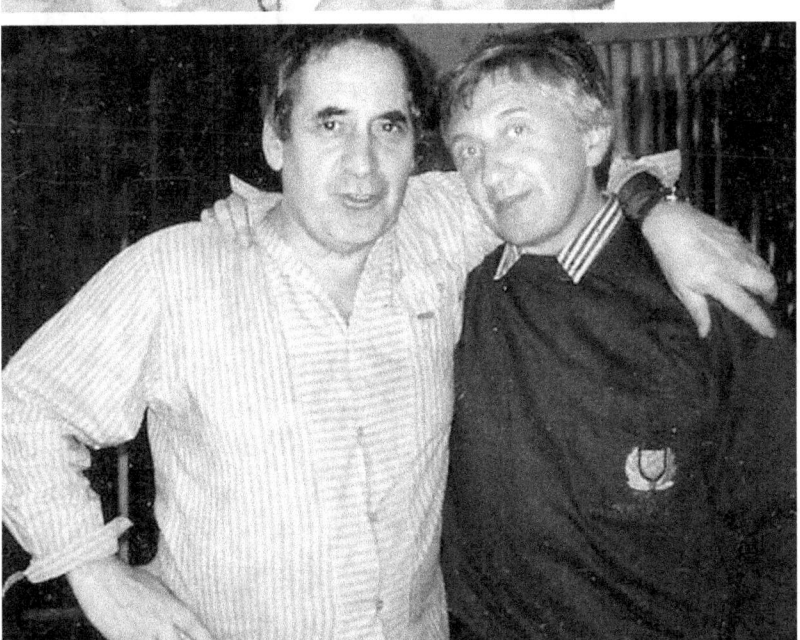

Лос-Анджелес, середина 90-х. Юра Щекочихин гостит у автора

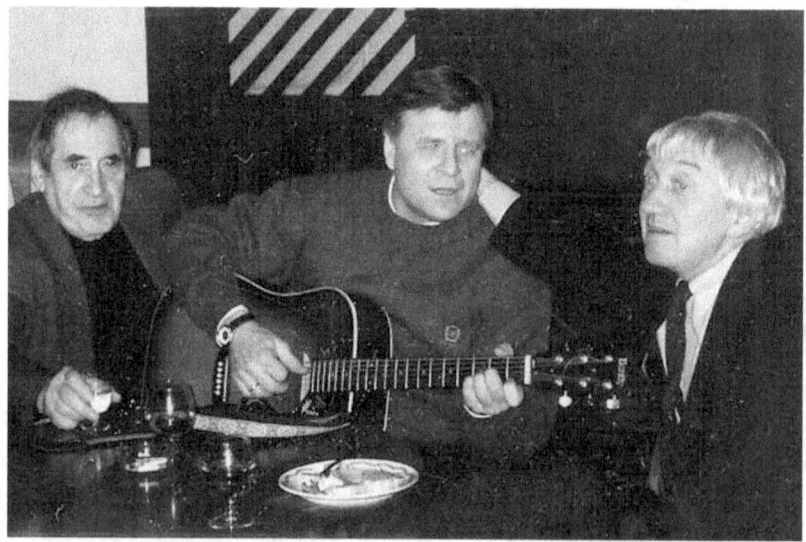

Москва, ЦДЛ, 2003. После творческого вечера автора. Возможно, это самый последний снимок Юрия Щекочихина. *С гитарой* – Григорий Гладков

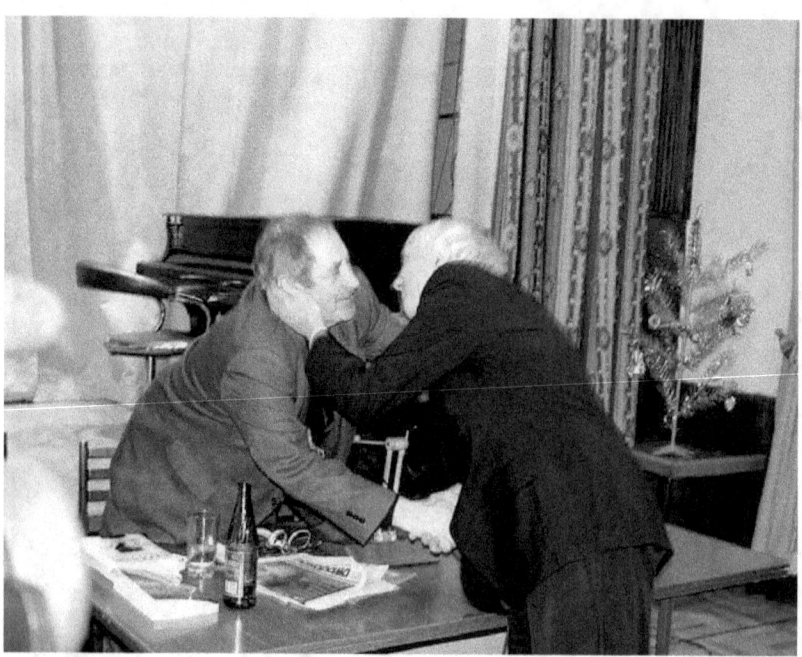

После выступления автора в ЦДЛ Щекочихин сказал много добрых слов в его адрес. А больше мы с ним не виделись, вскоре Юры не стало...

Александр Половец

ЖИТЕЛИ ВОЛШЕБНОГО МИРА

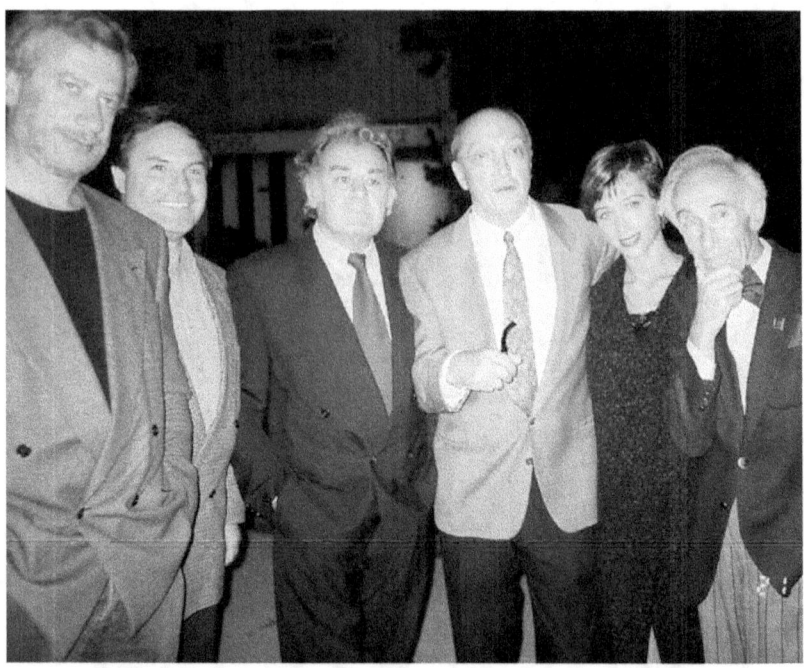

Актеры-звезды в Лос-Анджелесе *(слева направо):* Э.Баскин, Р.Нахапетов, Э.Лотяну, М.Козаков, А.Аржаник, В.Никулин

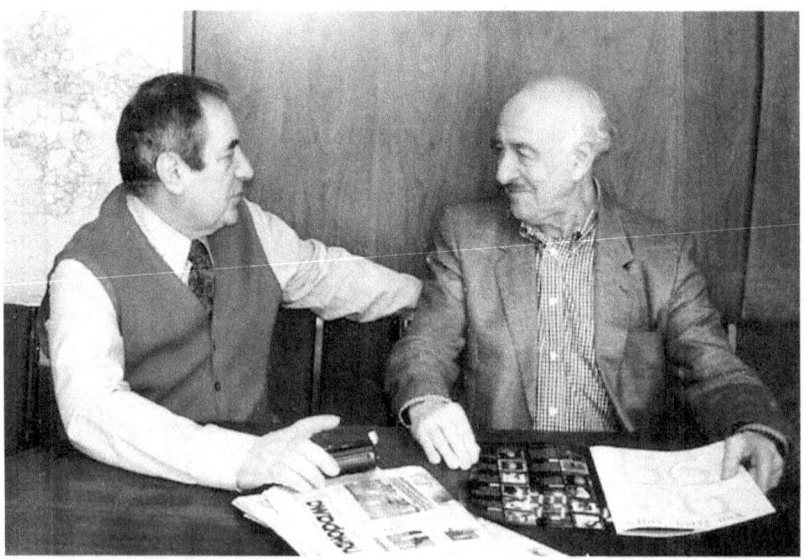

1999. Выдающийся дирижер Рудольф Баршай в «Панораме»

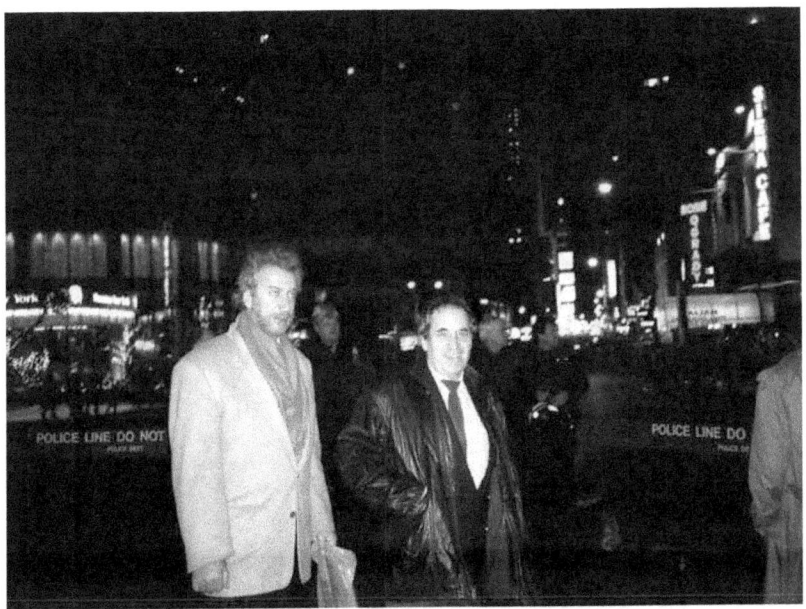

Нью-Йорк, конец 80-х. Огни большого города. Конечный пункт автомобильной поездки Э.Баскина и автора по стране

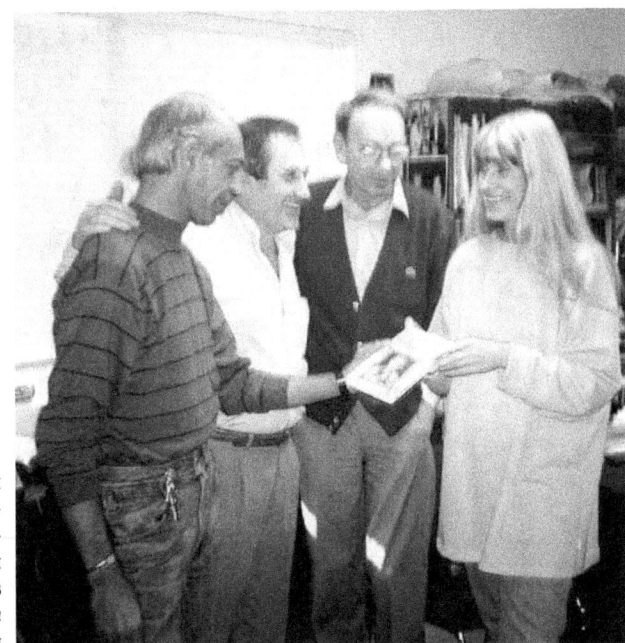

Замечательный гость «Панорамы» Алексей Баталов – он со спутницей только что из Парижа, *справа от автора* Петр Вегин

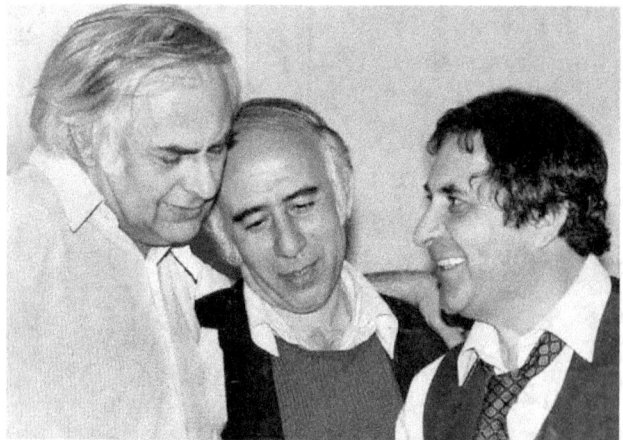

Нью-Йорк, 1980. Вагрич Бахчанян *(в центре)* оформил книгу «ЦДЛ» Льва Халифа *(крайний слева)*, только что изданную в Лос-Анджелесе «Панорамой». Мы рассматриваем томик новой книги

Однажды автору случилось исполнить роль советского журналиста в кинофильме «Лауреат» с участием Бо Брандена *(в центре)* и Э.Баскина

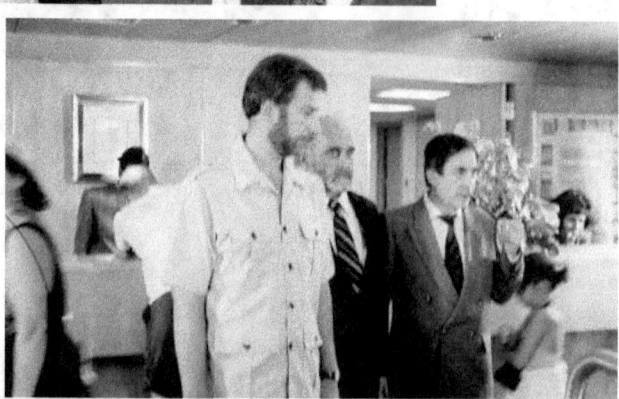

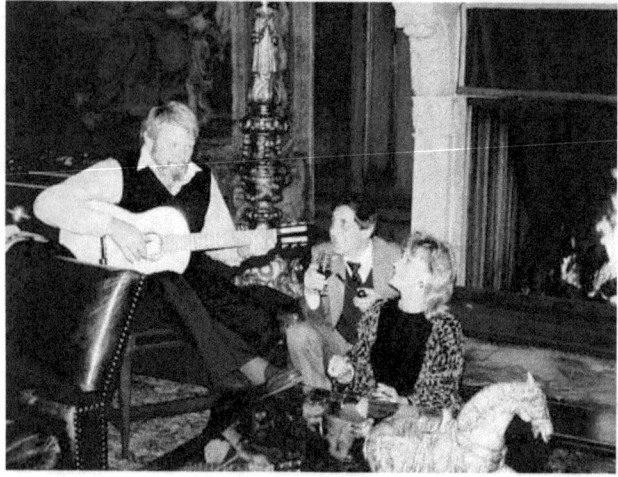

Теодор Бикел, американский актер, русского языка не знает, но это в его исполнении «Голос Америки» транслировал на СССР «Гимн отказников» – «Отпусти народ мой», как обращение к советскому «фараону». Не сразу, но отпустил «фараон» – и был прекрасный вечер в доме друзей Теодора в Беверли-Хиллз

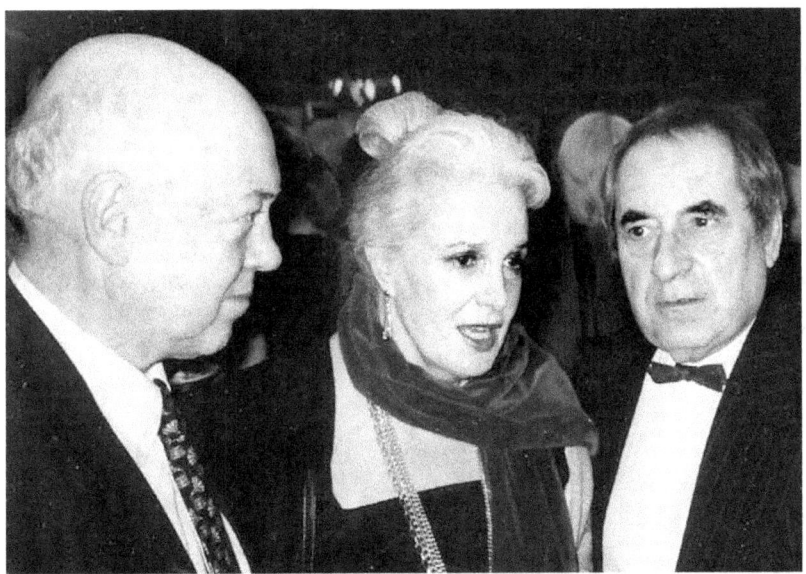

2003. «Золотой орел» – это серьезно! Элину Быстрицкую – рядом с ней Мессерер и автор – представлять не нужно. Она, как всегда, прекрасна

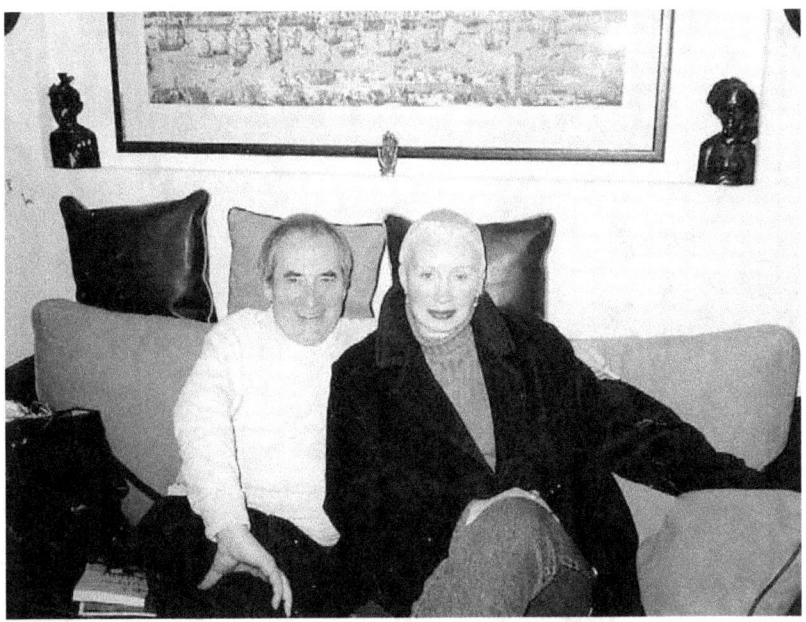

В доме актрисы Иры Цивиной автору довелось познакомиться с её подругой по театру и по жизни Татьяной Васильевой

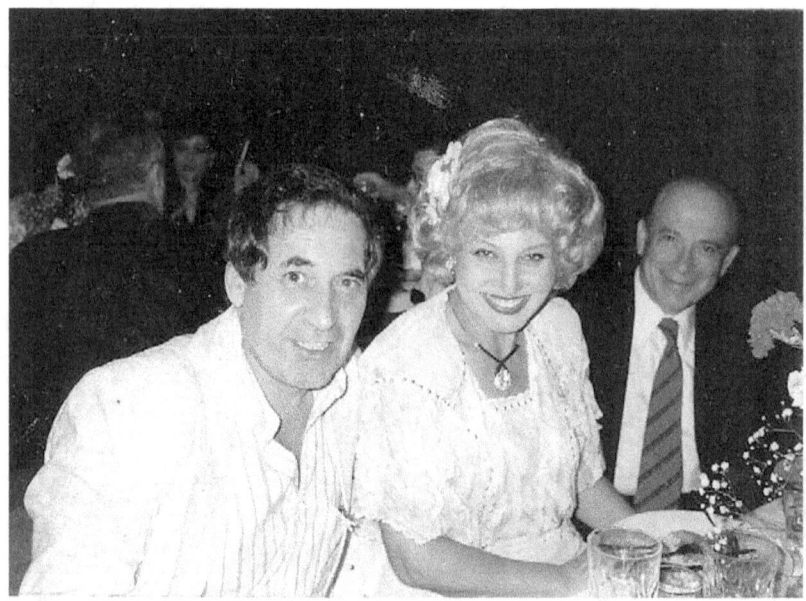

Очаровательная Аида Ведищева с «американским» мужем *(крайний справа)* – после выступления можно отдохнуть в русском ресторане

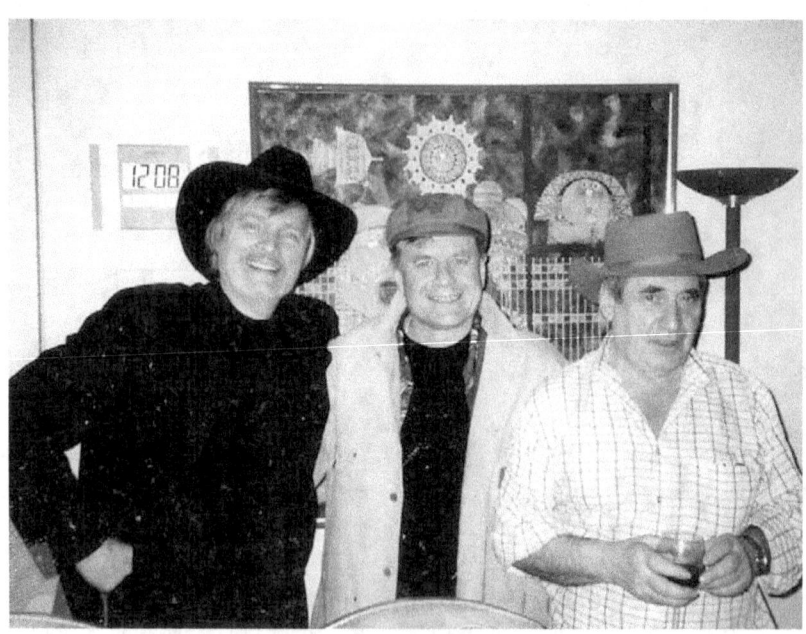

Лос-Анджелес, 2005. Олег Видов и Григорий Гладков в гостях у автора

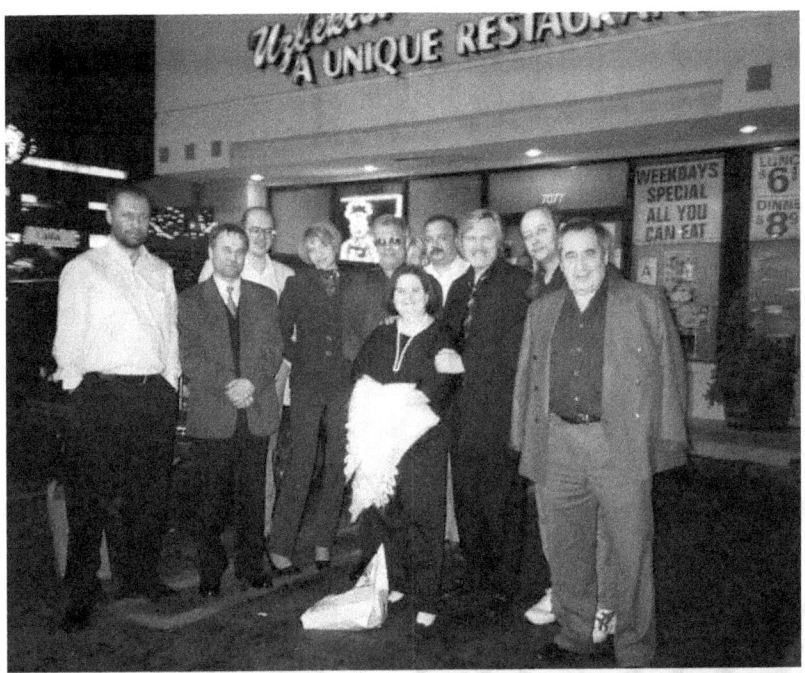

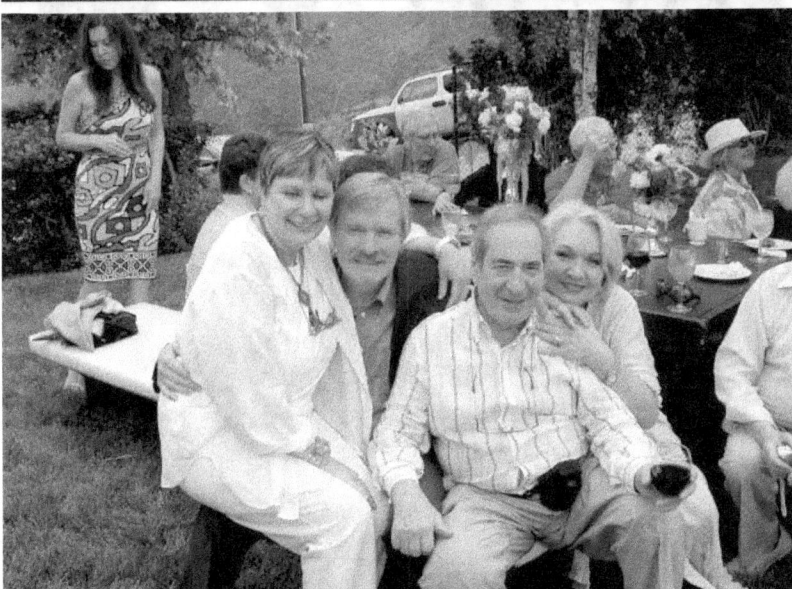

От юбилея к юбилею Олега Видова – после ресторана *(фото вверху)* и у себя дома *(слева от него* - Гуля Вайнштейн, *справа от автора* – Нина Борисова)

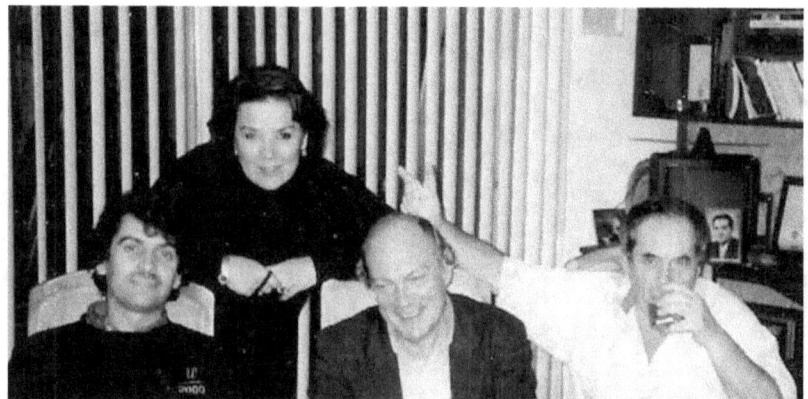

Лос-Анджелес, конец 90-х. Лариса Голубкина дома у автора с Анатолием Гладилиным и Владимиром Вишневским

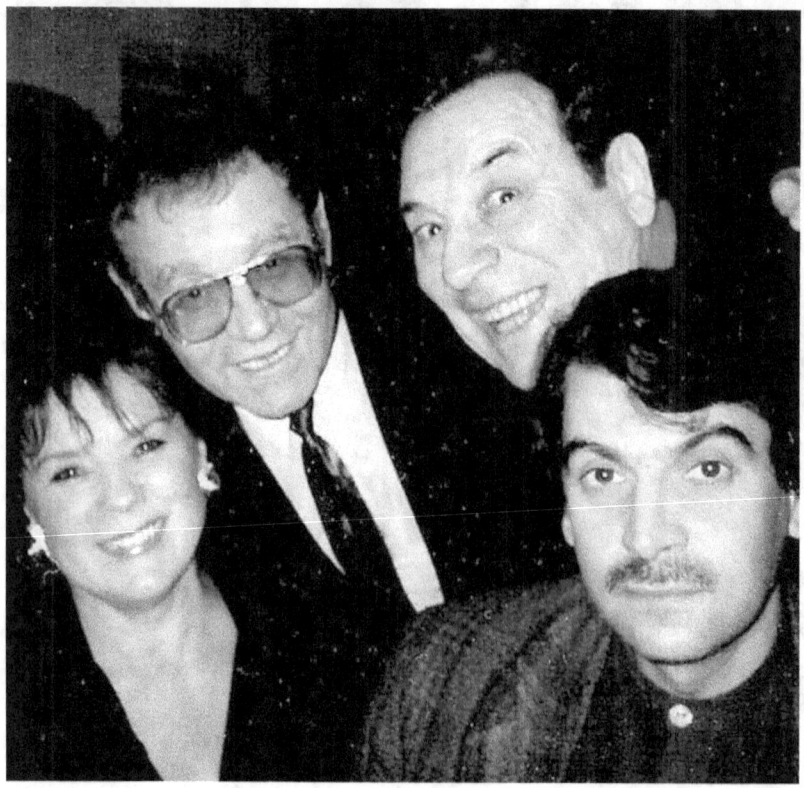

Лос-Анджелес, на юбилее автора, 2000. Лариса Голубкина с Александром Журбиным, Борисом Сичкиным и Владимиром Вишневским

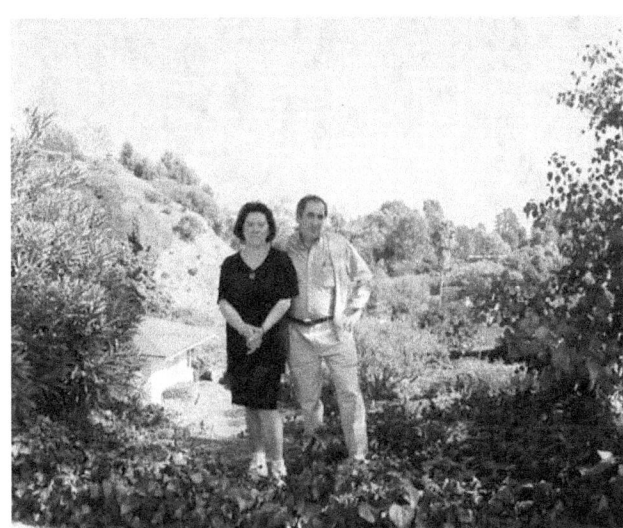

Автор показывает
Ларисе Голубкиной
холмы Беверли-
Хиллз

Александр Гуревич *(в центре)*
познакомил автора с бывшим
земляком, гостем из Баку, известным
писателем Фикретом Годжа

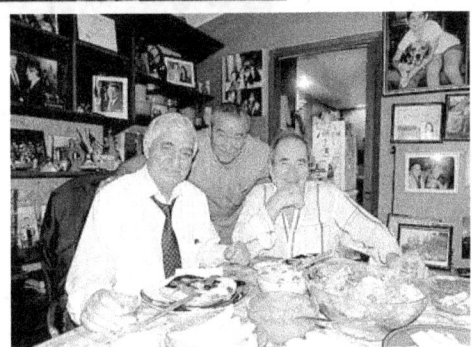

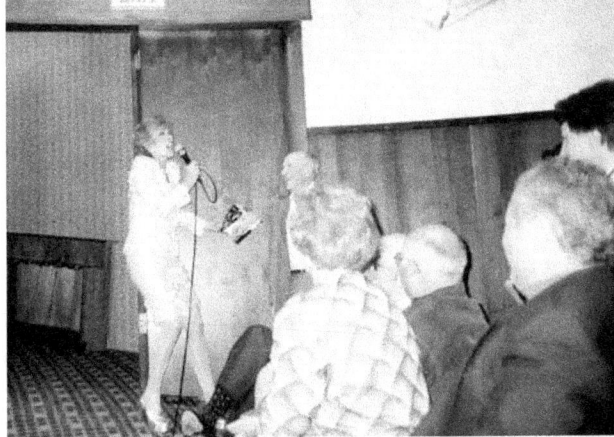

Людмила
Гурченко исполня-
ет «величальную»
на чествовании
выдающегося
оператора Аркадия
Кольцатого.
Годы, отданные
советскому кино,
за плечами – теперь
он американец

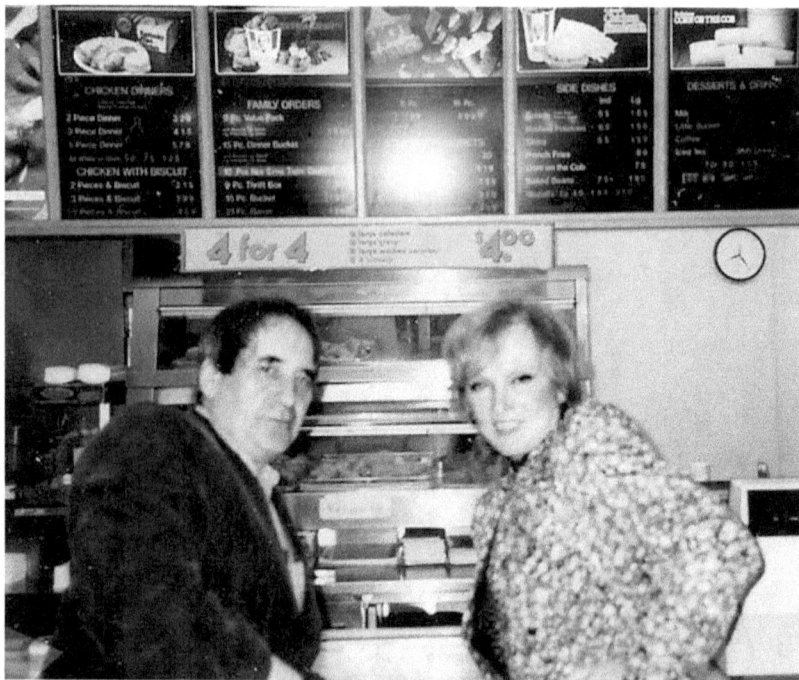

Лос-Анджелес, середина 90-х. Автор представляет Людмиле Гурченко особенности американской кухни...

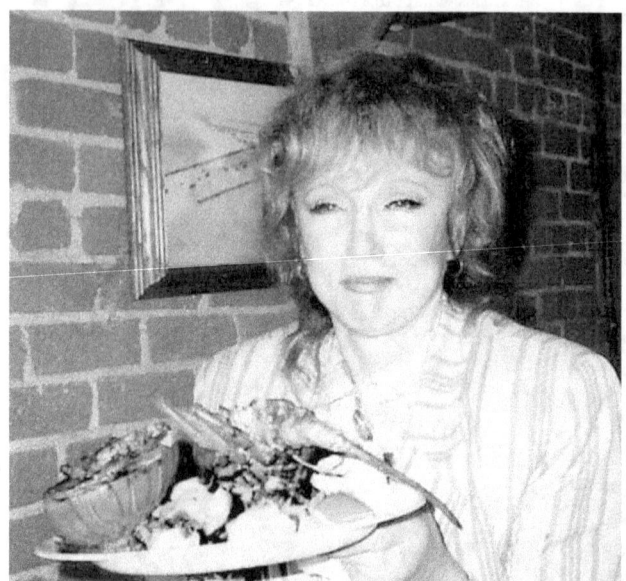

...она оказалась
способной
ученицей

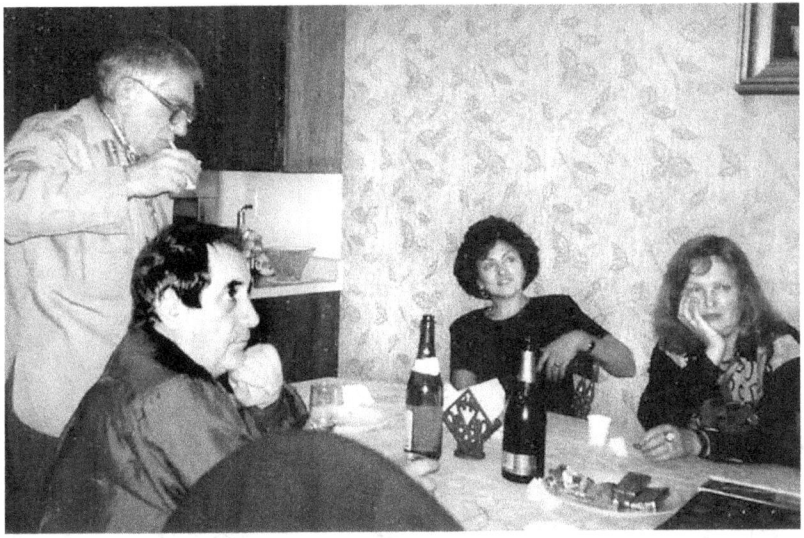

Лос-Анджелес, начало 90-х. Армен Джигарханян не чужд доброго застолья, в данном случае – в компании с Еленой Соловей и автором

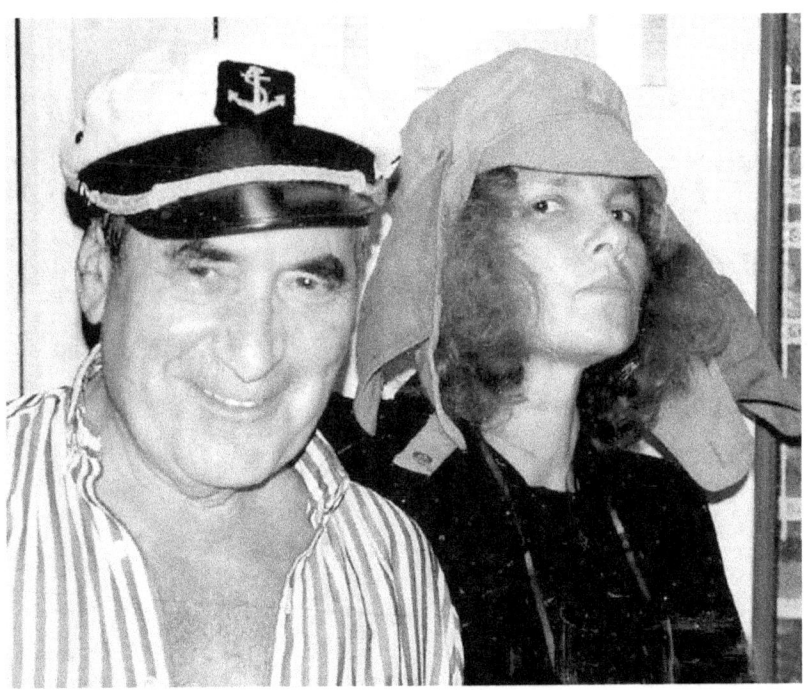

В гостях у автора Нана Джорджадзе – не только режиссер, но и актриса – блеск!

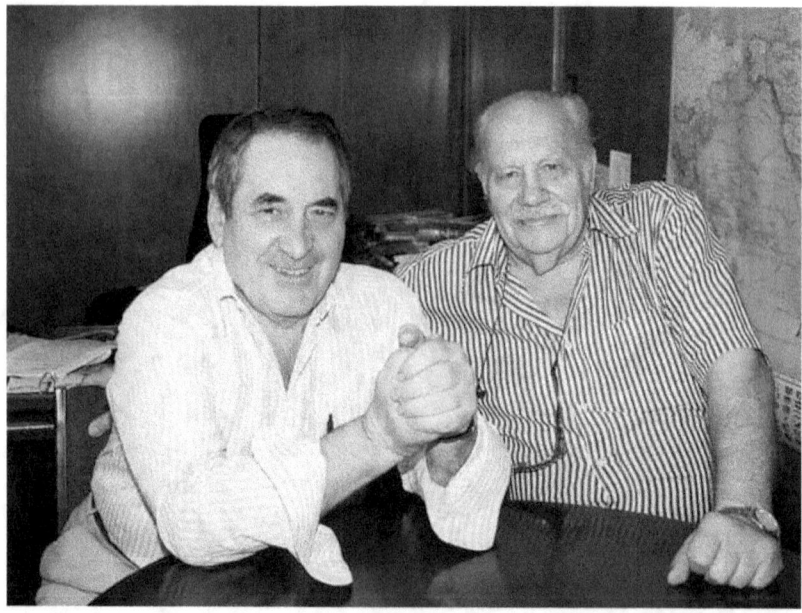

Сценарист художественного и документального кино Борис Добродеев живет «на два дома» – в России и в США, вот он как-то и навестил нас в редакции

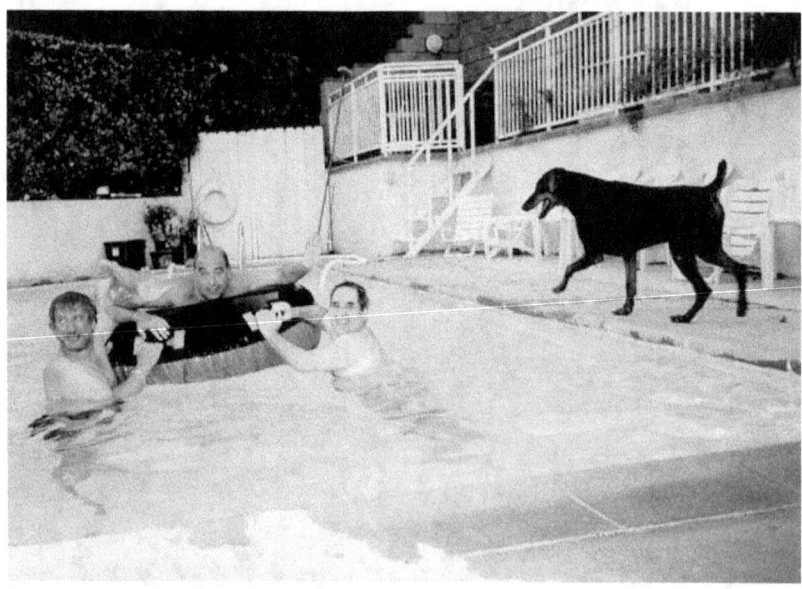

Веселый человек артист Володя Долинский не боится утонуть в бассейне – его страхуют коллега Баскин и автор, а доберман Фобос следит за общим порядком

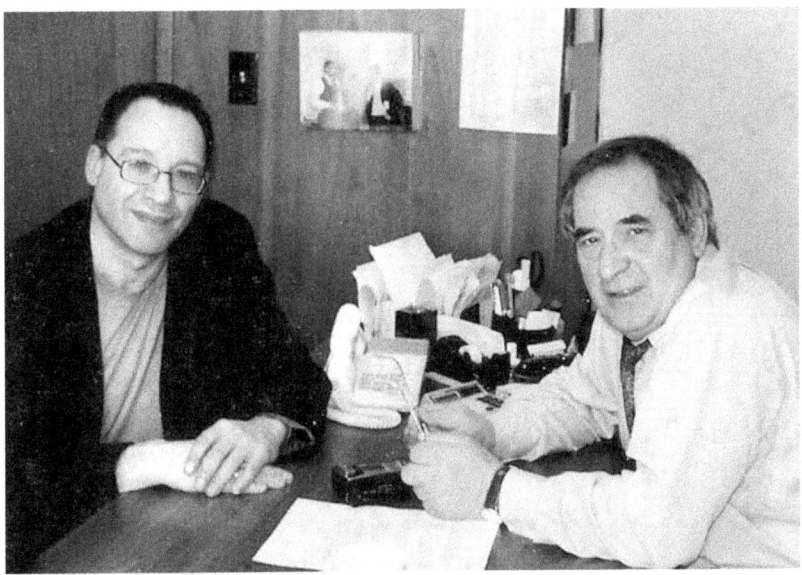

Лос-Анджелес, 1999. С Максимом Дунаевским мы и в этот раз славно поговорили

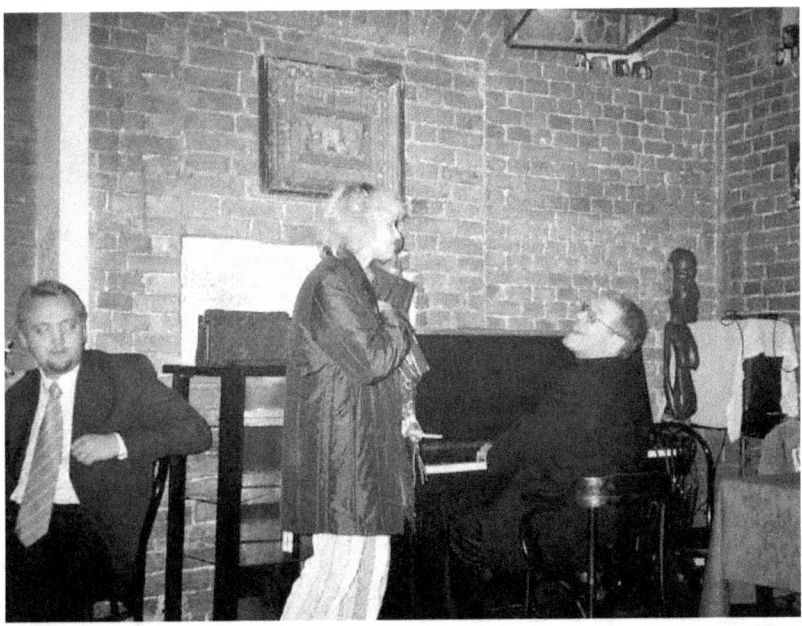

Было время, когда композитор Александр Журбин поддерживал семейный бюджет, играя вечерами в нью-йоркском «Русском самоваре»... Он и сейчас, бывает, позволяет себе присесть там за рояль – для собственного и друзей удовольствия

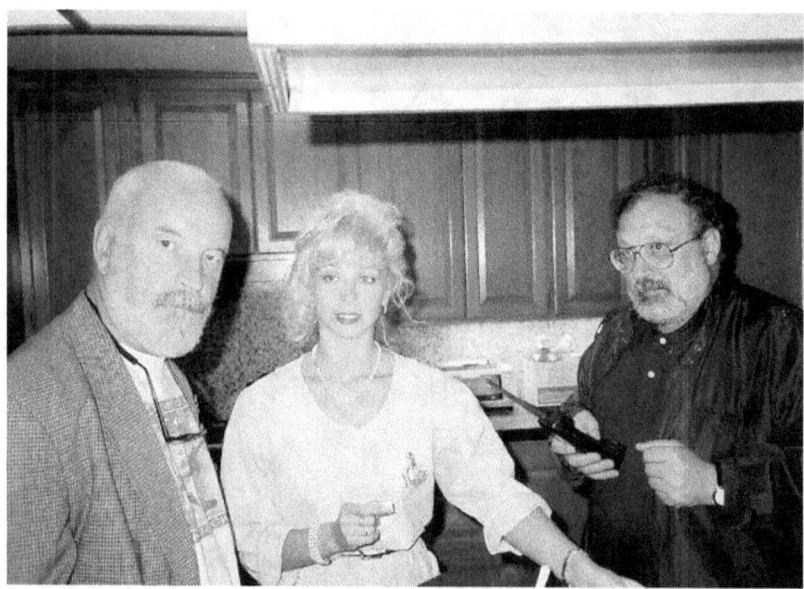

Этот снимок – удача автора: в Лос-Анджелесе одновременно оказались его добрые друзья кинорежиссеры Рустам Ибрагимбеков и Ираклий Квирикадзе *(слева)* – они с удовольствием сгруппировались вокруг актрисы Алены Аржаник

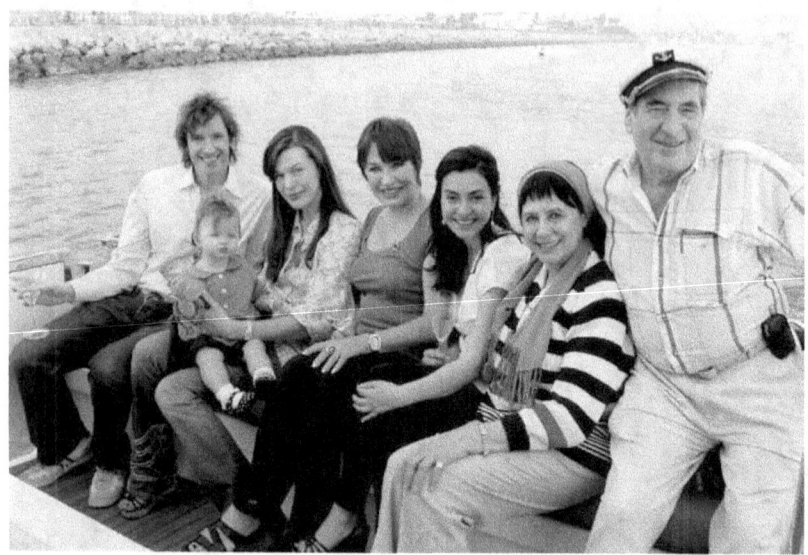

У Милы Йовович появилась любимая дочка, *слева от нее* – папа дочки, *справа* – мама Галина Логинова; гостеприимная Нателла Лалабикян - хозяйка яхты, Т.Кузовлева и автор разделяют радость актрисы в прогулке по заливу Лос-Анджелеса

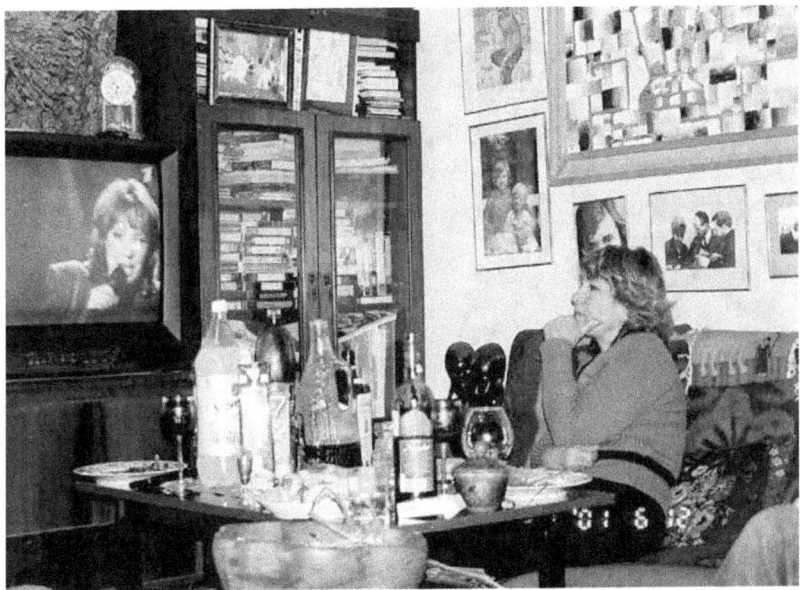

Квартира Булата в Безбожном переулке: сюда заглянула живущая по соседству Елена Камбурова – и как раз в этот час телевидение передавало в ее исполнении песни Булата, автор не преминул сделать редкий снимок

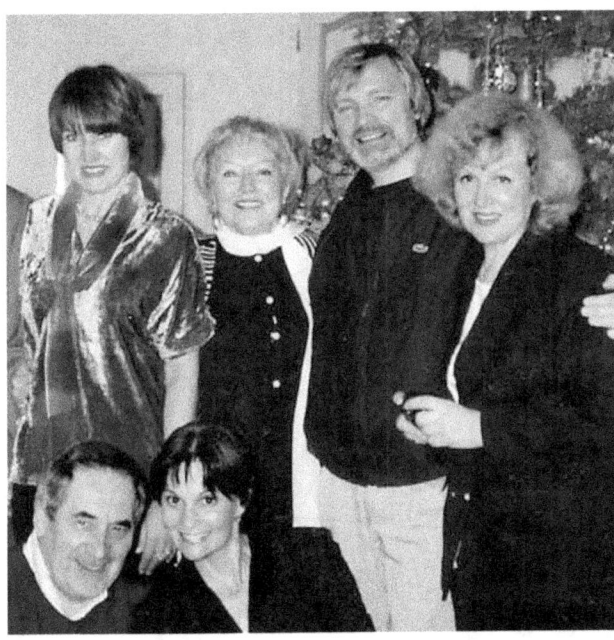

Лос-Анджелес, конец 90-х. Людмила Касаткина нашла здесь коллег-друзей – Галину Логинову, Олега Видова, Надежду Репину и Светлану Тома (она сидит с автором)

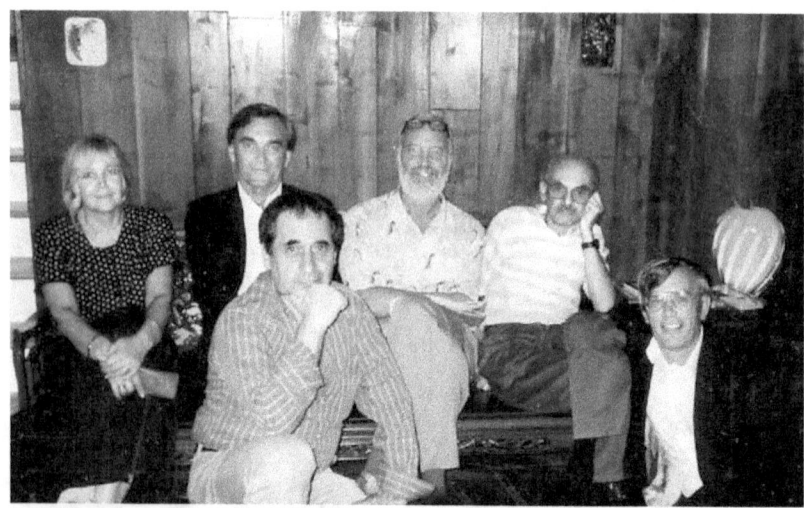

Лос-Анджелес, 1993. Дома у автора, где жил Булат Окуджава, собрались замечательные люди: Элем Климов *(он справа от Ольги Окуджава),* рядом с ним – Ираклий Квирикадзе

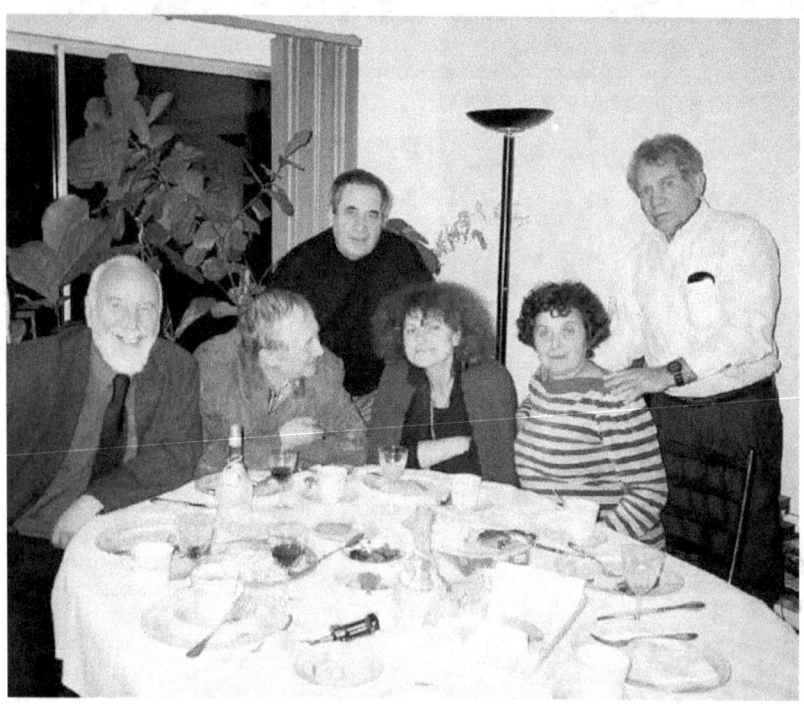

Дома у соратников по Фонду Окуджавы И. и С.Юристов под Сан-Диего. В гости с автором приехали И.Квирикадзе, Нана Джорджадзе и Е.Евтушенко

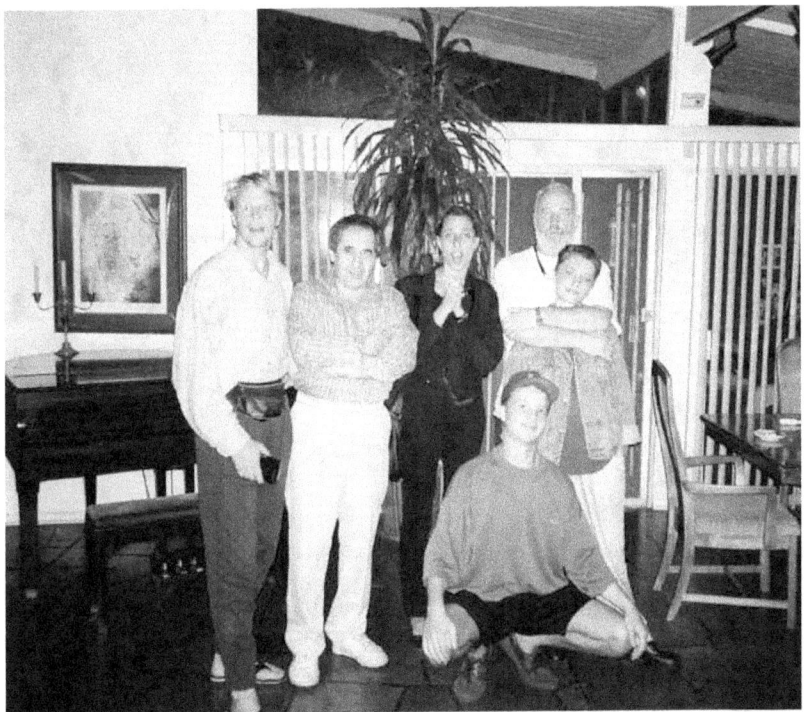

Московские гости – актеры Александр Кузнецов и Юлия Рутберг *(тогда – супруги)* и Ираклий Квирикадзе с дочкой Ирой у автора

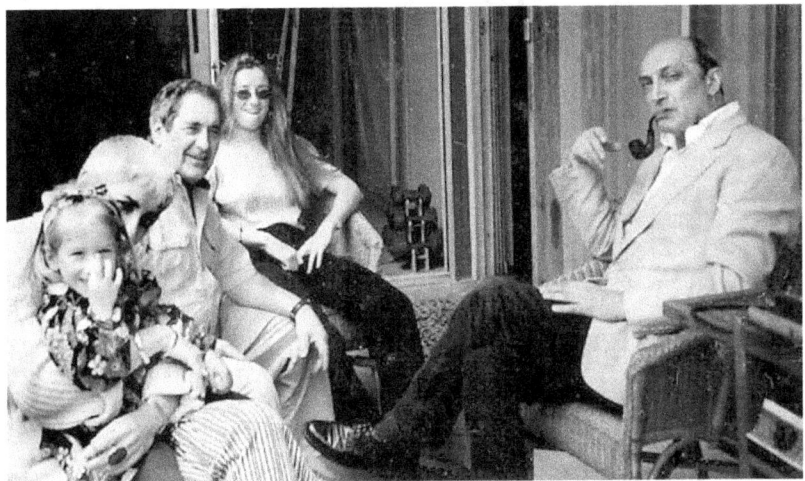

Лос-Анджелес. По поводу 60-летия М.Козакова ему вручен сувенир – трубка Сергея Довлатова из коллекции автора

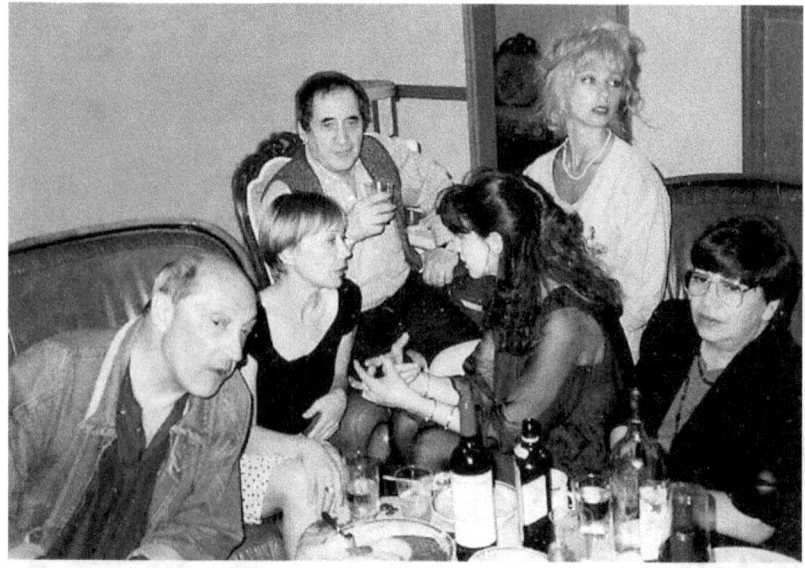

Лос-Анджелес. Михаил Козаков, Елена Коренева, автор, Анна Ямпольская (жена Михаила), Алена Аржаник, Ирина Суслова

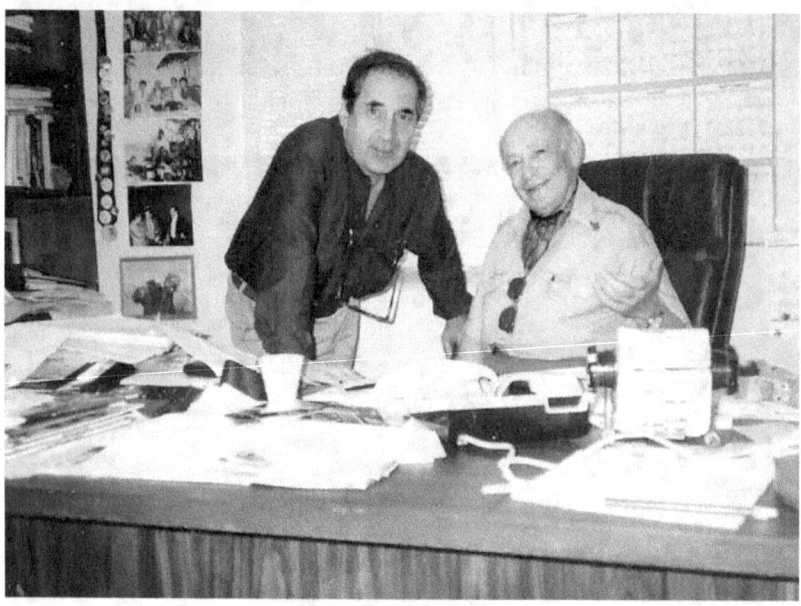

Начало 90-х. Кинооператор Аркадий Николаевич Кольцатый снял не один десяток художественных фильмов, среди всех советских кинооператоров он был «самый-самый»: «Карнавальная ночь» – это тоже его работа. Теперь, в эмиграции, он – частый гость редакции «Панорамы»

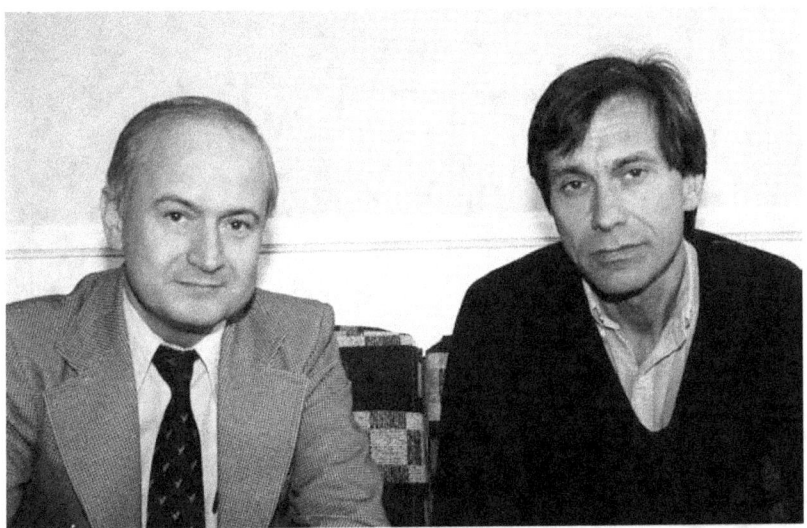

Начало 80-х. А.Кончаловский заглянул к нам в редакцию, наш сотрудник Т.Шуман воспользовался случаем сохранить память об этом знакомстве

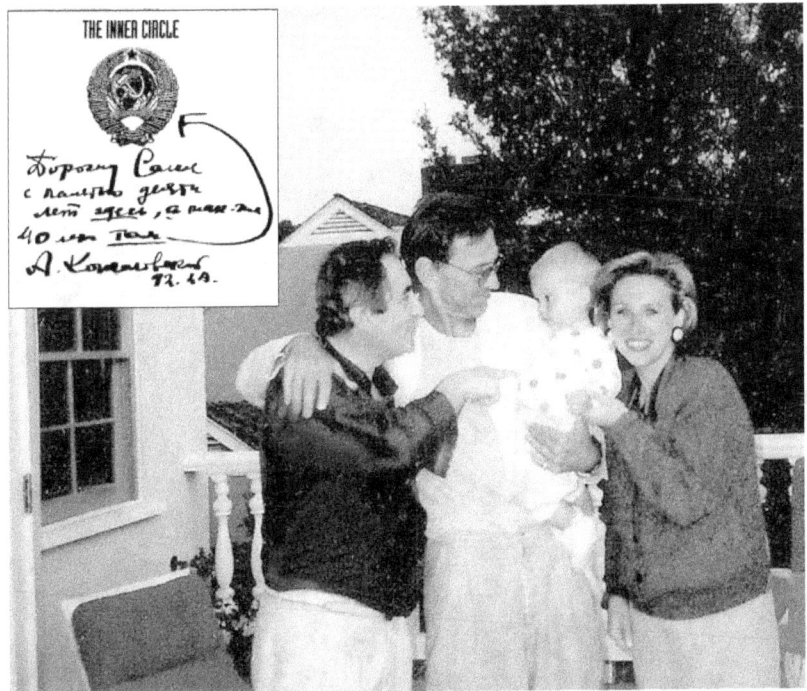

Калифорния, Бэл-Эйр. У Кончаловского совсем недавно родилась дочка

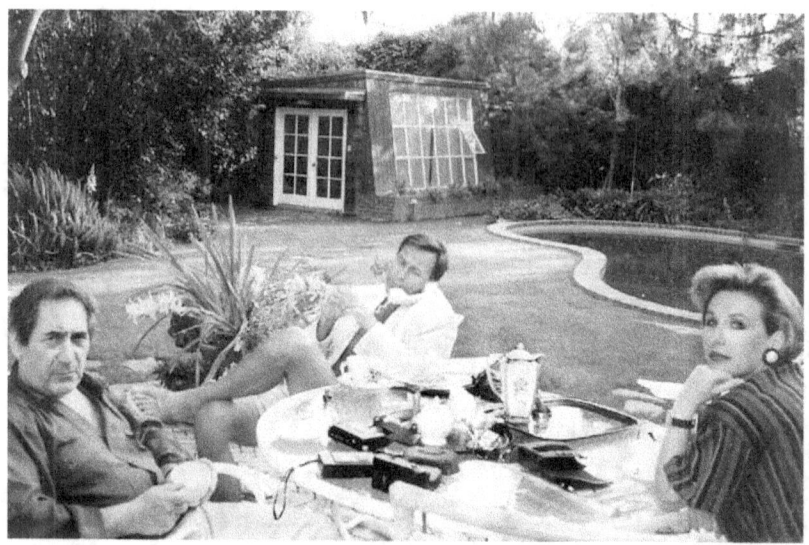

Там же. В «дворянском гнезде» Андрона Кончаловского. Жить можно везде!

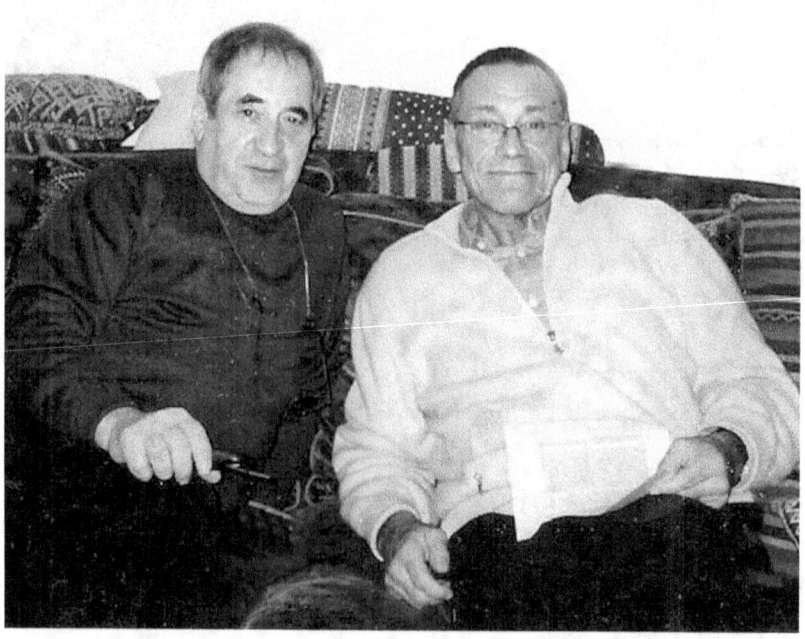

Москва, 2005. Дома на Грузинской улице у Андрона Кончаловского, пятнадцать лет спустя

Александр Половец

Эта лавка послужила многим замечательным гостям автора: здесь на ней позируют С.Крамаров, В.Долинский, Е.Коренева и Э.Баскин

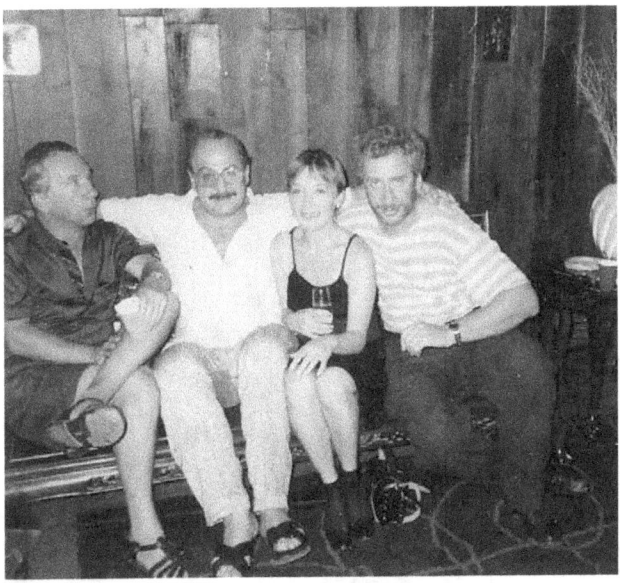

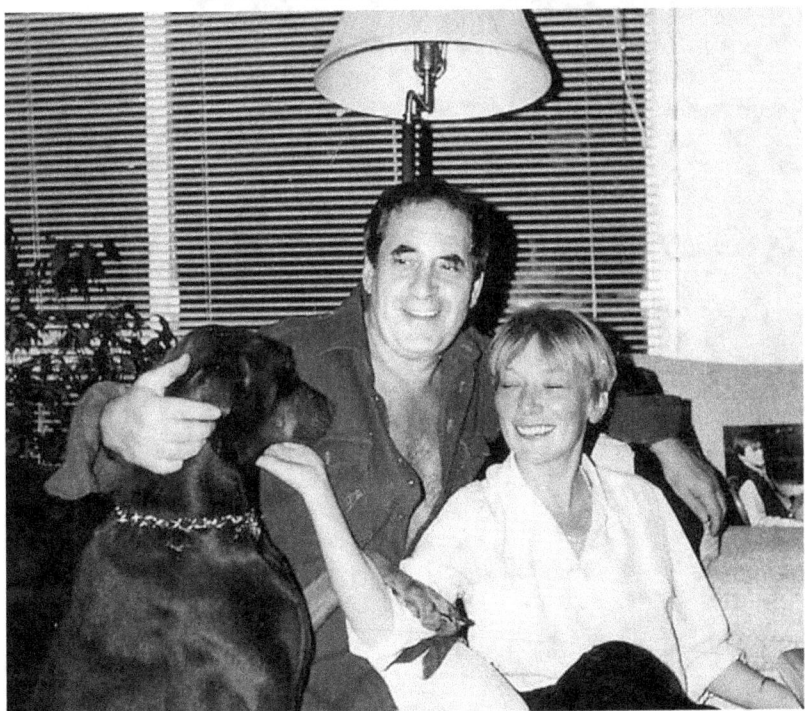

После многочасовой беседы-интервью с Еленой Кореневой

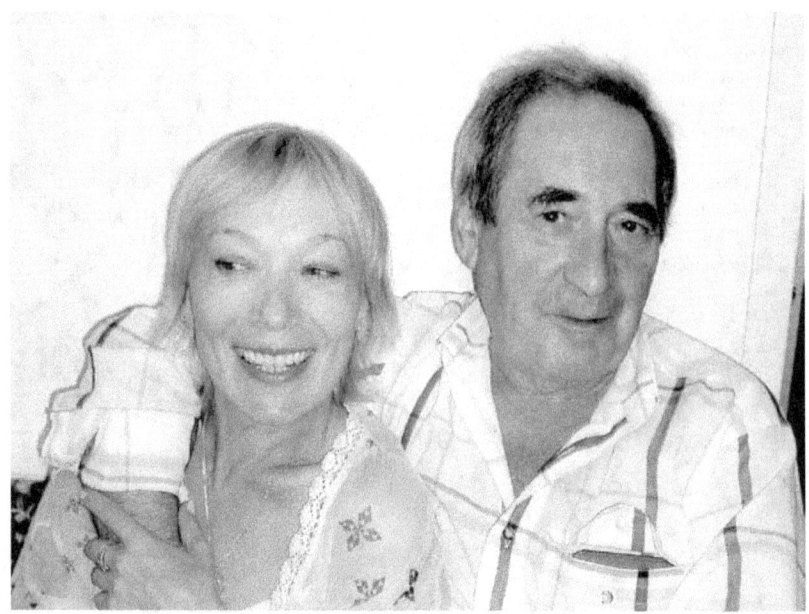

С Леночкой Кореневой встречи всегда радостны – в Лос-Анджелесе ли, в Московском ли Доме кино *(нижний снимок)*

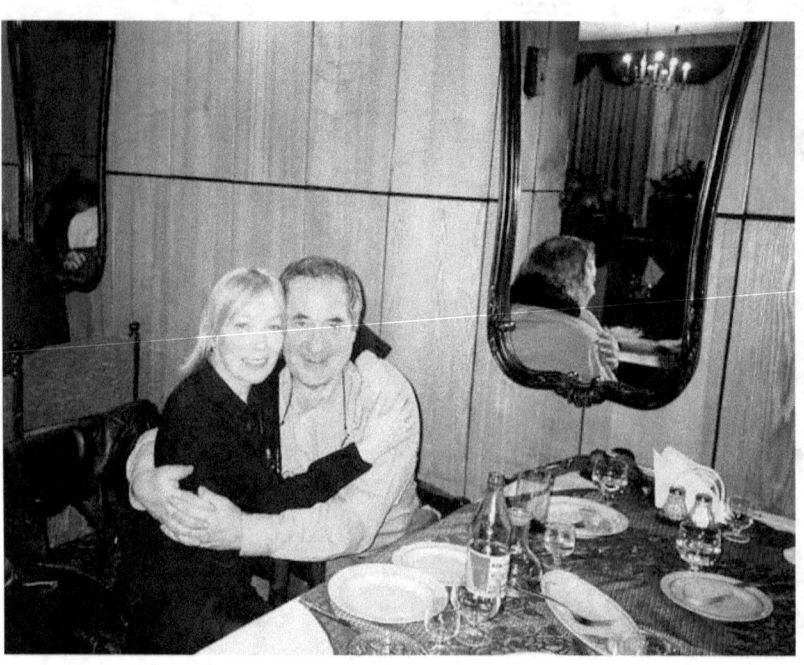

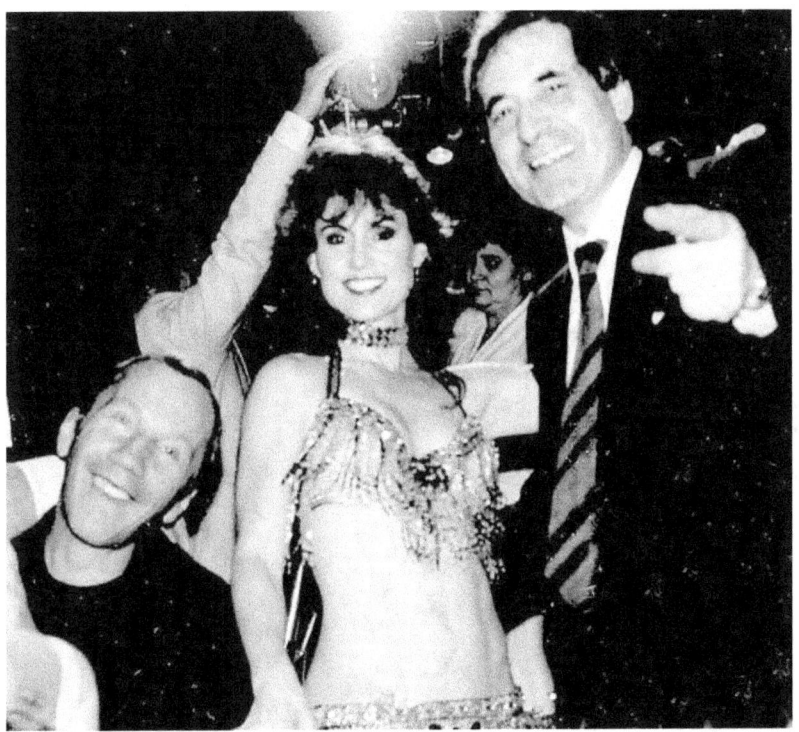

Савелий Крамаров осваивается с американским образом жизни

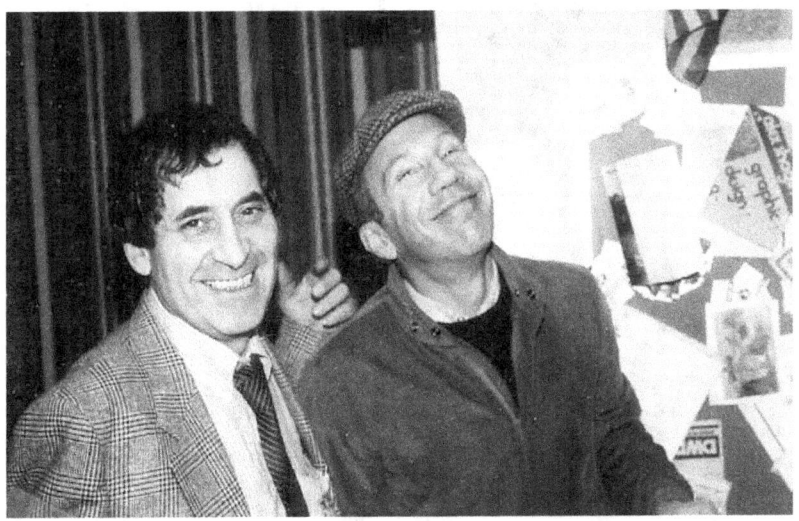

Годы 80-е. Ухо Крамарова на месте, прижилось. Да здравствует американская скорая помощь!

Савелий в Лос-Анджелесе

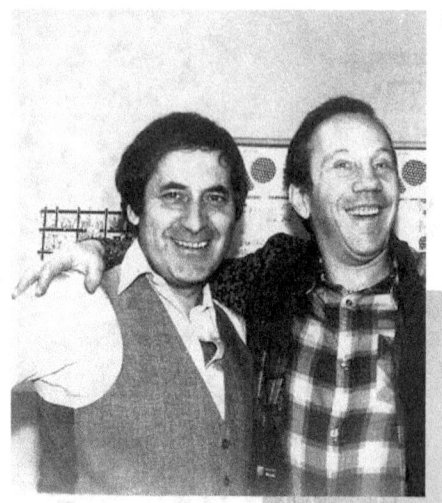

Любили мы
и подурачиться...

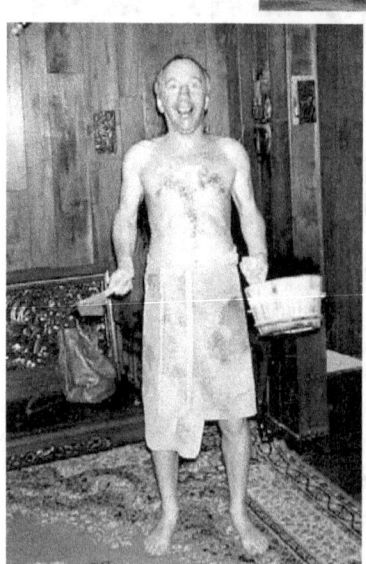

После сауны

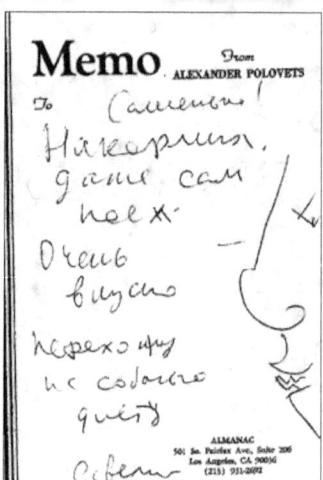

Такую записку автор нашел, вернувшись из недолгой поездки. В это время Савелий жил у него дома и присматривал за доберманом Фобосом – это его он «Накормил»

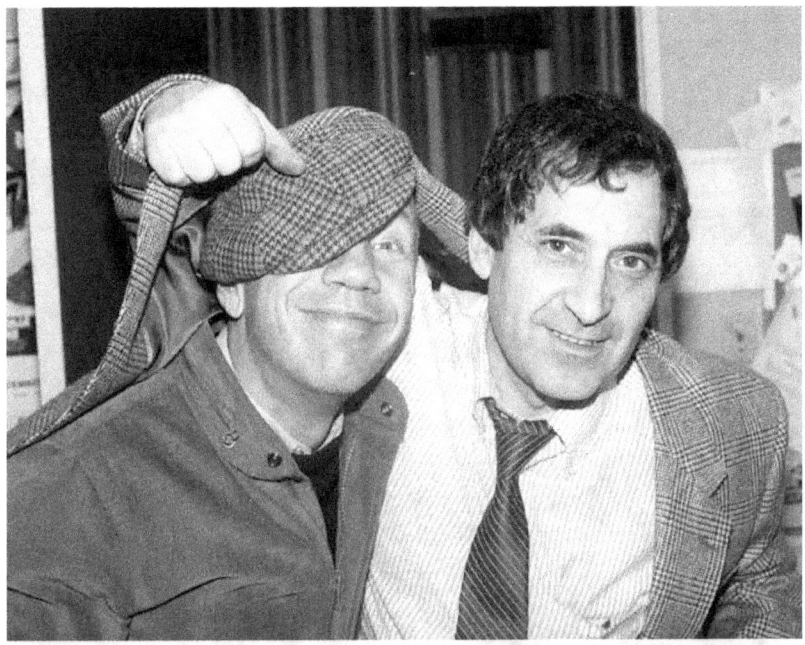

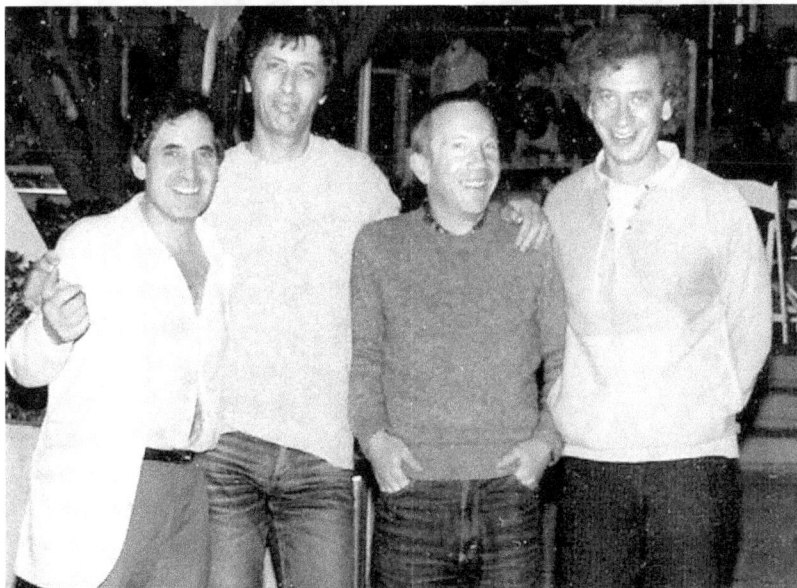

Санта-Моника, начало 80-х. Актеры только что вернулись из Нью-Йорка со съемок фильма «Москва на Гудзоне» – Савелий *(в центре)*, Олег Рудник *(второй слева, рядом с автором)* и Илья (Элик) Баскин

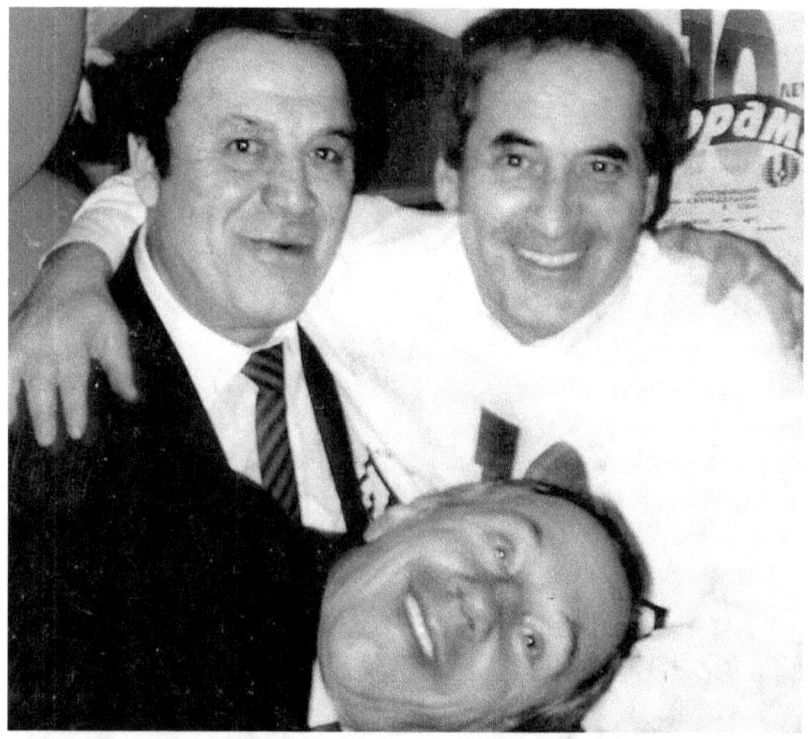

С Борисом Сичкиным они были, что называется, не разлей вода...

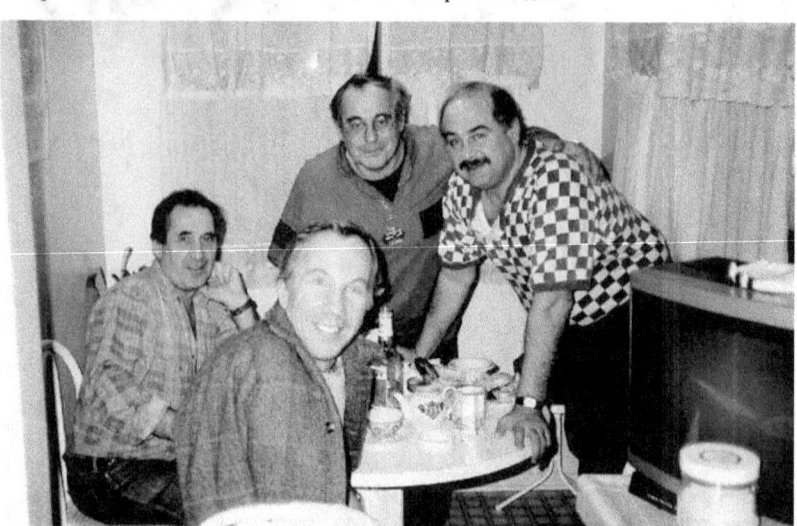

Санта-Моника. В гостях у Баскина – Крамаров, автор, Розовский и Долинский

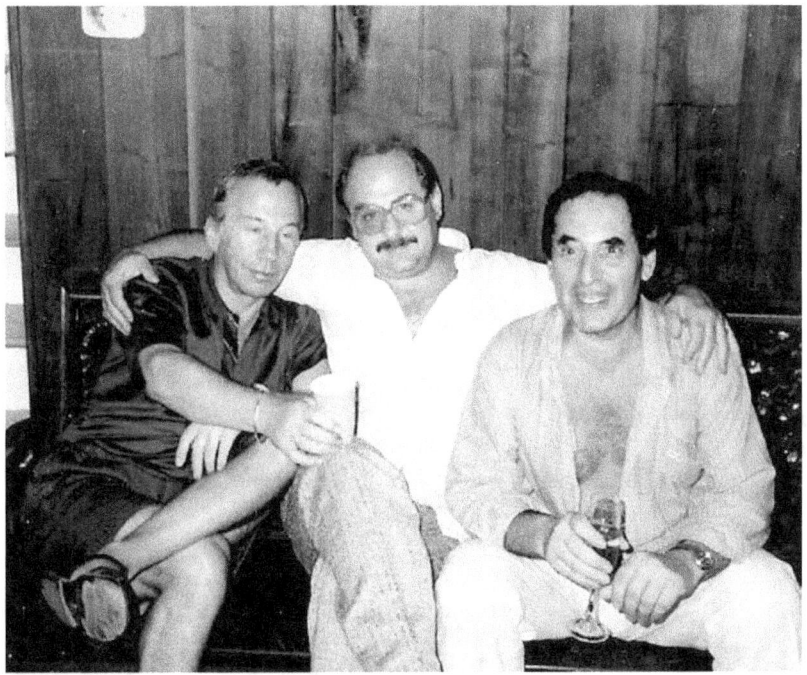

На той же лавке. Сегодня она приютила Крамарова и Долинского

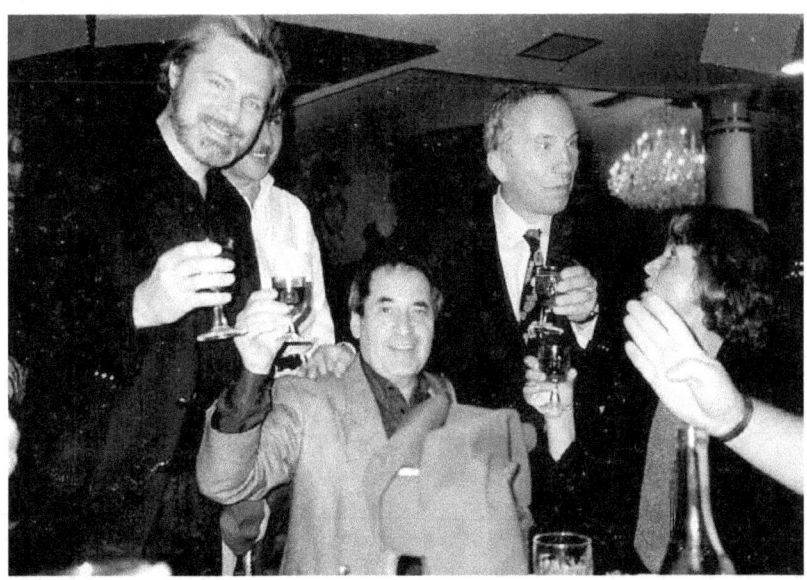

Лос-Анджелес. Празднуем день рождения Савелия

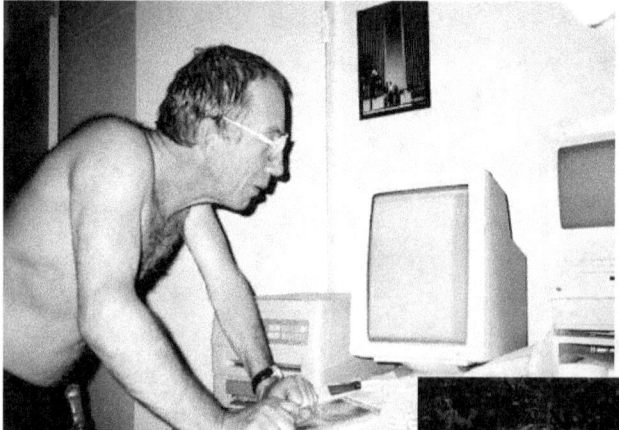

Савелий постигает
компьютерные
премудрости
в доме автора,
который и сам был
не очень силен
в технике...

Конец 80-х. С Василием Аксеновым
на футуристическом фестивале, устроенном
Калифорнийским университетом

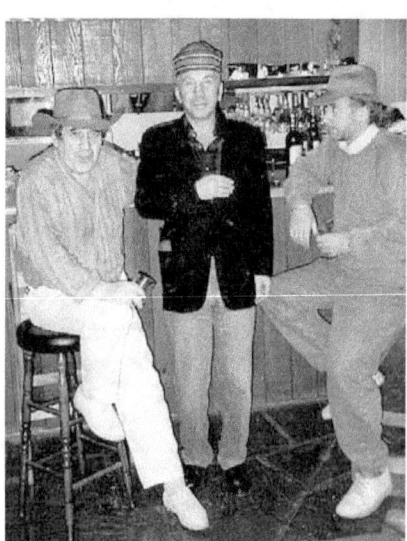

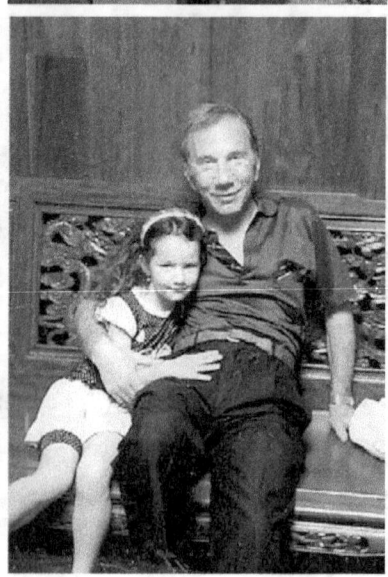

Середина 90-х. Мы – трезвенники: спинами
к бару...

Савелий обожал дочку Басечку...

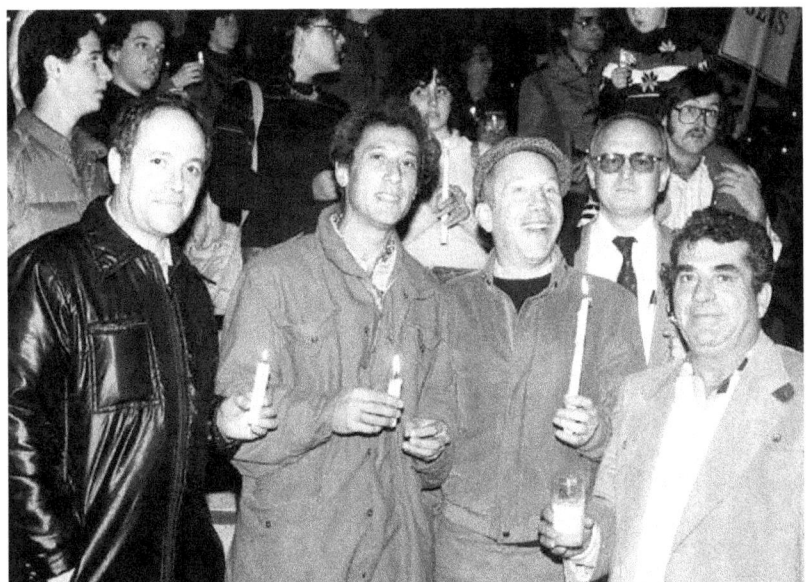

Марш со свечами за право эмиграции из СССР: М.Суслов, сам проведший годы «в отказе», С.Крамаров – тоже недавний «отказник», «беглый» Т.Шуман и Л.Каган

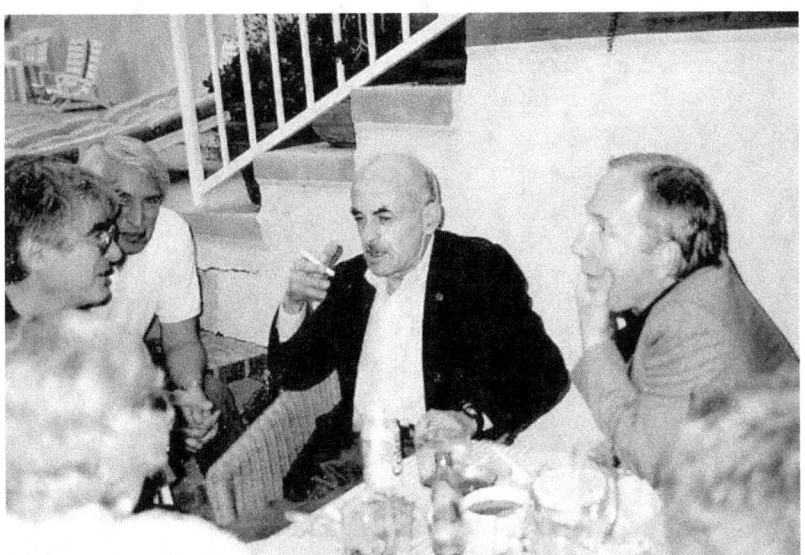

Середина 90-х. Во дворе дома у автора. Далек был настоящий Савелий от созданного им экранного образа хулиганистого придурка! Булат с ним беседовал с удовольствием. *Крайний слева на снимке* – Яков Склянский, оператор, снявший «Проверки на дорогах», и Саня Коган. *Естественно, автор за кадром, с фотоаппаратом*

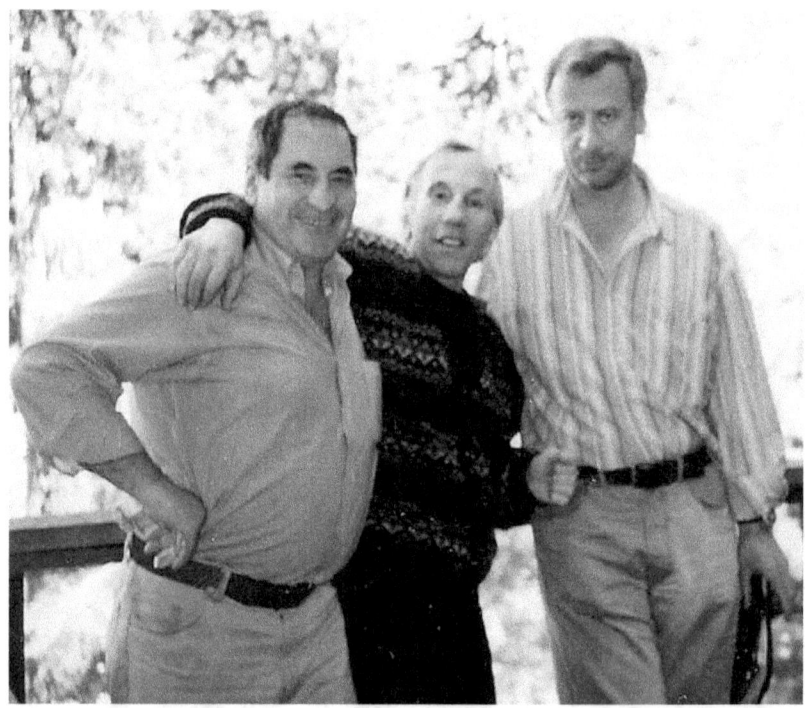

Савелий был уже слаб, очень слаб...

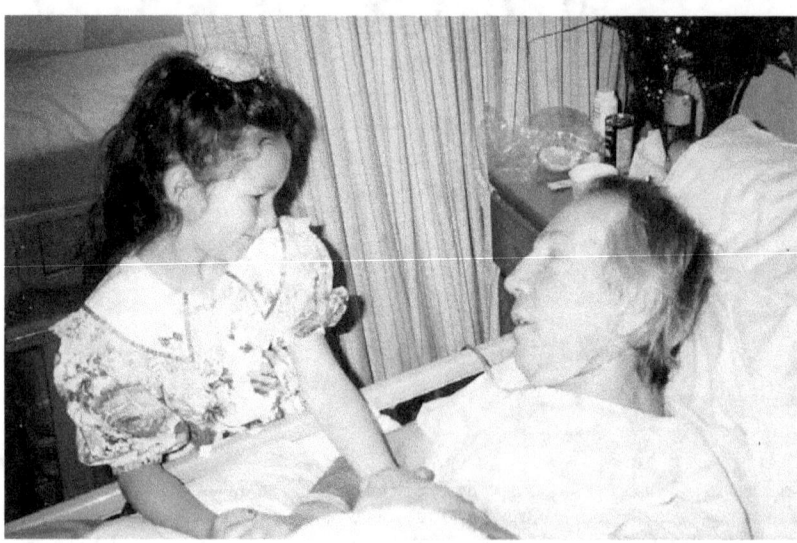

Олег Видов застал в госпитале и успел сфотографировать последнее свидание Баси с отцом...

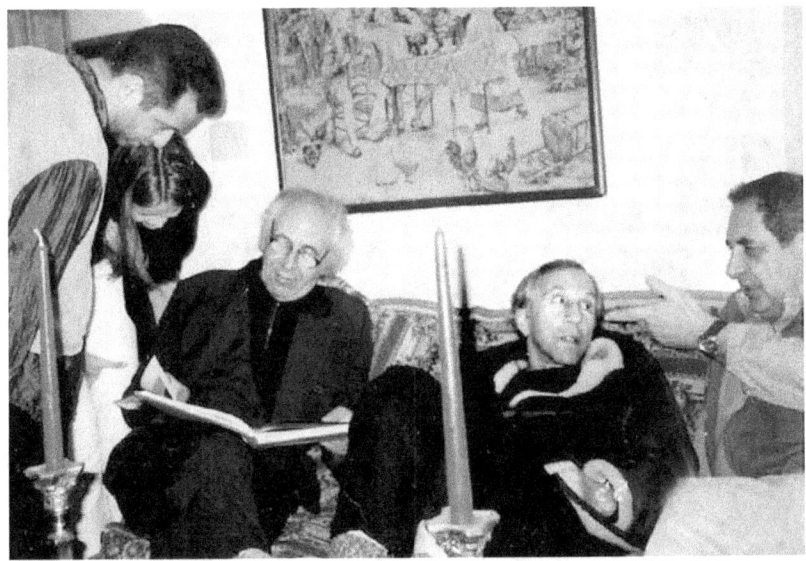

Сан-Франциско, 1996. В доме Савелия. Он уже знает, что болен безнадежно. В тот же день его навестили дизайнер Юрий Купер и галерист Сергей Сорокко – они сдружились здесь, в Сан-Франциско

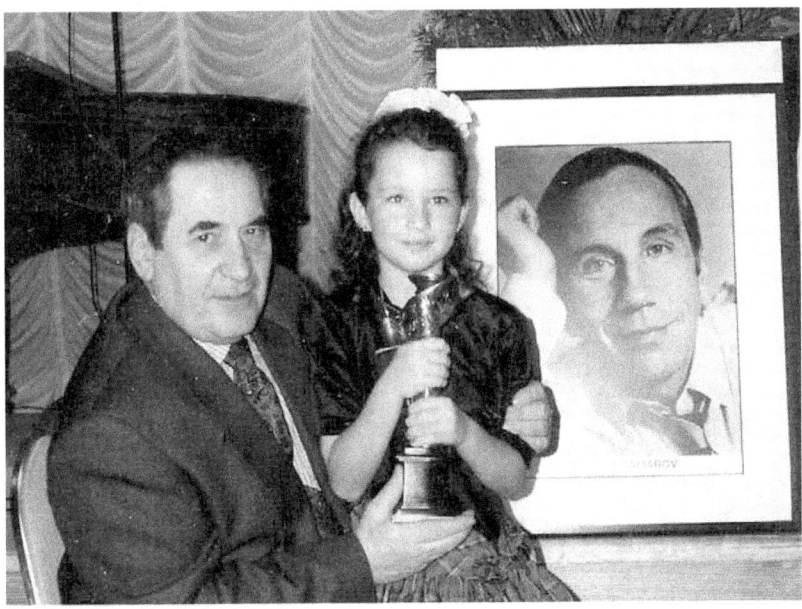

Вечер памяти Савелия – мы собирали средства на памятник нашему другу, на руках у автора дочка Савелия – Бася, носящая имя матери Крамарова

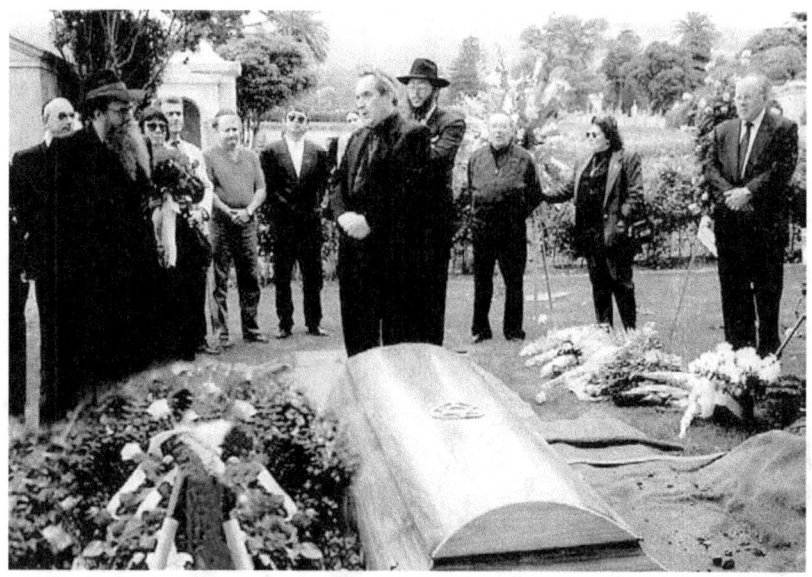

Кладбище на окраине Сан-Франциско, 1997. Теперь Савелий здесь...

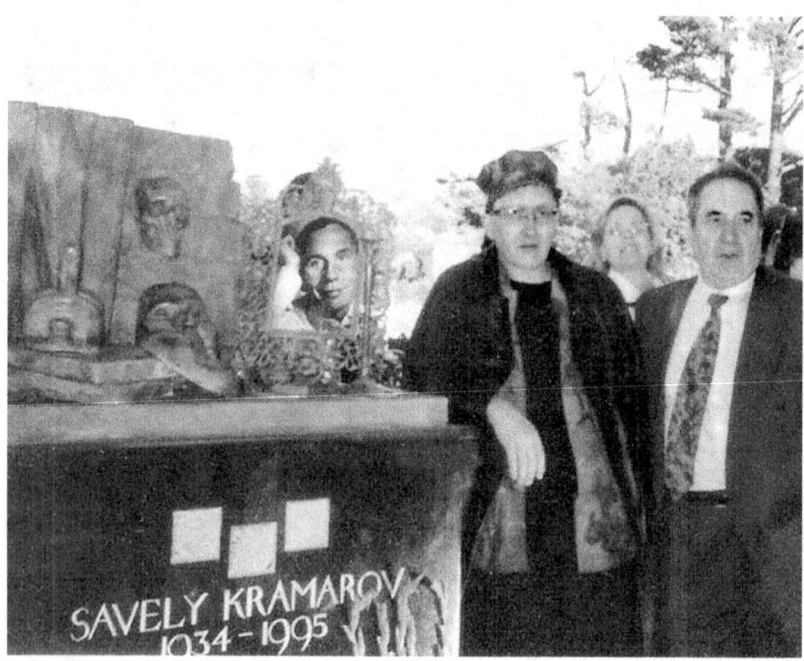

2000. М.Шемякин – автор проекта памятника Савелию Крамарову. И вот, наконец, памятник готов

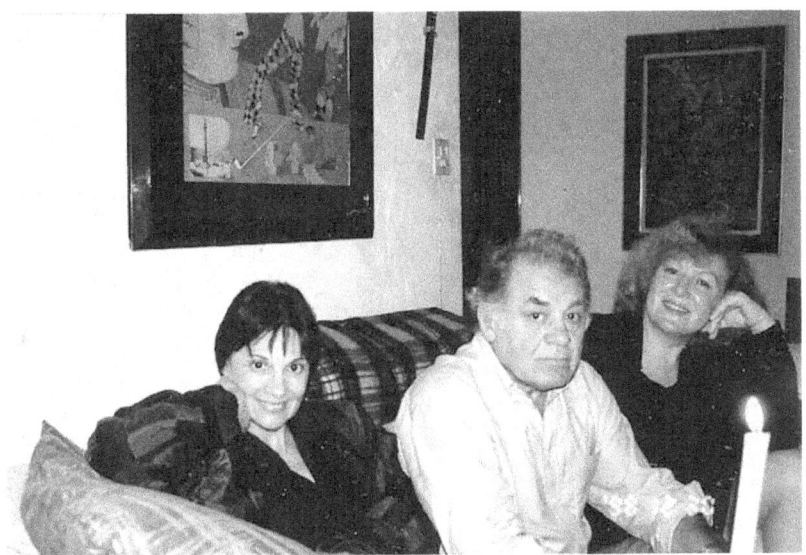

Эмиль Лотяну в гостях у автора встретился со Светланой Тома и Надей Репиной

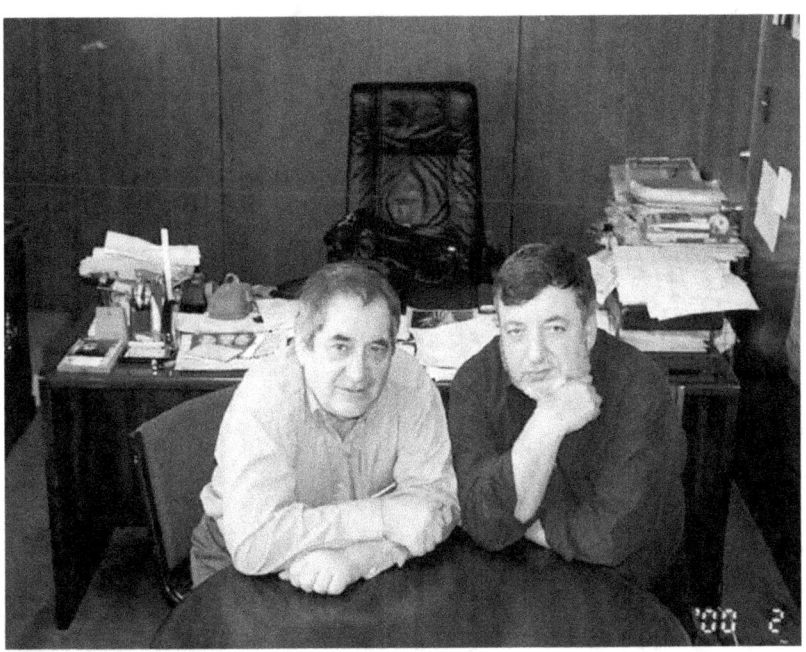

2000. Режиссер Павел Лунгин, конечно, навестил «Панораму», когда остановился на месяц у автора дома, чем тот вскоре воспользовался и на это время в Москве поселился у Лунгина в квартире на Арбате...

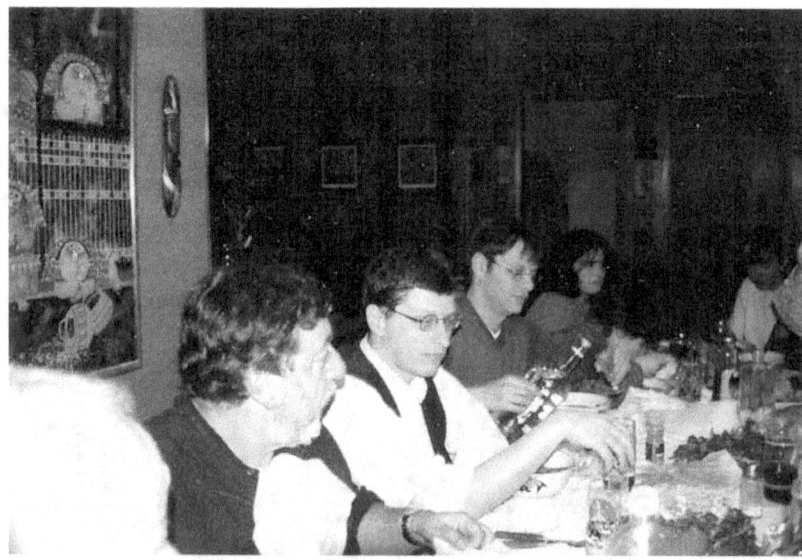

...А перед отъездом автора нас навестили московские «киношники» Сергей Ливнев и Валерий Тодоровский

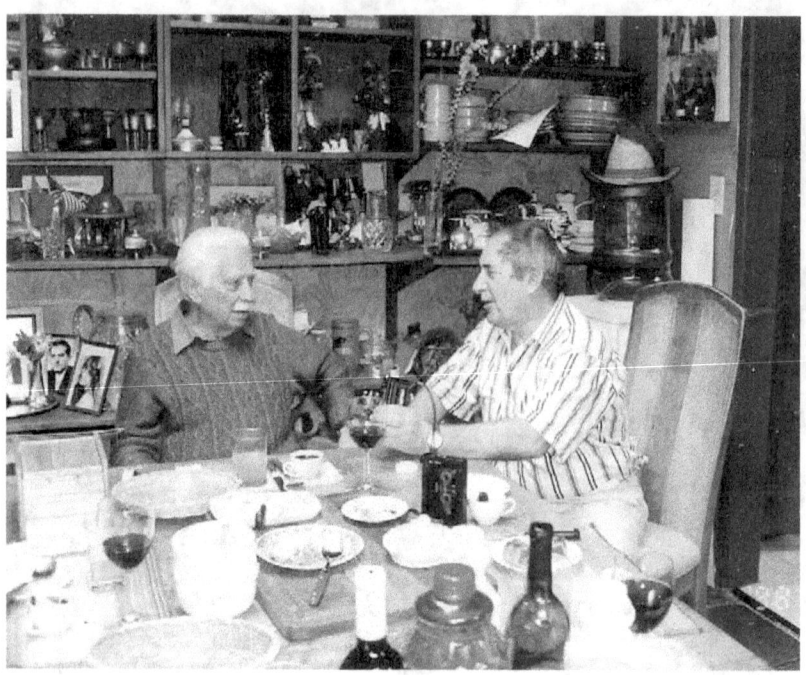

Лос-Анджелес, 2002. «Мы не просто любили музыку...». Олег Лундстрем – гость А.Половца

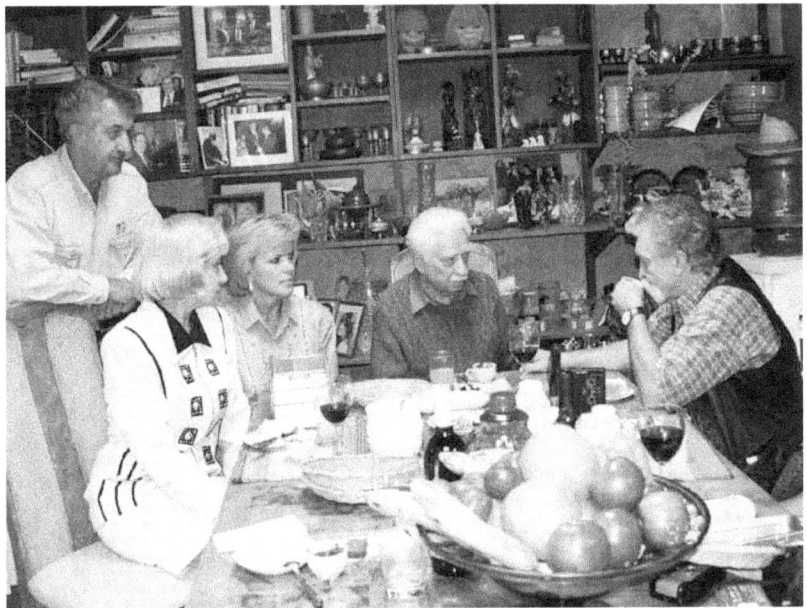

После беседы автора с Олегом Лундстремом в домашней обстановке у него (автора) встретились лос-анджелессцы Аида Ведищева и Алексей Зубов – певица и саксофонист работали в оркестре легендарного дирижера

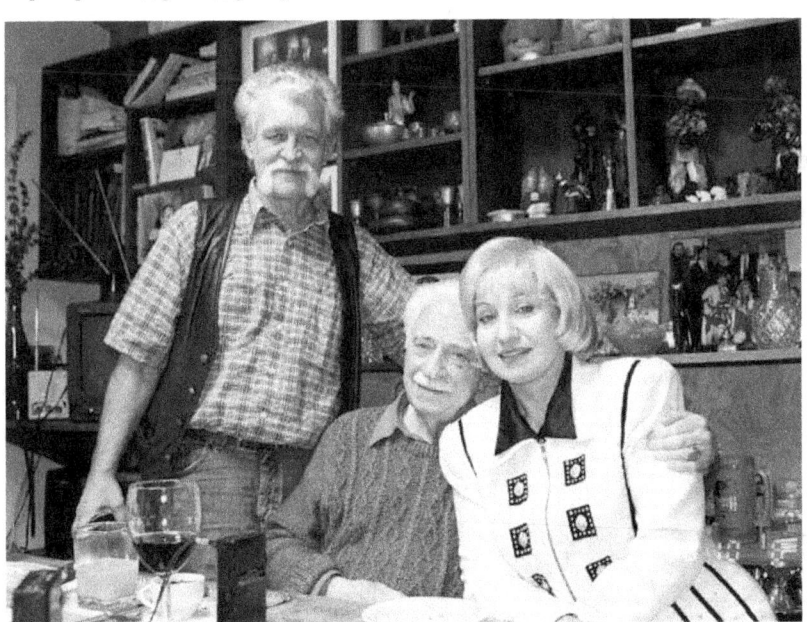

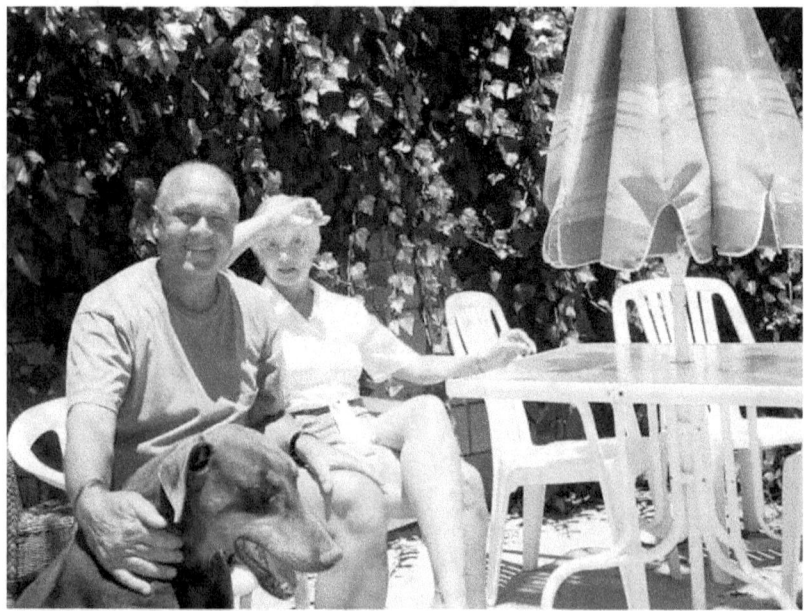

Владимир Меньшов и Вера Алентова провели несколько дней (автор надеется – не худших в своей американской поездке) дома у автора

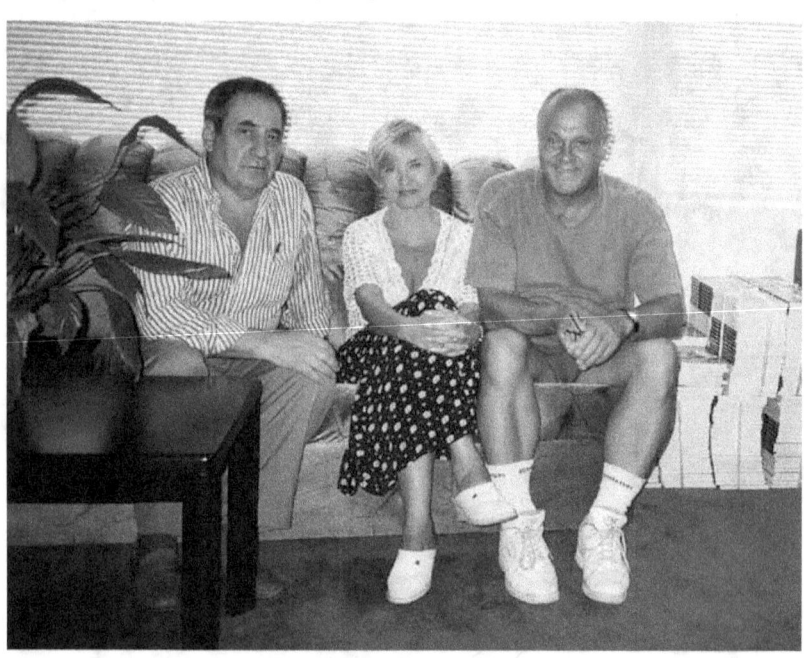

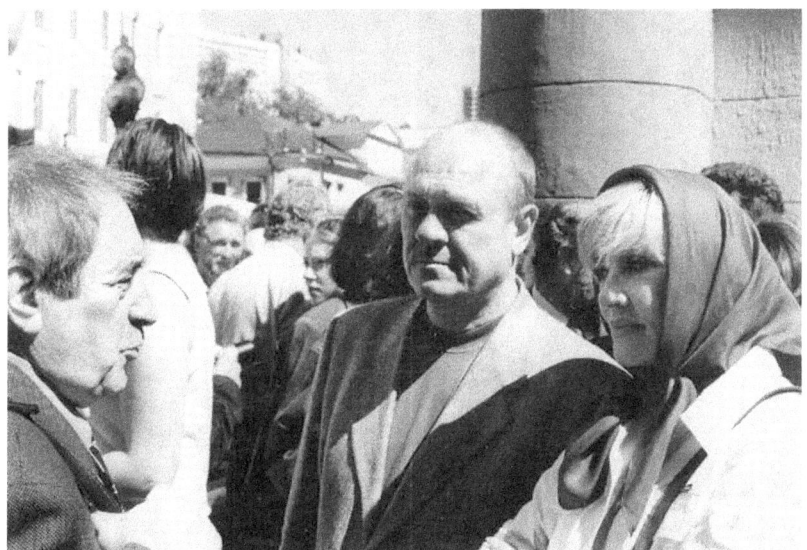

Москва, Старый Арбат, 2004. На открытии памятника Б.Окуджаве автор встретил Владимира Меньшова и Веру Алентову – совсем недавно они гостили у него в Калифорнии

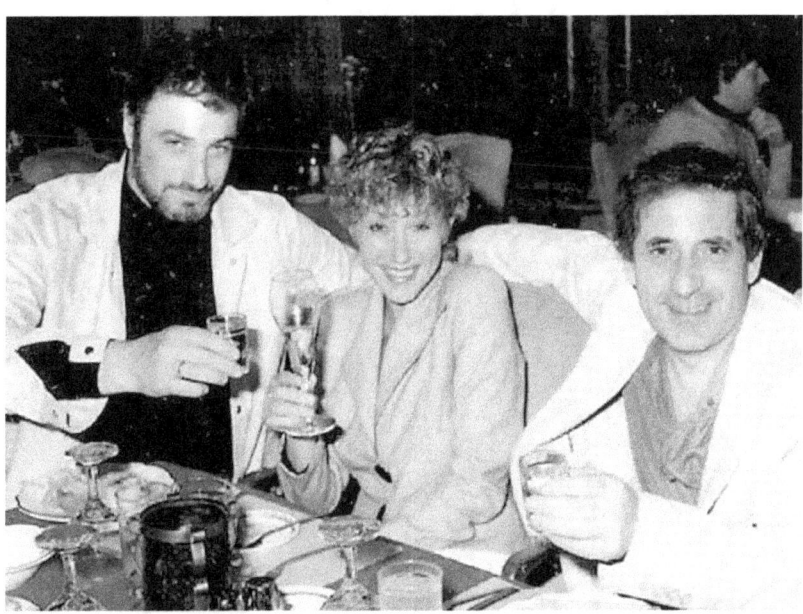

Лос-Анджелес, 80-е годы. Хелен Миррен оставила свой театр в Лондоне, чтобы сниматься в голливудской «Космической Одиссее 2010», ...а четверть века спустя за исполнение главной роли в фильме «The Queen» («Королева») она получила «Оскара»

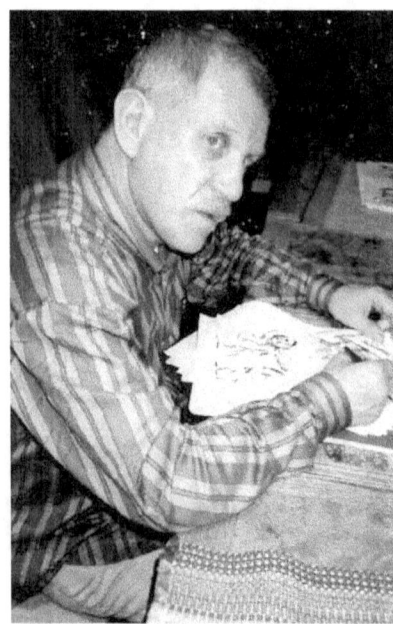

Лос-Анджелес, 2000.
Александр Митта сейчас подарит автору свою книгу – вот что он нарисовал на ней

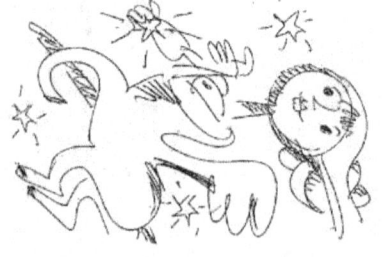

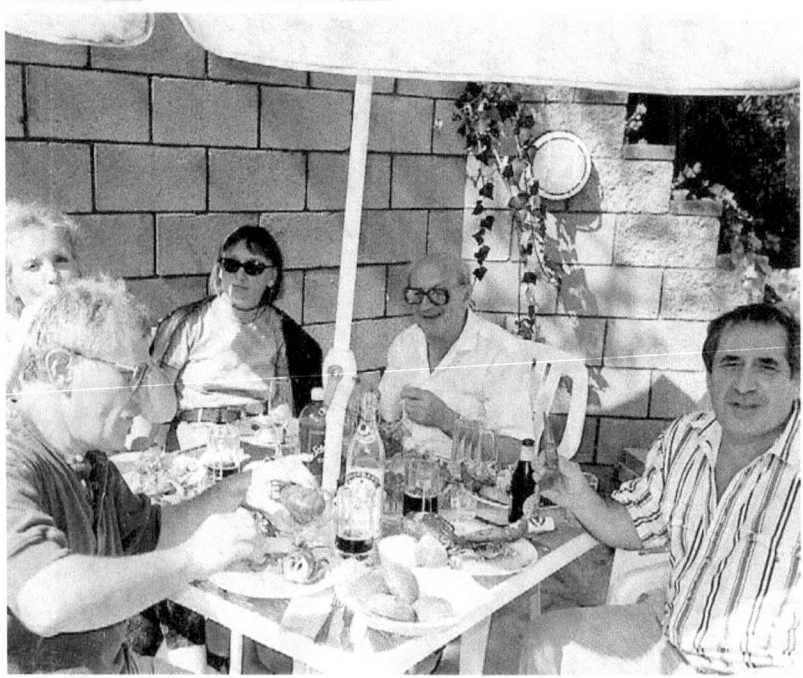

Середина 90-х. Во дворе у автора – Александр Митта, Инна Аленикова, Валерий Фрид

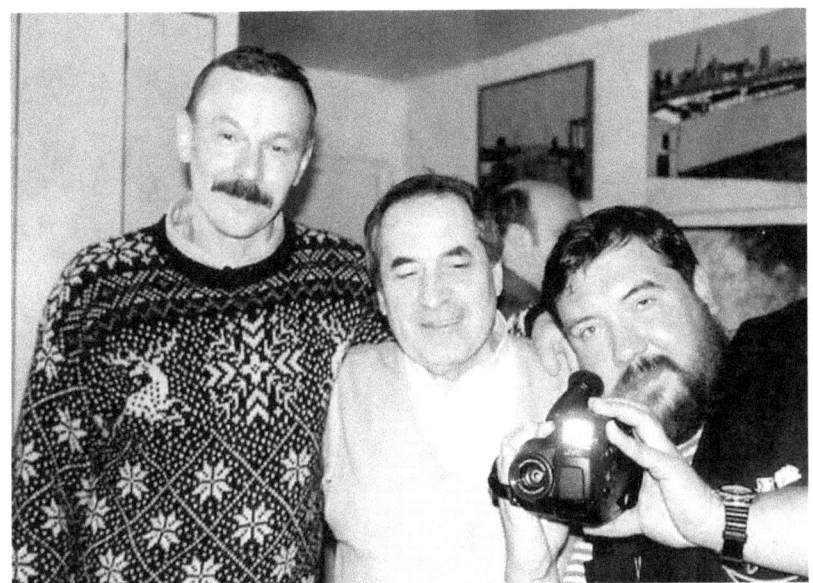

Нью-Йорк, конец 90-х. Художники, мастера перформанса «Митьки» прибыли из Питера на наш континент – здесь их уже тоже знают

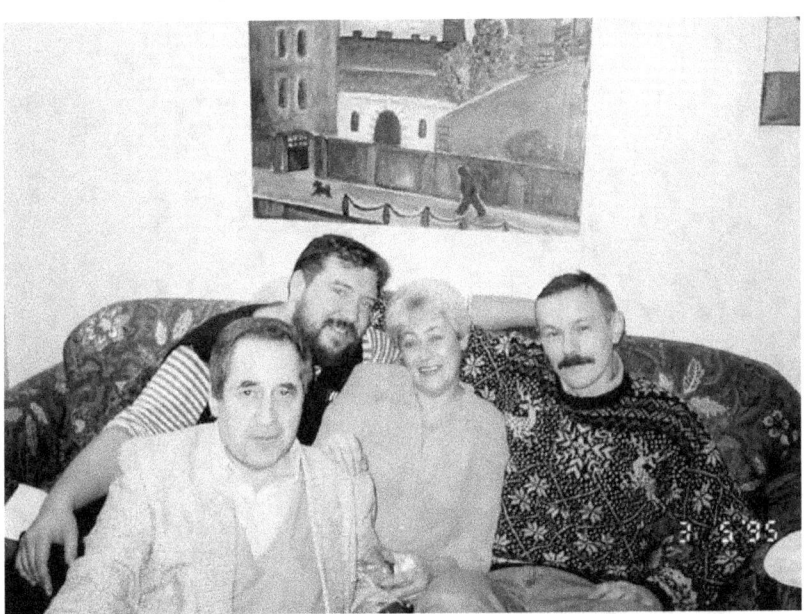

В Манхэттене их успела пригласить домой «на посиделки» сотрудница американской редакции радио «Свобода» Раиса Вайль

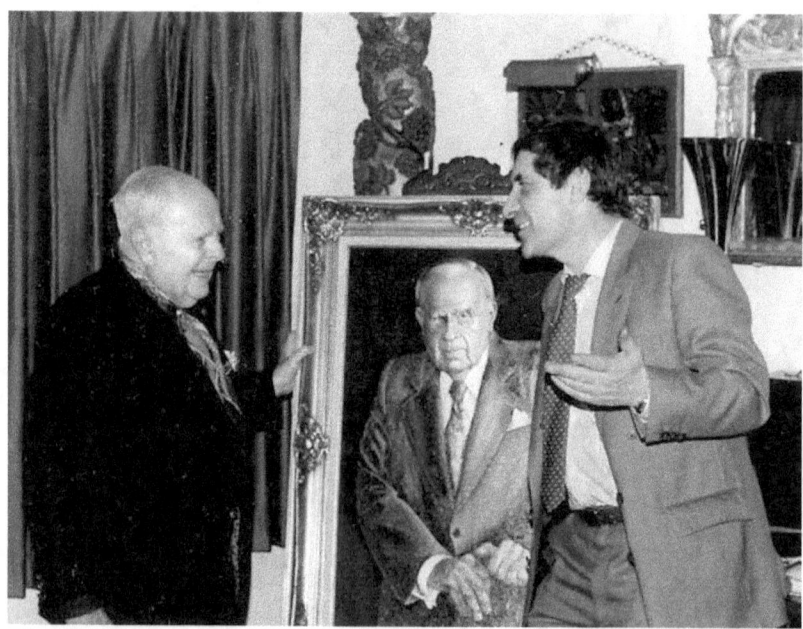

Редактор «Панорамы» у Мишеля Мишле – автора музыки к десяткам голливудских фильмов: композитор рядом с только что законченным его портретом

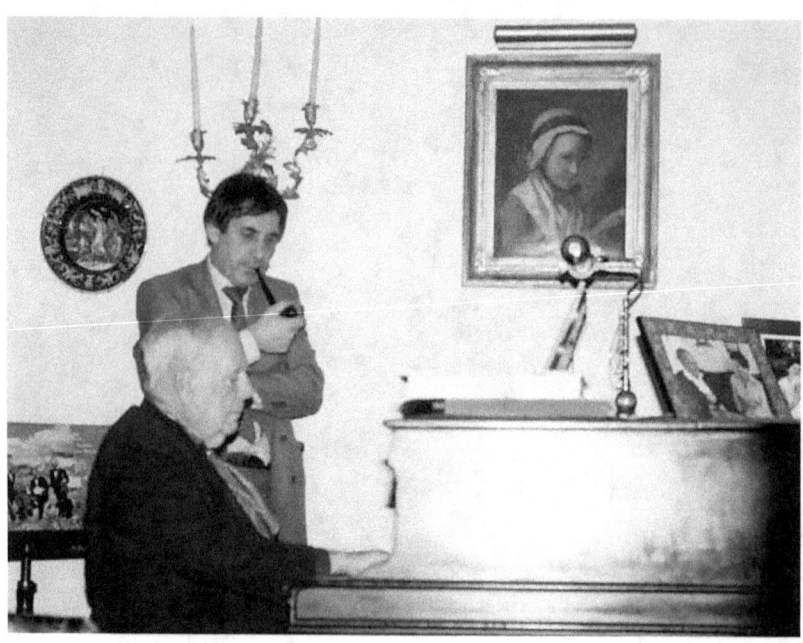

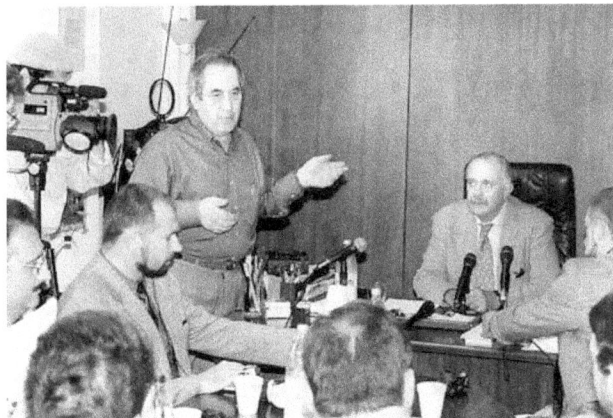

1999. Никита Михалков в гостях у «Панорамы» – автор даже уступил неожиданному гостю свое редакторское кресло

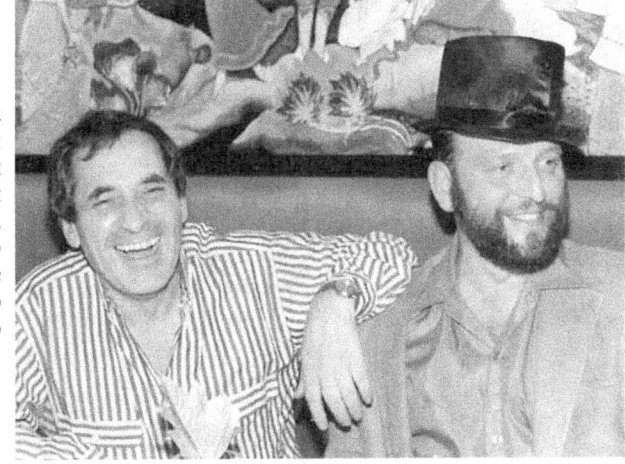

Художник Лева Мороз оказался тем самым сотрудником «шарашки», в которой автор начинал в Америке свою рабочую биографию

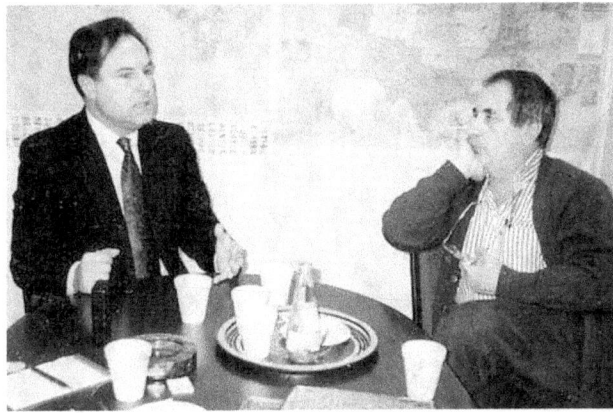

Редакция «Панорамы», 1997. Родион Нахапетов в беседе с редактором

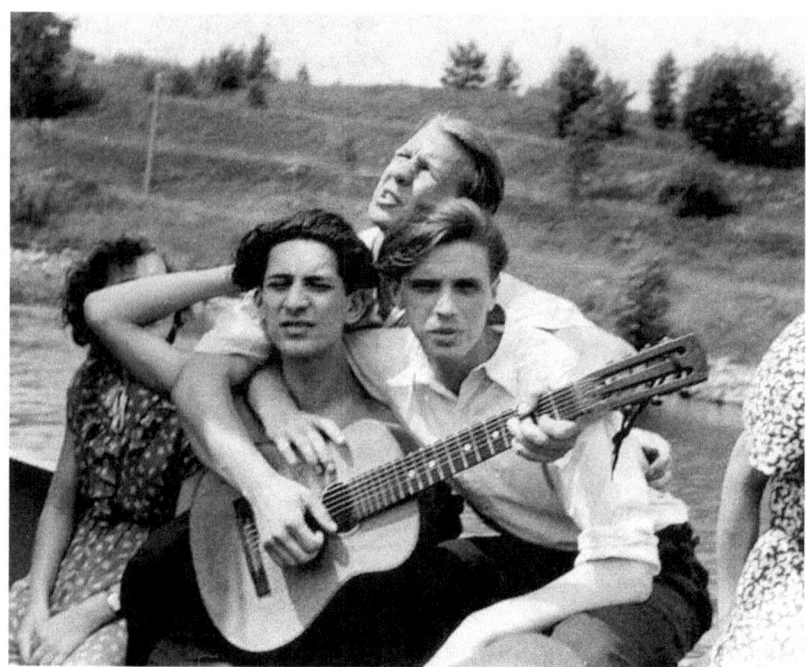

Наша юность – два Николая, Лавров и Некрасов, учивший нас игре на гитаре...
Нижний снимок – ...50 лет спустя – Москва, Концертный зал им.Чайковского, юбилейное выступление оркестра народных инструментов под управлением народного артиста СССР, заслуженного деятеля и проч., и проч. – Николая Николаевича Некрасова *(в центре)*

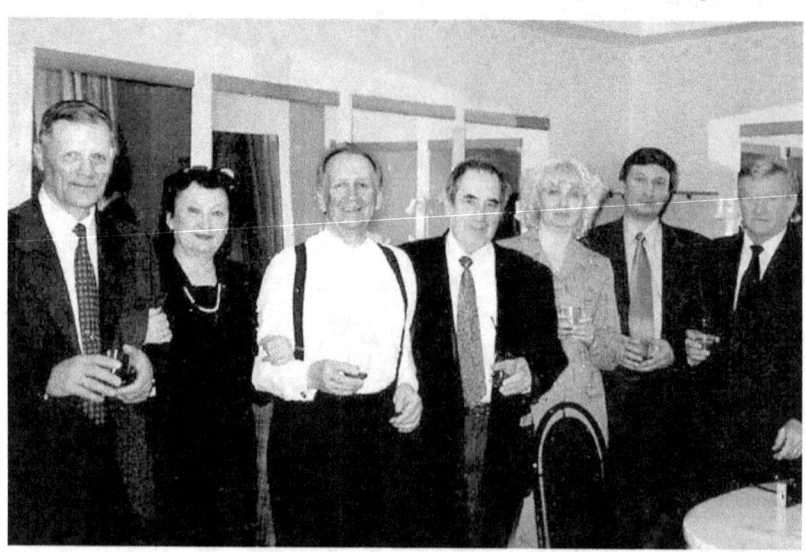

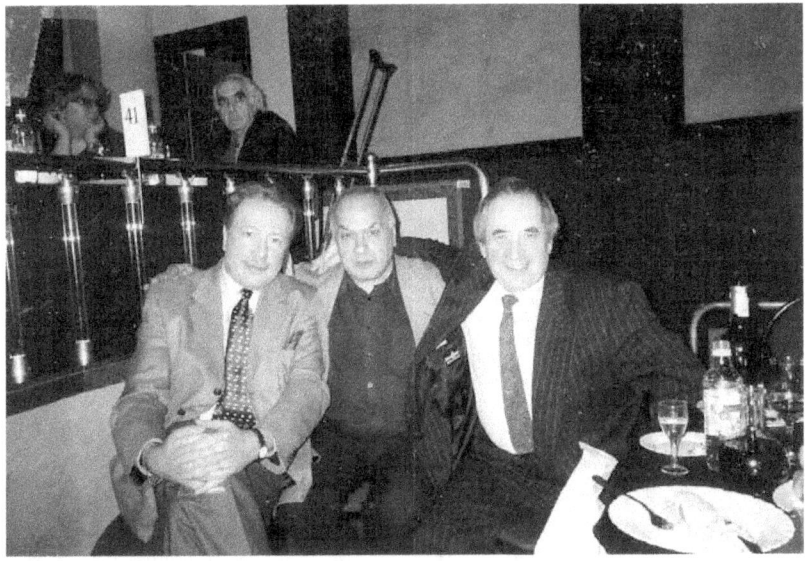

60-летие Марка Розовского в зале «Олимпийский», за праздничным столиком мы оказались вместе с Л.Оганезовым *(в центре)* и С.Белзой

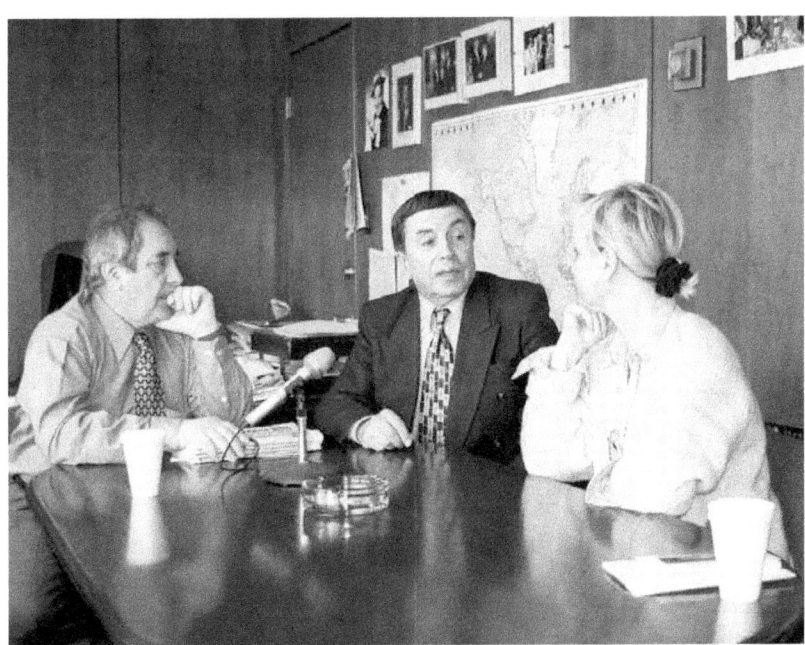

1999. В редакцию «Панорамы» заглянул живущий теперь в Сан-Франциско знаменитый пианист и дирижер Константин Орбелян

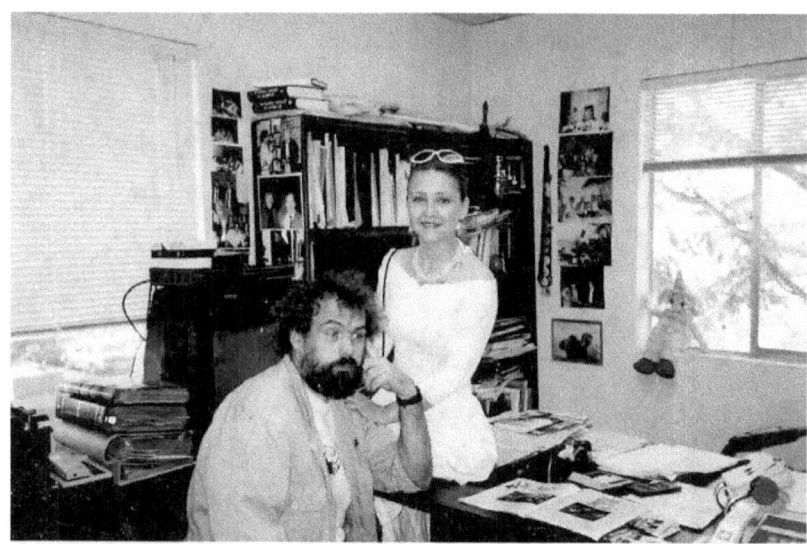

Г.Осьмеркин, племянник знаменитого художника из группы «Бубновых валетов», тоже художник, с супругой Мариной в гостях у «Панорамы». Они совсем недавно открыли в Нью-Йорке ресторан «Дядя Ваня» и могут себе позволить только ненадолго отлучиться в Лос-Анджелес

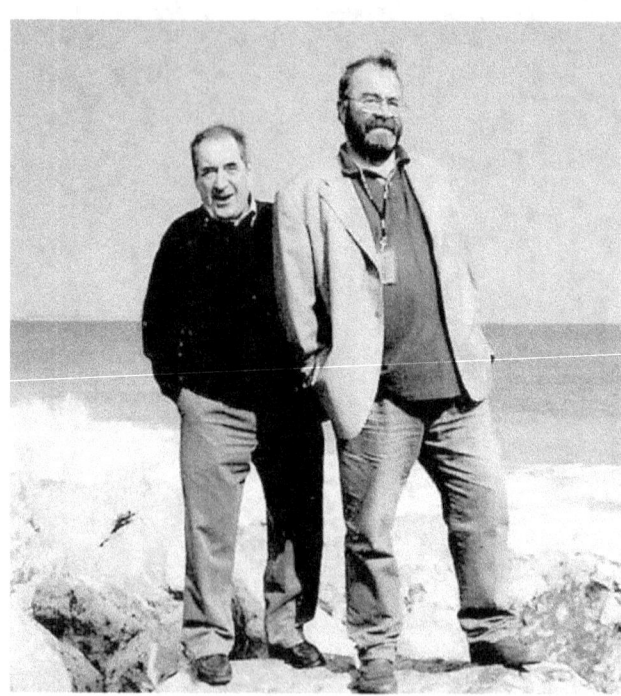

И на Тихом океане... свой продолжили поход – с Андреем Разумовским

Александр Половец

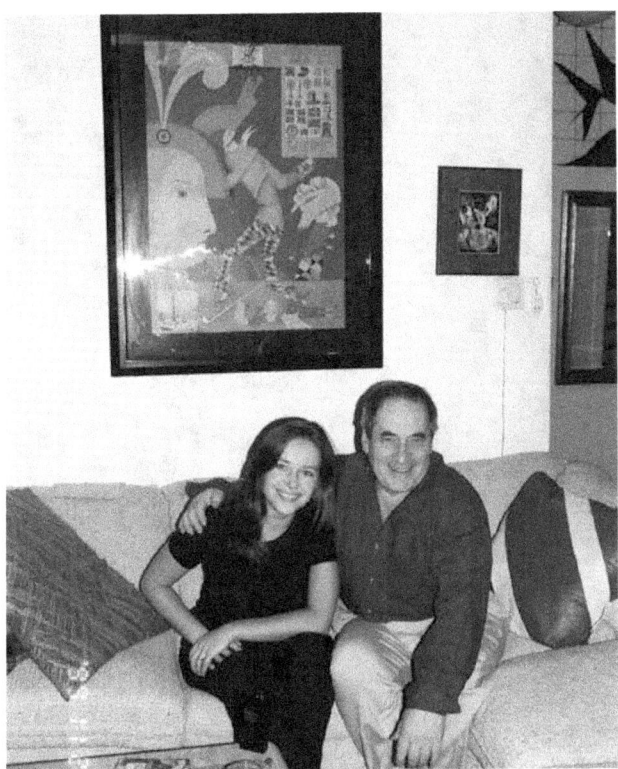

Актриса Екатерина
Редникова
однажды гостила
у автора,
*на нижнем снимке
с ними* актриса
Рая Данилова

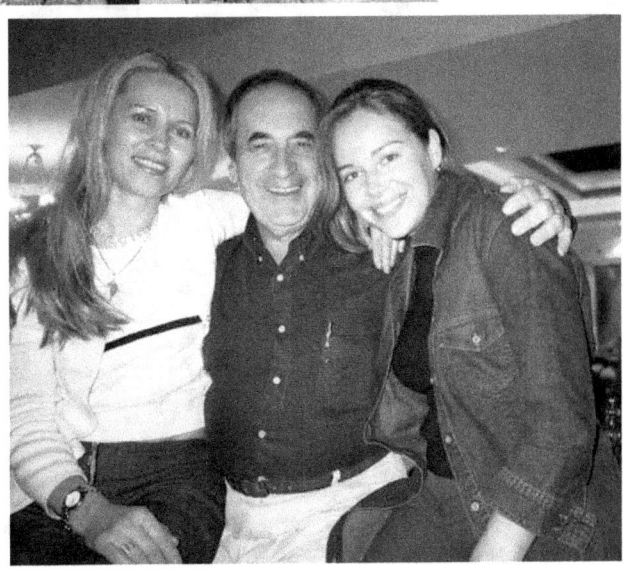

Катя Редникова заглянула в дом автора, когда здесь проживал Е.Евтушенко и, хочется думать, «добра наживал», успешно выступая в северной и южной Калифорнии

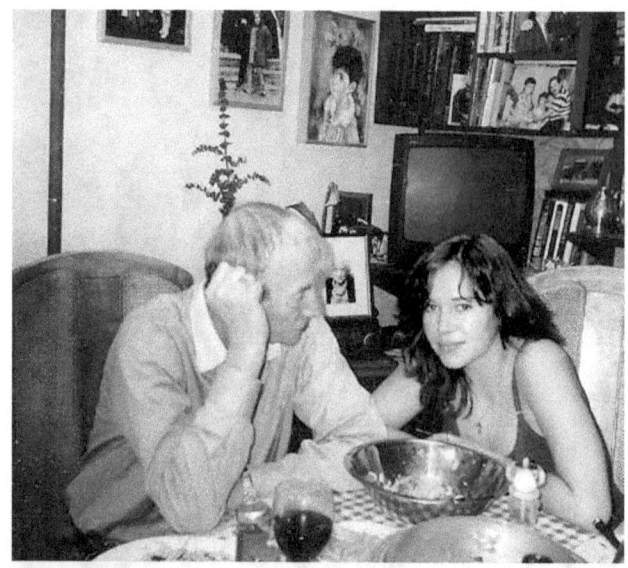

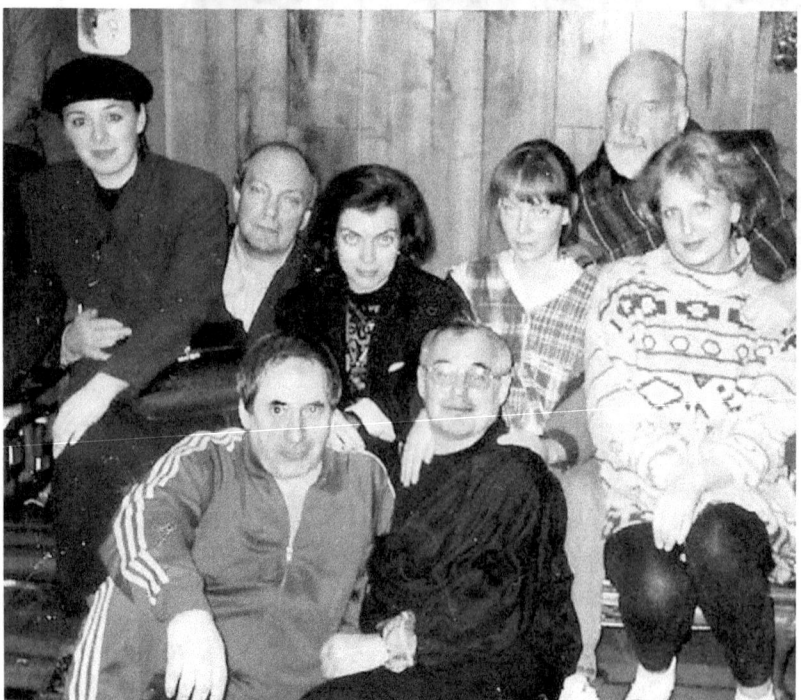

1994. У автора в гостях: Марк Розовский, Татьяна Ревзина, Лана Розовская, Анатолий Гладилин, Ираклий Квирикадзе, Инна Аленикова

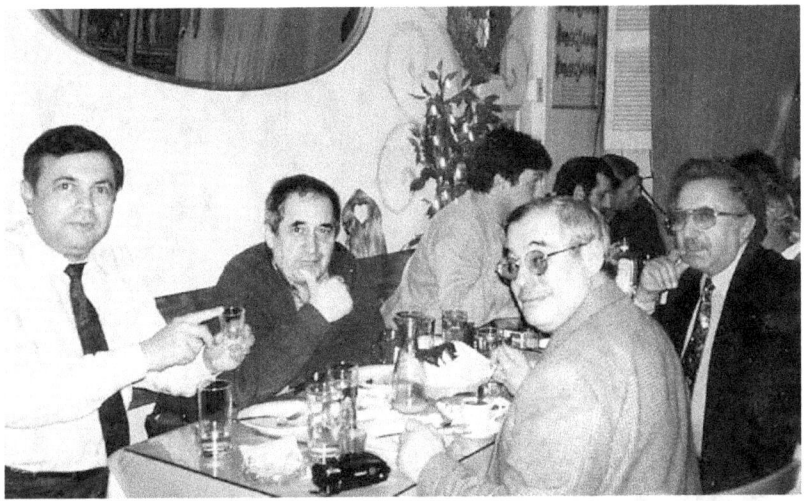

Нью-Йорк, ресторан «Дядя Ваня», конец 90-х. Где, как не здесь, встретиться друзьям: Марк Розовский и шахматный чемпион Лев Альбурт *(крайний слева)*

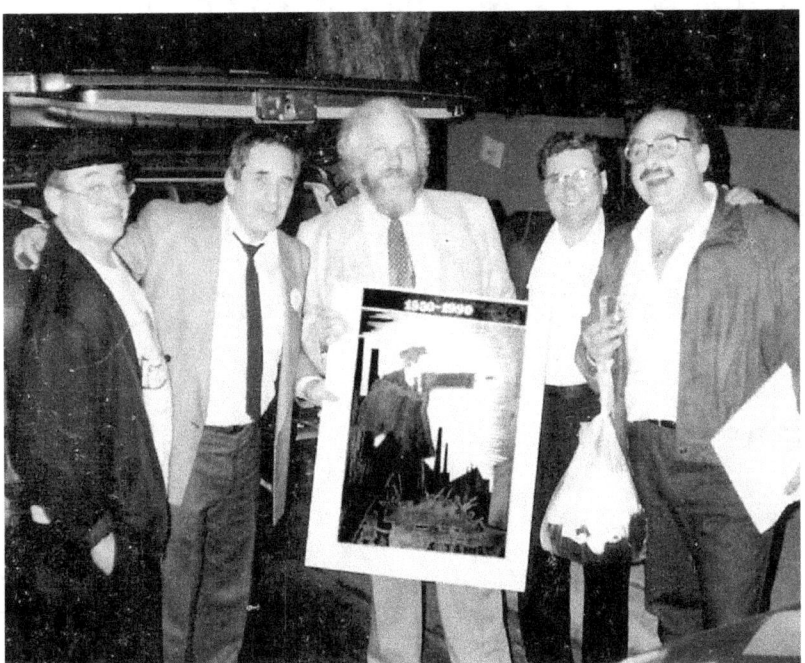

1900. Автор с гостями – участниками празднования десятилетия «Панорамы». М.Розовский, П.Вайль с шуточным плакатом «Редактор Половец ленинским жестом указывает путь – только вперед!»

После праздничного концерта Анна Волох пригласила нас к себе домой и, проведя по анфиладе комнат и залов, надписала гостям свою, недавно изданную на английском языке, кулинарную книгу: с Анной в кадре М.Розовский, И.Суслов, П.Вайль и Б.Сичкин

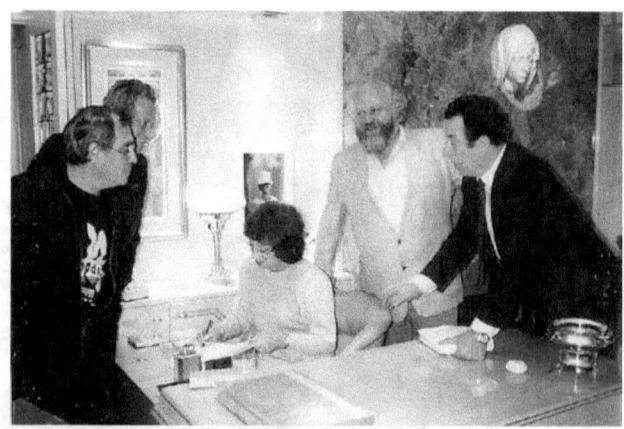

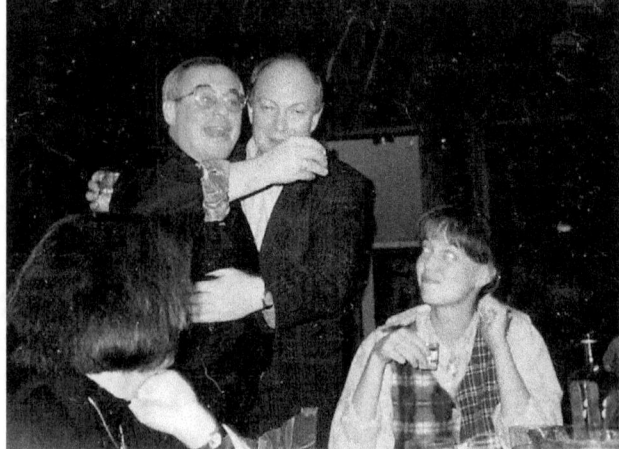

Розовский и Гладилин, «парижский» гость автора, с удовольствием поднимают тост – конечно же, «За дружбу!», с ними солидарна сопровождавшая Марка – как член труппы и супруга – Лана

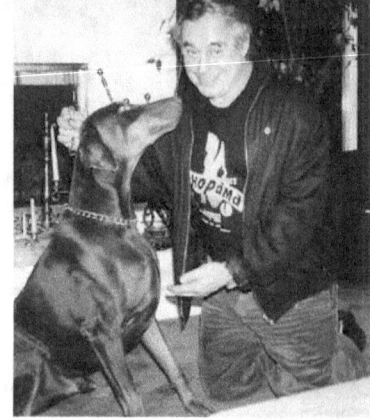

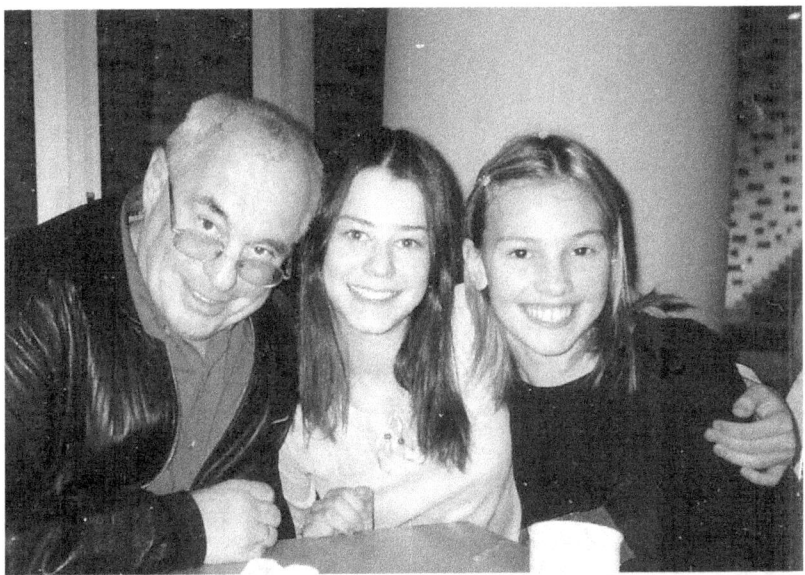

В Москве Розовский познакомил автора с дочкой и её подругой – обе сумели бежать от кавказских террористов из театра «На Дубровке», когда его уже штурмовали омоновцы

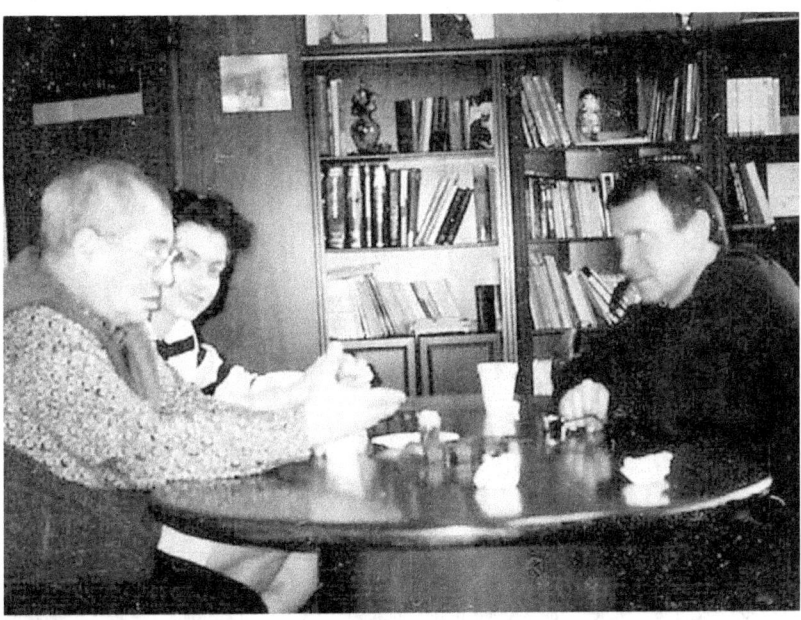

Редакция «Панорамы», 1998. С Кашпировским познакомиться – очень интересно! Кто кого загипнотизирует – Марк его или все же он Марка?..

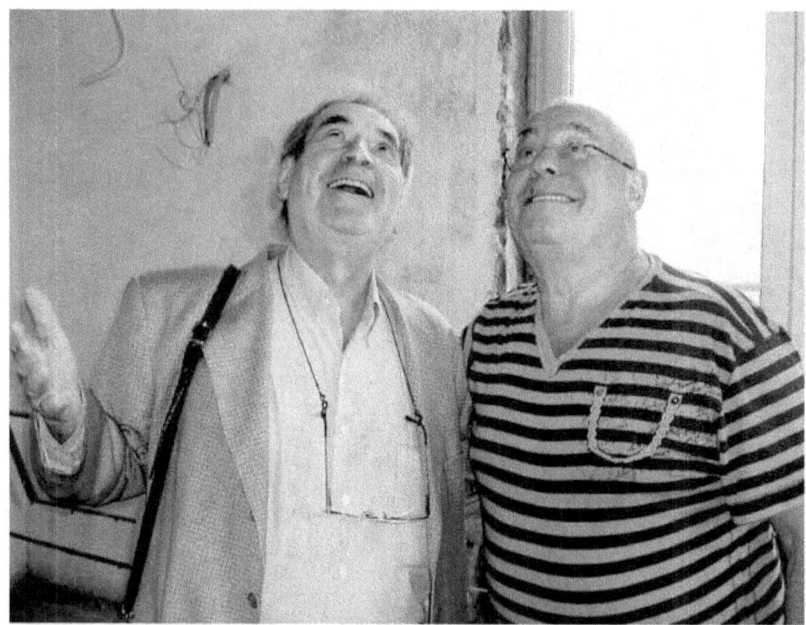

На Никитской, Москва. Марк Розовский рад показать автору новое помещение своего театра, а пока там «выступают» строительные рабочие

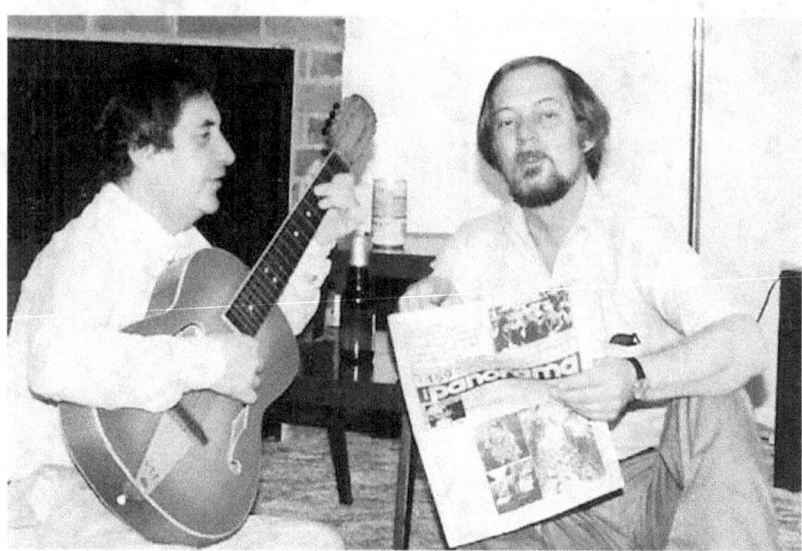

Лос-Анджелес, 1984. Певец, чьи записи продавались в СССР из-под полы, Борис Рубашкин с одним из выпусков «Панорамы» первых лет – он оказался первым, кто заночевал в только что купленной автором квартире

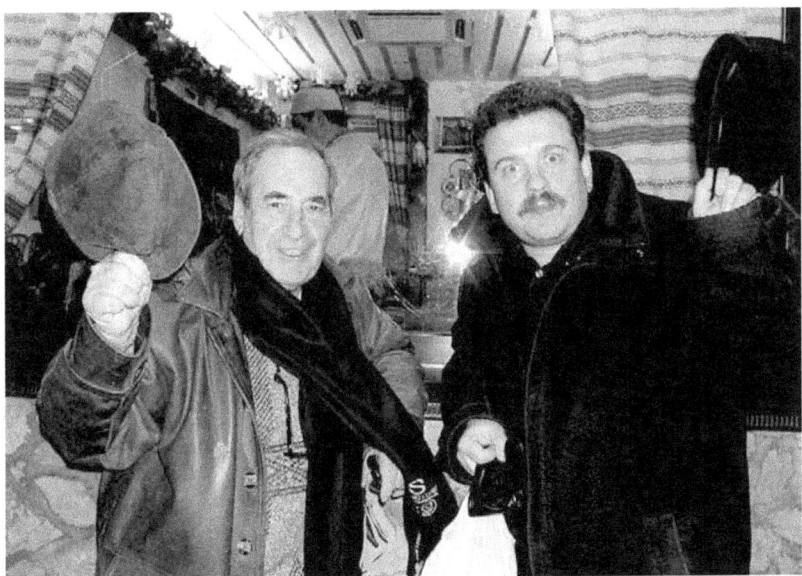

Издательство «ЗебраЕ» специально пригласило известного художника Андрея Рыбакова – это он оформил московское издание «БП. Между прошлым и будущим». Его «перу» принадлежит и обложка книги, используемая в этом издании

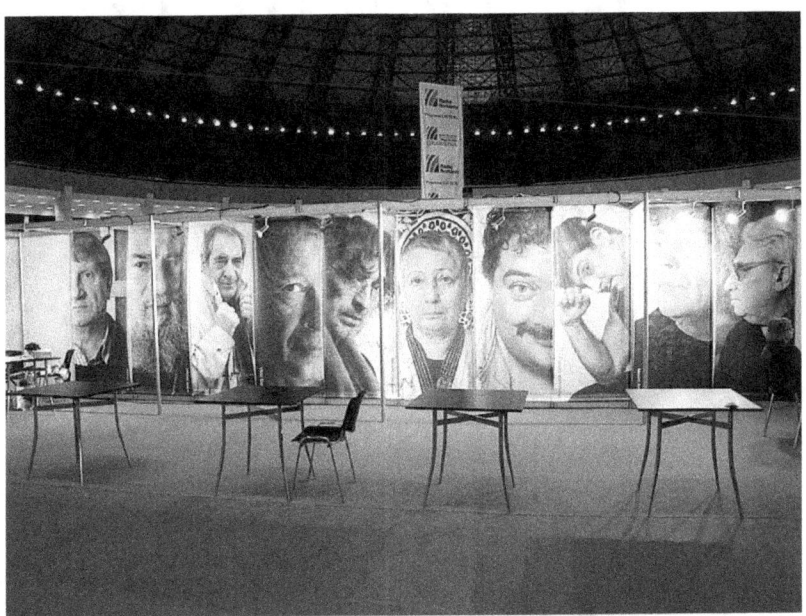

Бухарест, 2012. «Писатели» – выставка портретов работы Андрея Рыбакова

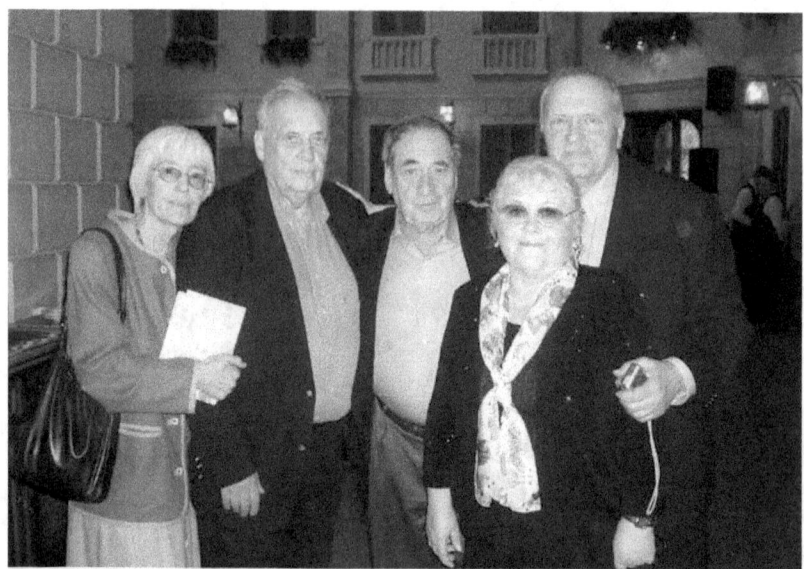

Москва, Старый Арбат. Мы только что праздновали 80-летие писателя Бориса Васильева. *На снимке в фойе ресторана* Эмма Абайдуллина (жена Рязанова), Эльдар Рязанов, автор, Евгений Лазарев с супругой Анной

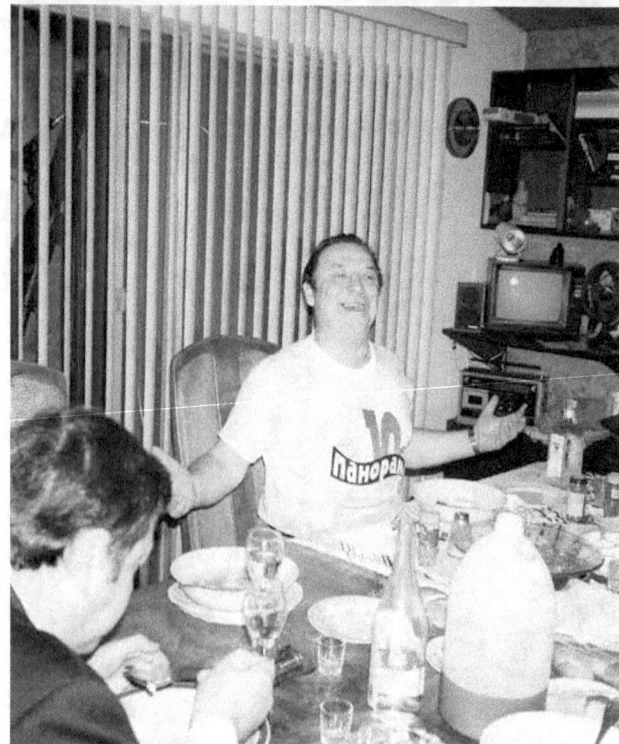

Борис Сичкин – душа компании (не всякой, добавим) – но здесь ему хорошо

Александр Половец

Виктор Шульман *(второй слева)* привёз из Нью-Йорка на гастроли в Калифорнию Жана Татляна и Бориса Сичкина, здесь встретил их автор *(крайний справа)*

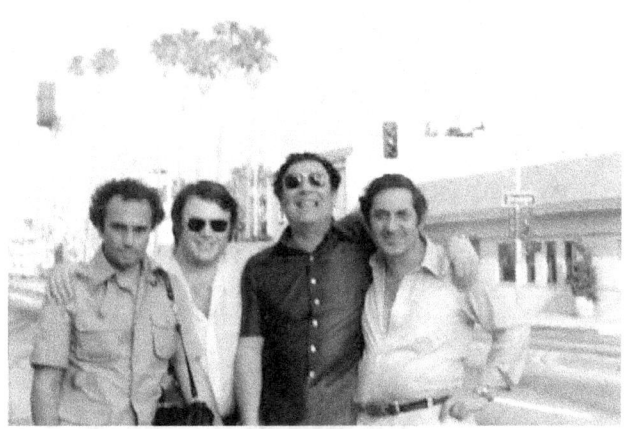

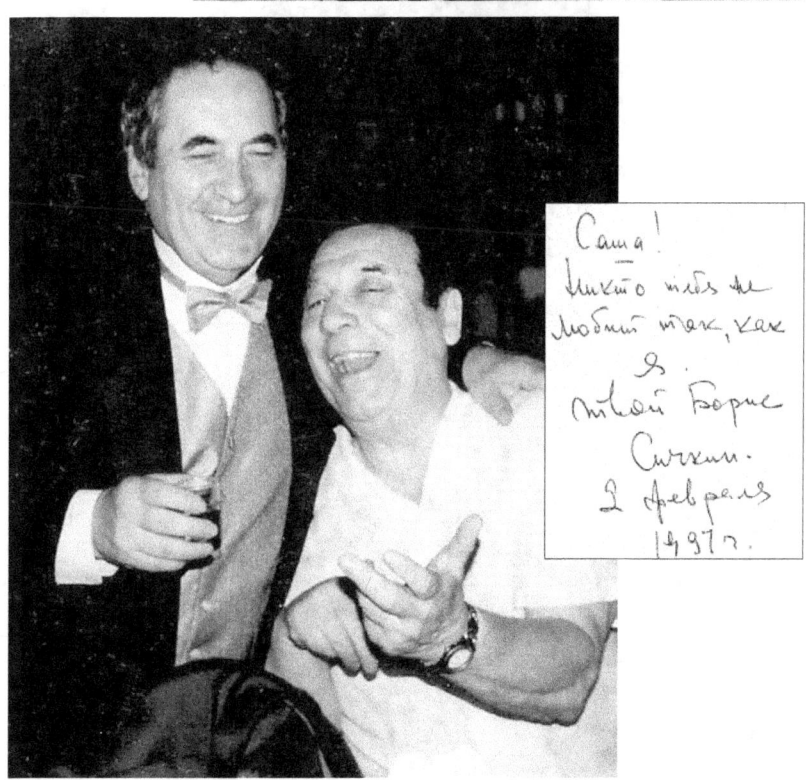

Саша!
Никто тебя не
любит так, как
я.
твой Борис
Сичкин.
2 февраля
1997 г.

Борис Сичкин –
наверное, он был
самый веселый
человек из всех
друзей автора,
самый остроумный

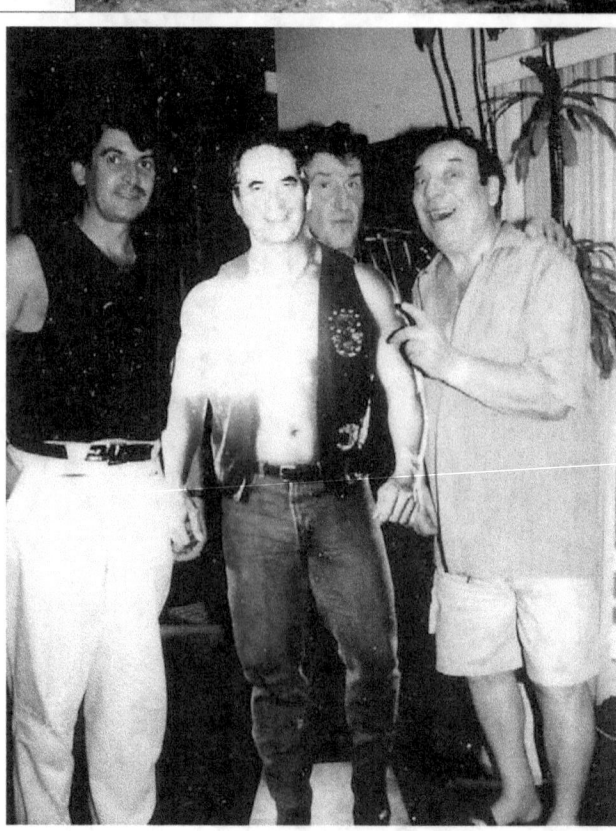

*Лос-Анджелес,
фойе ресторана
«Арбат».*
На празднование
65-летия автора
прилетели:
из Москвы –
Владимир
Вишневский,
из Израиля –
Игорь Губерман,
из Нью-Йорка –
Борис Сичкин

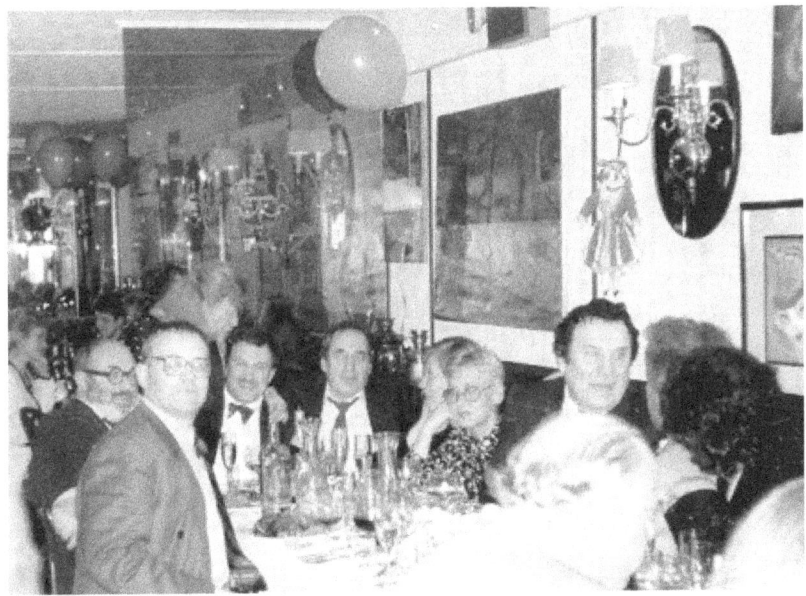

Однажды мы встретили «Старый Новый год» в «Русском самоваре» в компании А.Журбина, Л.Несневича, В. и М.Аксеновых, Б.Сичкина и Э.Баскина

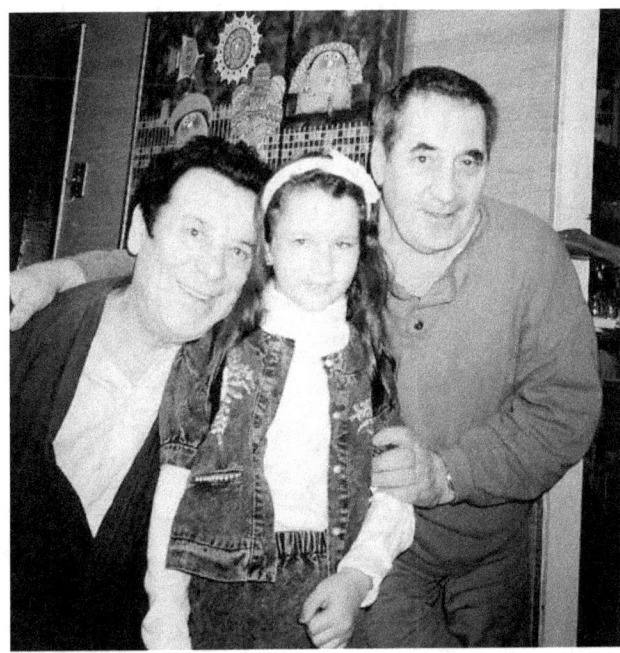

Бася Крамарова после вечера памяти ее папы дома у автора с Б.Сичкиным

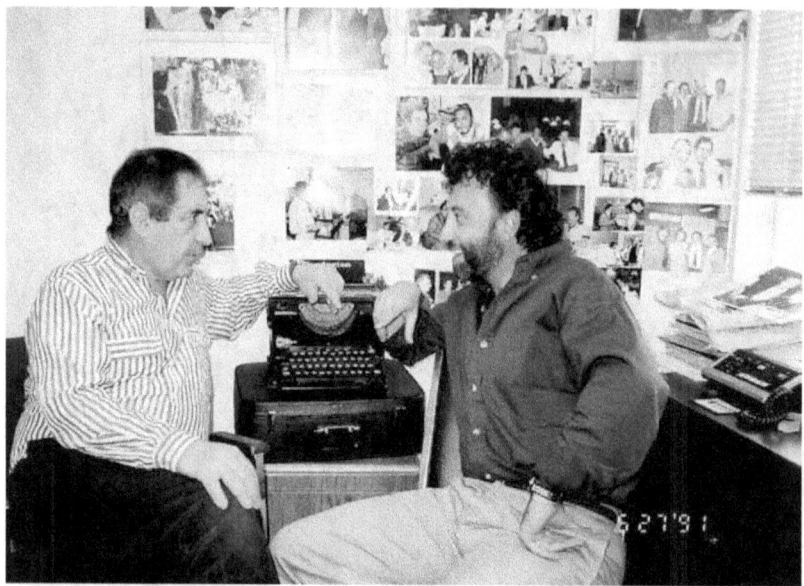

В редакции «Панорамы» Яша Смирнов, бывший одессит – теперь популярный американский комедиант, чьи шутки полюбились президенту Рейгану

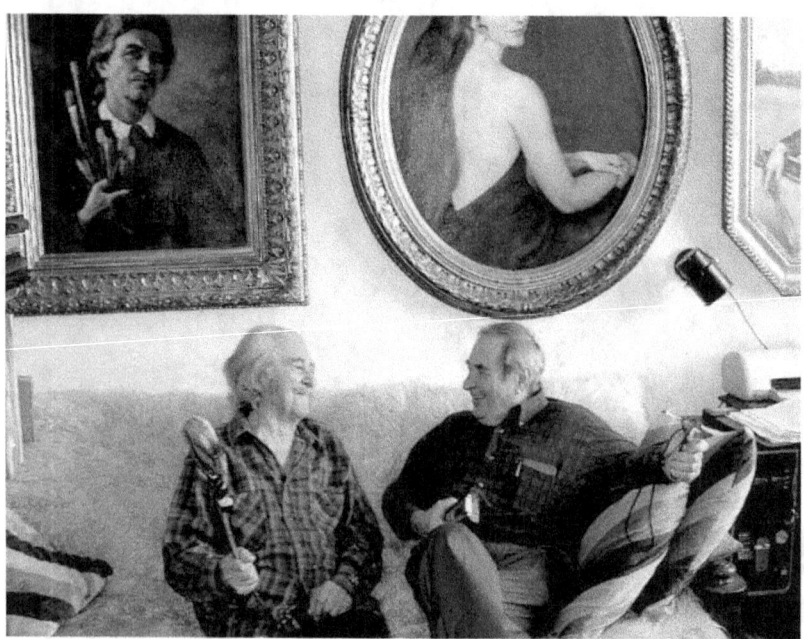

Автор в гостях у художника Леонида Стиля

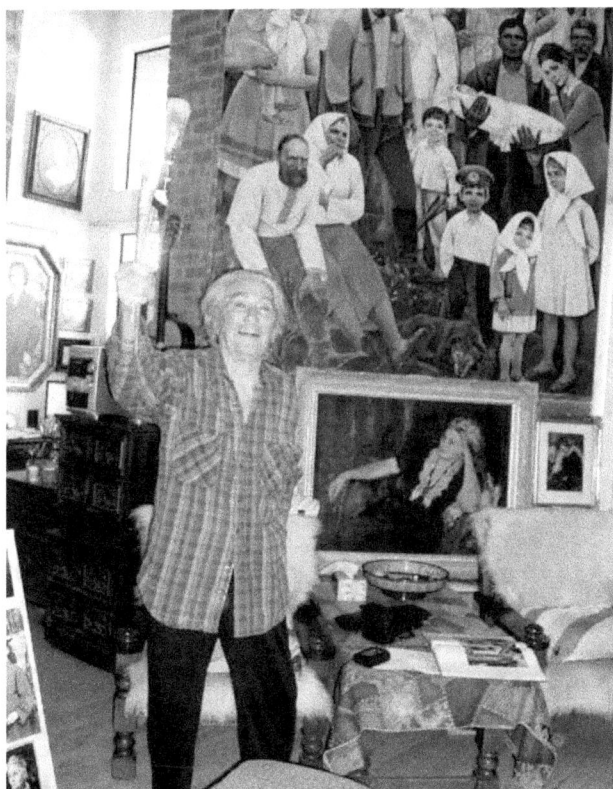

Художник Леонид
Стиль сам позирует
перед обективом
фотокамеры,
кажется, у него
получается не хуже,
чем у его моделей

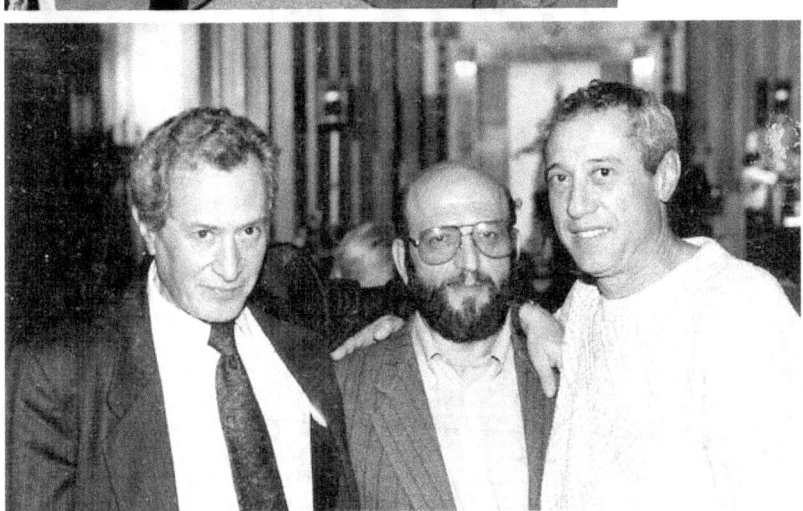

Михаил Суслов *(справа)* в компании с братом Ильей и художником Львом Морозом

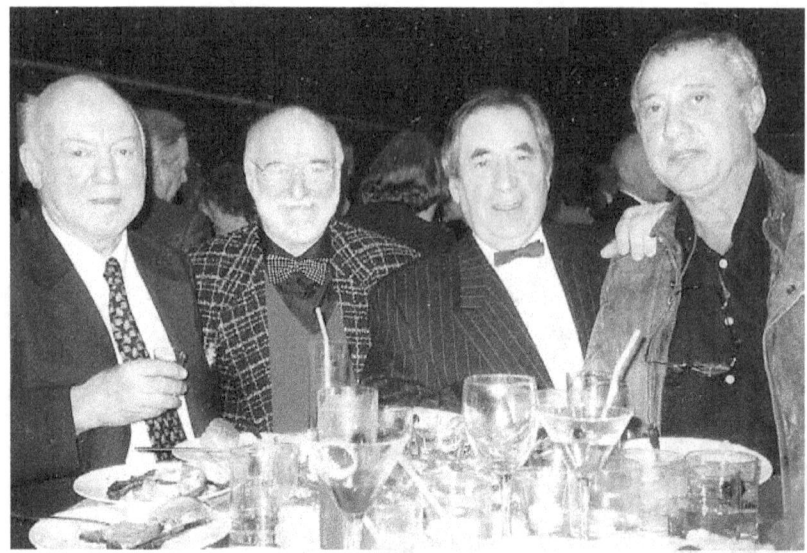

Мосфильм. Здесь состоялась первая церемония вручения кинопризa «Золотой Орел» под предводительством Никиты Михалкова. *На снимке:* Борис Мессерер, театральный художник Борис Бланк, автор и Миша Суслов

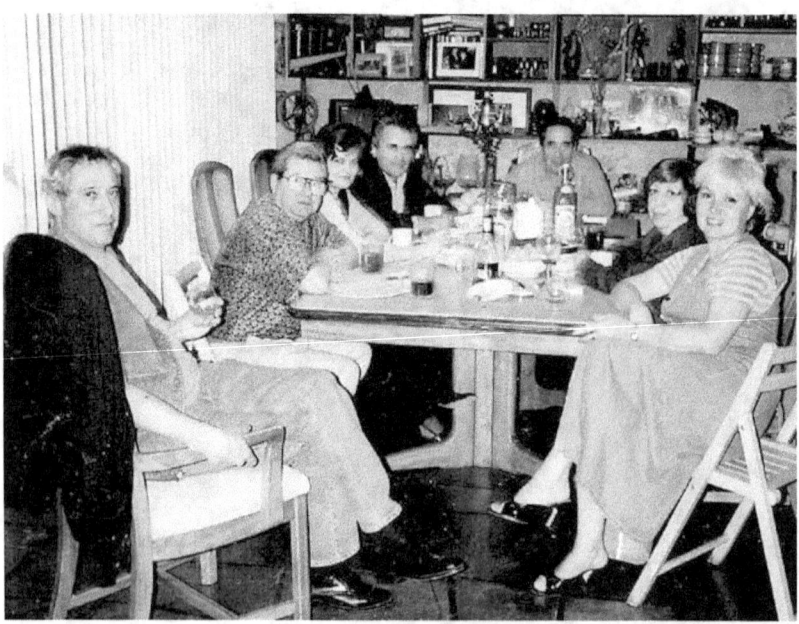

«Русский Голливуд». У автора собрались друзья-киношники: Миша и Ира Сусловы *(она – вторая справа)*, Алекс и Нина *(крайняя справа)* Борисовы, Эдуард и Марина Акоповы

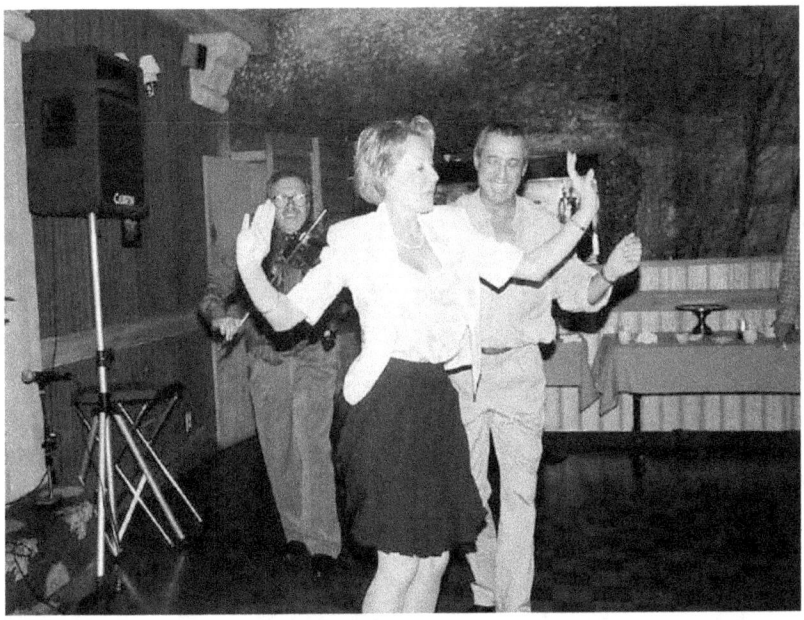

Миша Суслов не только известный кинооператор, но и умелый танцор, что он и продемонстрировал в танце с гостьей Лос-Анджелеса актрисой Ларисой Удовиченко

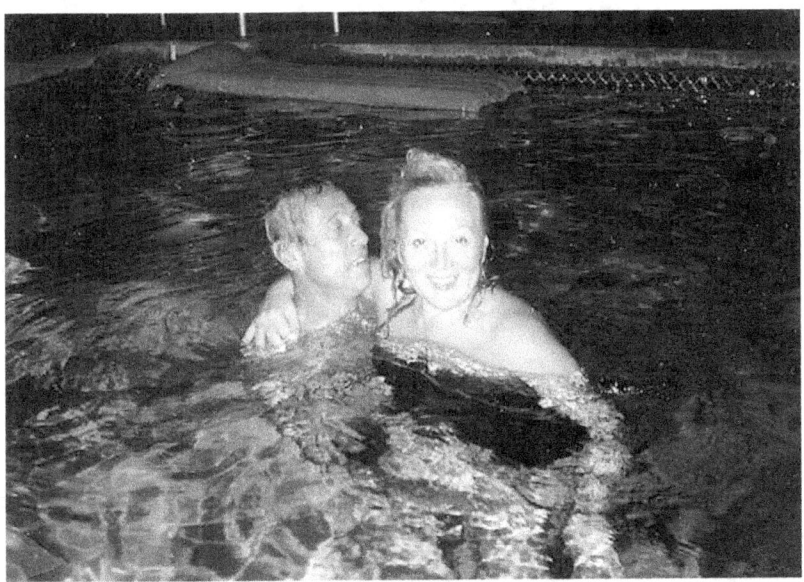

А еще он искусный пловец – актрисе и режиссеру Надежде Репиной, гостящей у автора в Лос-Анджелесе, оставалось в это поверить...

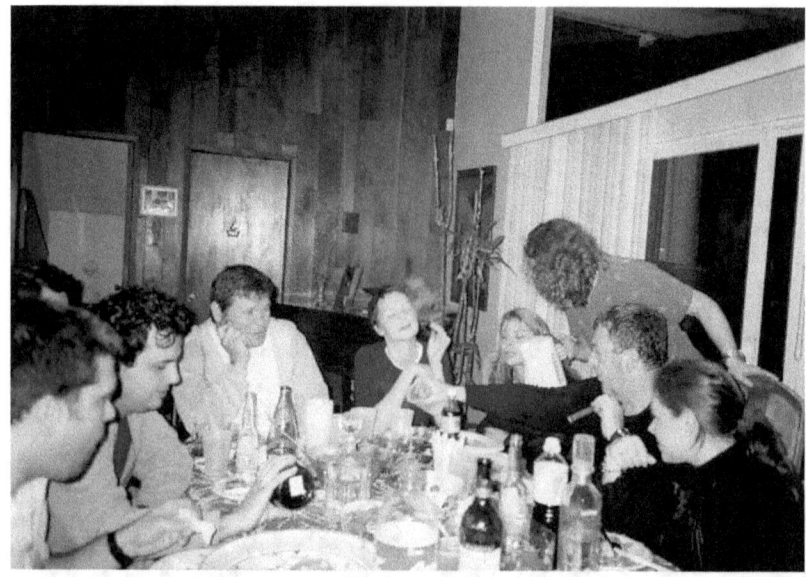

Актер Олег Тактаров *(третий слева)* – в Голливуде все называли его «Русский медведь», *справа* Павел Лунгин, *перед ним* – кинопродюссер Алена Баранова

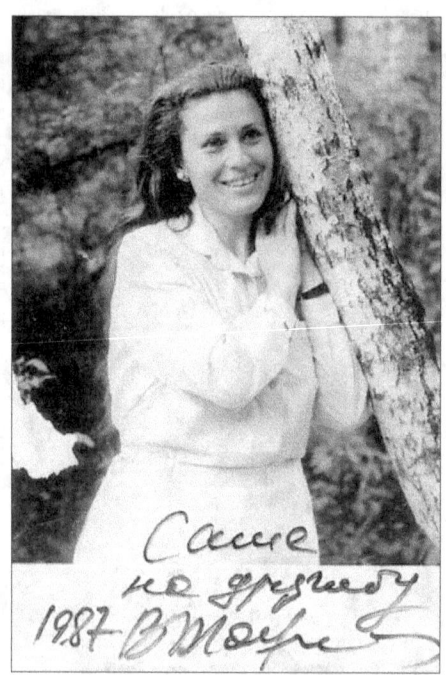

Дружба автора
с Валентиной
Толкуновой
оказалась совсем
недолгой –
в Калифорнии она
бывала нечасто...
а потом её не стало

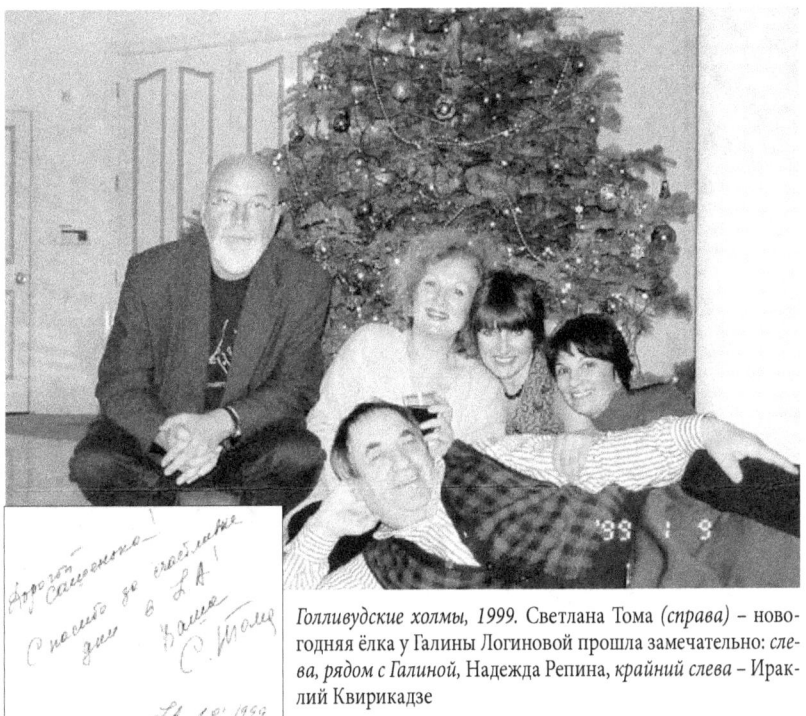

Голливудские холмы, 1999. Светлана Тома *(справа)* – новогодняя ёлка у Галины Логиновой прошла замечательно: *слева, рядом с Галиной,* Надежда Репина, *крайний слева –* Ираклий Квирикадзе

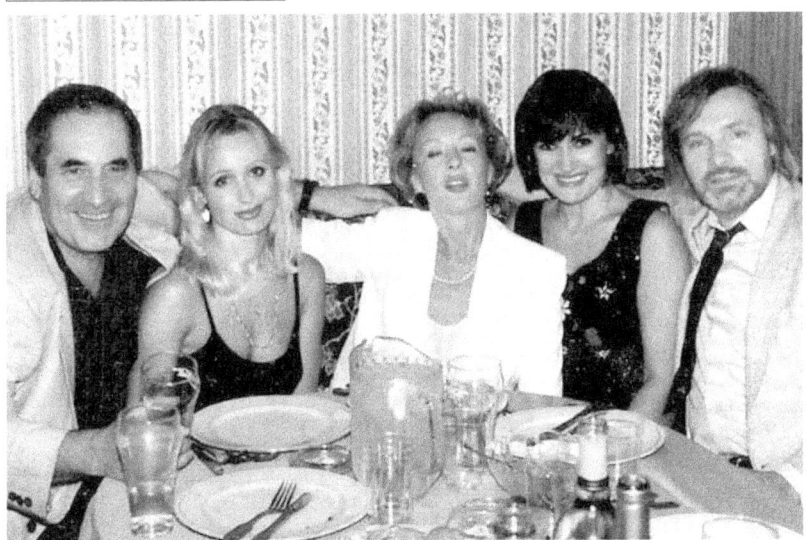

После кинофестиваля в Лос-Анджелесе. *В центре –* Лариса Удовиченко и ее дочь, *справа –* Галина Логинова и Олег Видов

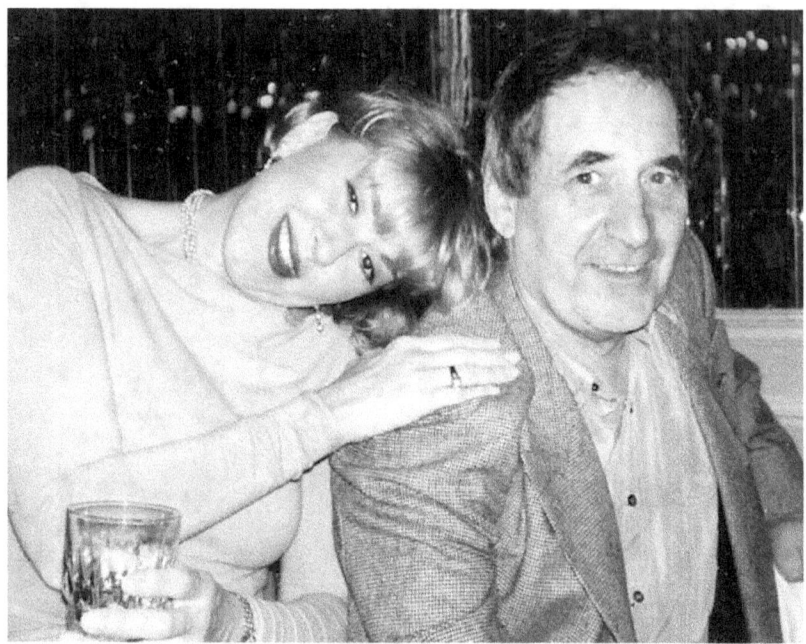

Лос-Анджелес, 1990. Люба Успенская – она уже звезда русской эмиграции, а скоро станет популярной и на российской эстраде

Скульптор
Георгий Франгулян
на открытии
памятника
Окуджаве,
установленного
на Старом Арбате
в Москве (это его
работа) позирует
с только что пода-
реной ему автором
книгой «Булат»

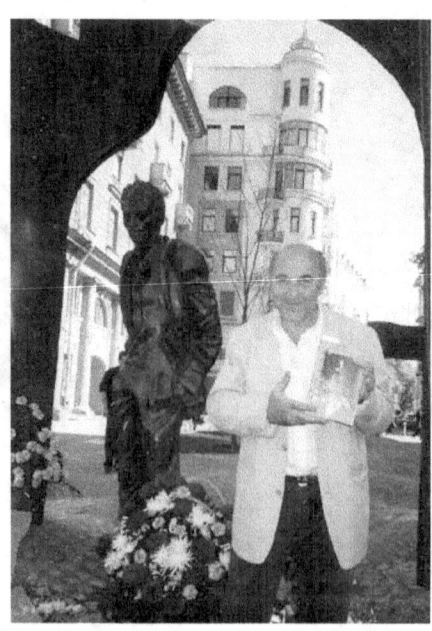

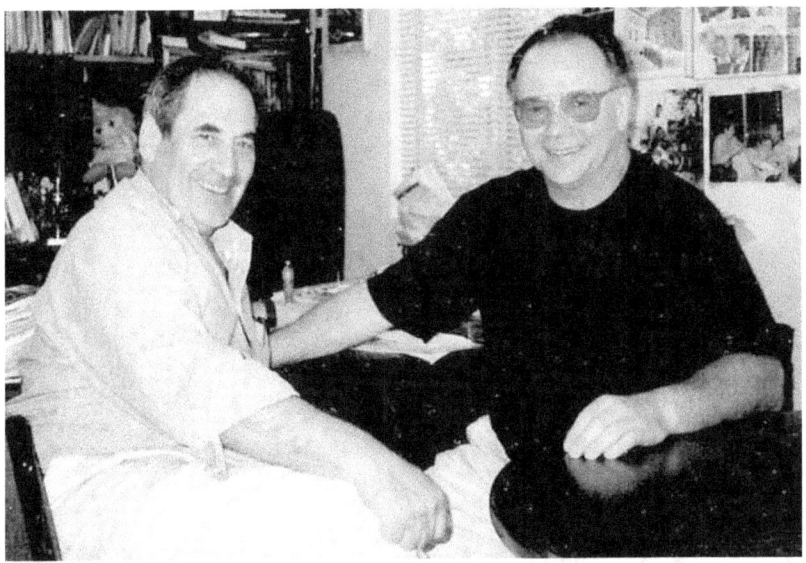

У автора гостит Леонид Хейфец. Недавно в Москве режиссер пережил экстремальные ситуации в театре Советской Армии – а здесь он отдыхает

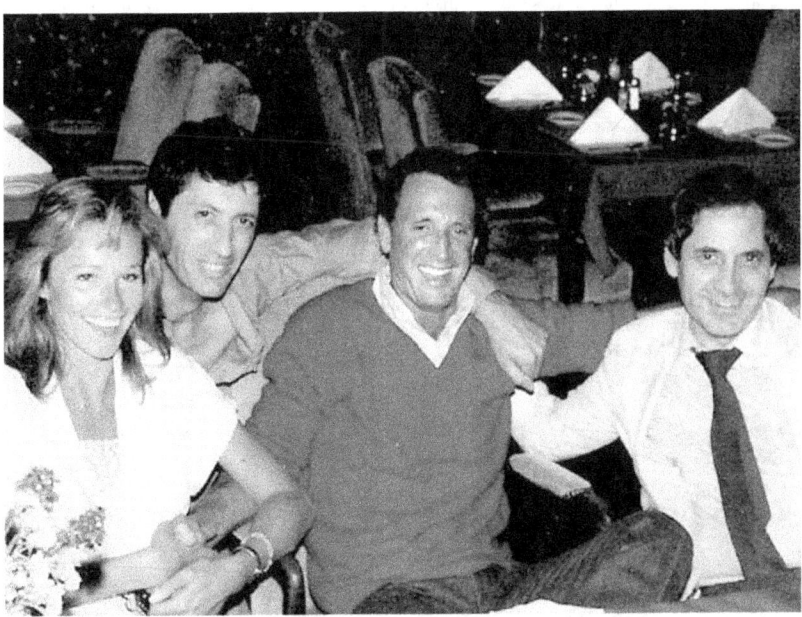

Лос-Анджелес, 1985. После съемок фильма «Космическая Одиссея 2010» Рой Шайдер не против расслабиться в русском ресторане, *слева от него* артист Олег Рудник, тоже игравший в этом фильме, *справа* – автор

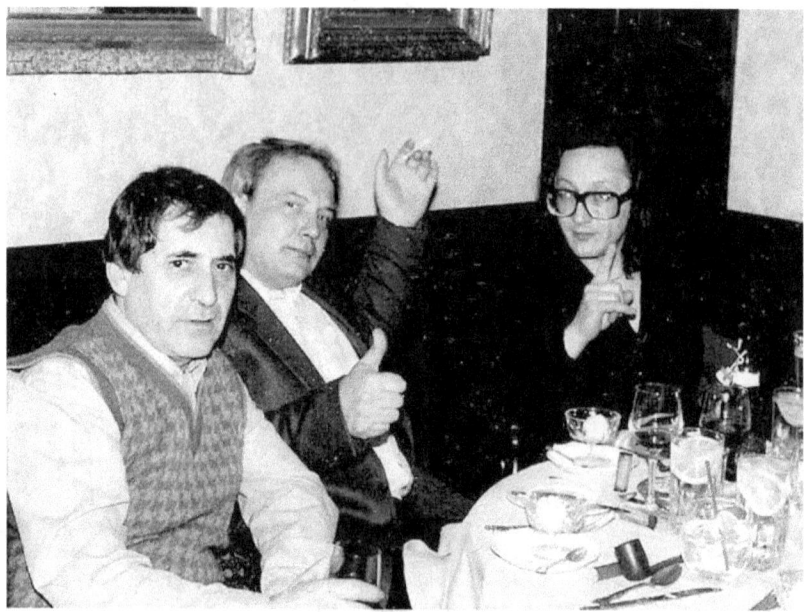

Середина 80-х. Владимир Буковский и Михаил Шемякин полагают – в Беверли-Хиллз жить можно! Соответственно, автор с ними согласен. Здесь при отеле очень недурной ресторан, предлагающий русско-французскую кухню

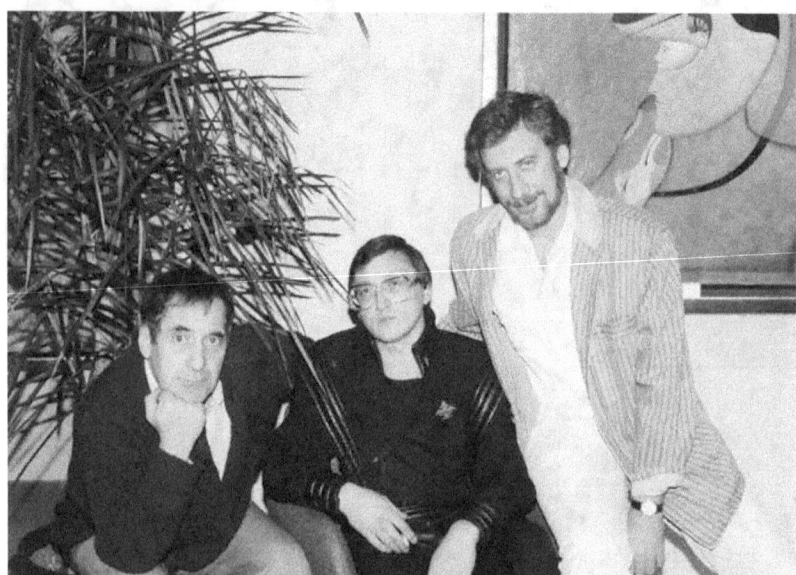

В галерее Сергея Сорокко: Михаил Шемякин *(в центре), слева –* автор, *справа –* Э.Баскин

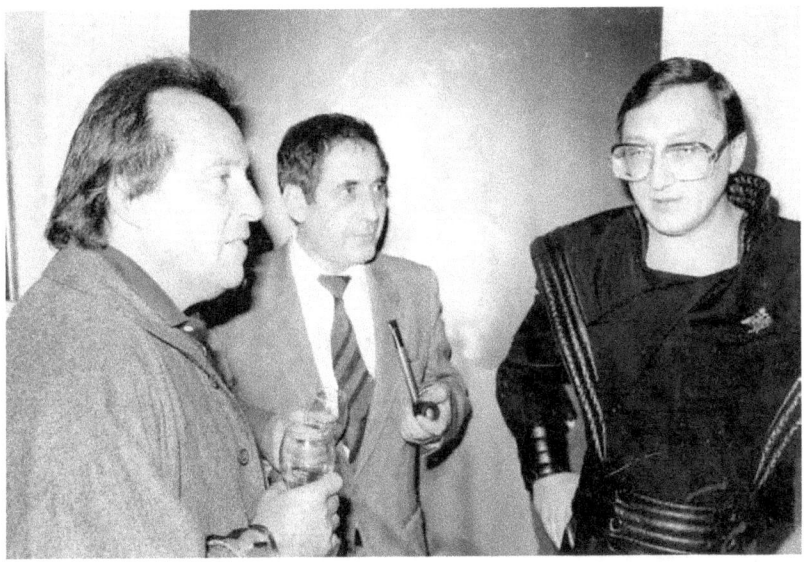

Михаил Шемякин в беседе с режиссером Полом Мазурским («Москва на Гудзоне» и множество других успешных фильмов) и автором

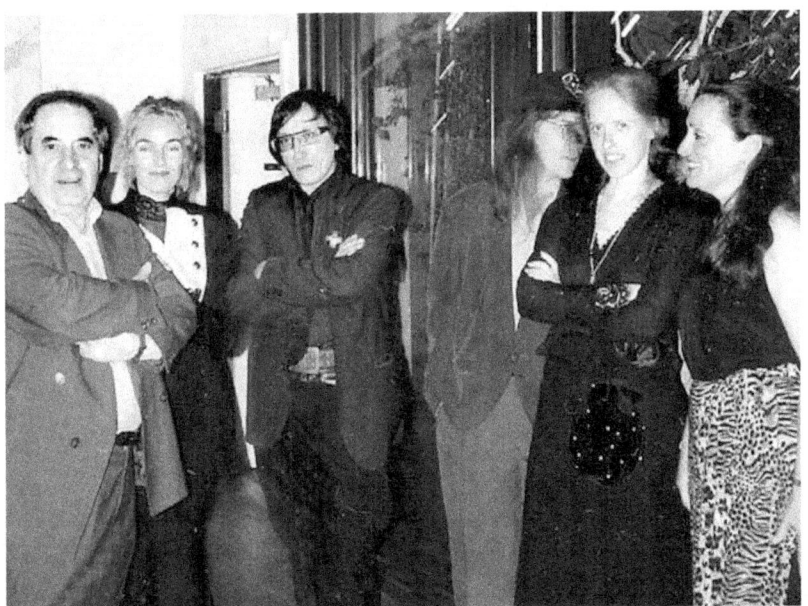

Галерея в Беверли-Хиллз, середина 90-х. Здесь проходит выставка-продажа картин Михаила Шемякина *(он – в центре). Между художником и автором* – актриса Наталья Андрейченко. *Справа* – Сара, жена Шемякина, *крайняя справа* – Наталья, вдова Савелия Крамарова

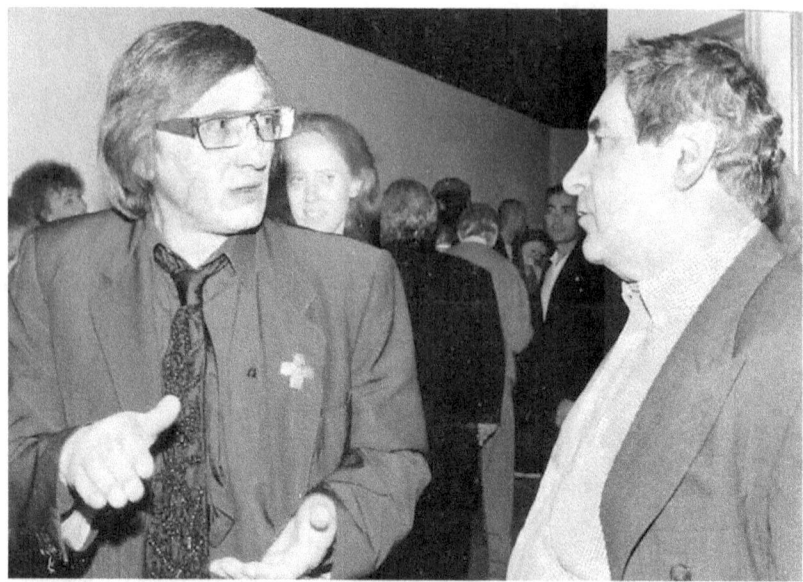

Галерея в Беверли-Хиллз. В фойе выставки-продажи М.Шемякин делится с автором «секретами успешного творчества»

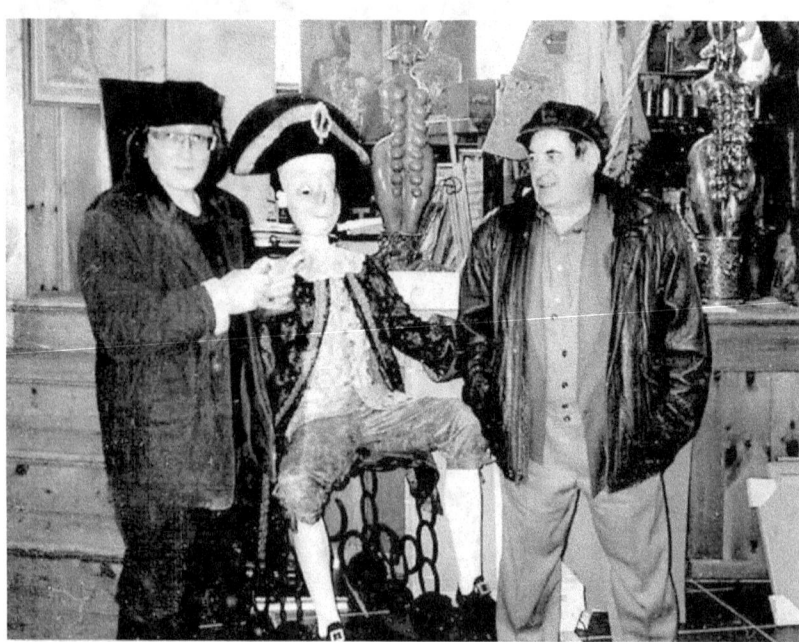

2000. В мастерской у Михаила Шемякина

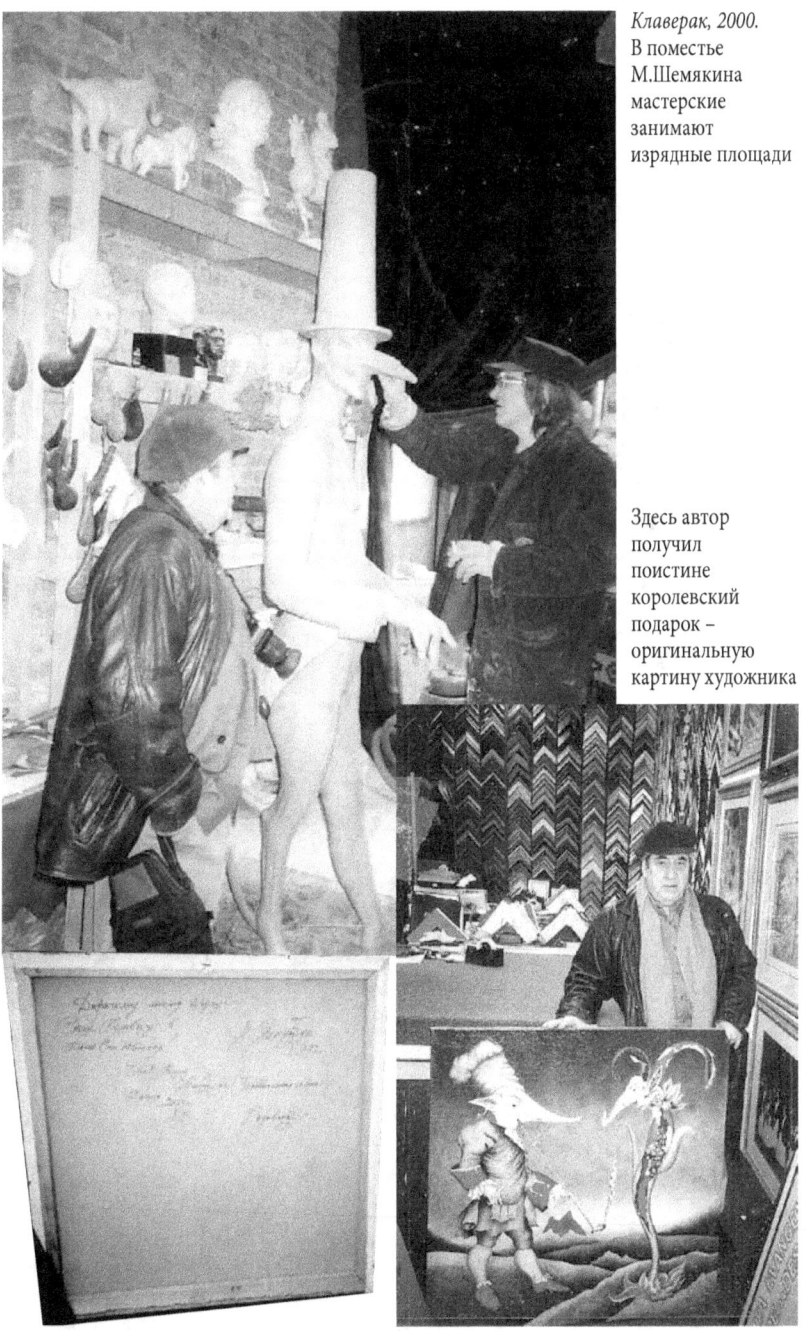

Клаверак, 2000.
В поместье
М.Шемякина
мастерские
занимают
изрядные площади

Здесь автор
получил
поистине
королевский
подарок –
оригинальную
картину художника

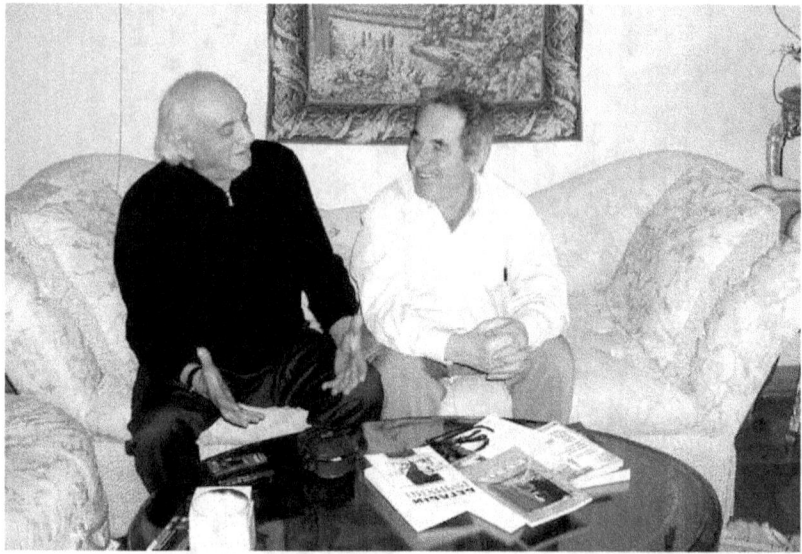

Лос-Анджелес. В прошлом Даниил Шиндарев – один из ведущих скрипачей оркестра Большого театра. Он и после эмиграции остается успешным, играя в оркестрах голливудских киностудий, нередко концертируя в городах США и Европы. Автор в гостях у Дани, как называют его друзья, не с пустыми руками – он дарит ему свои книги

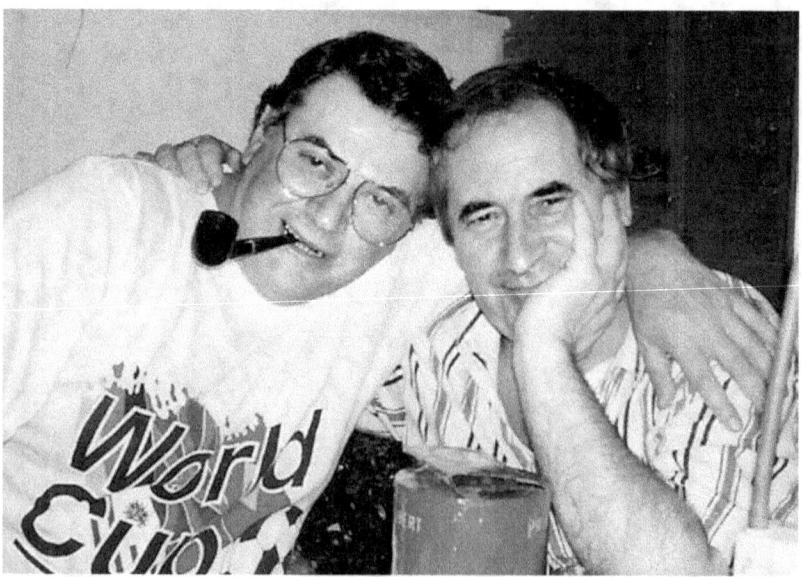

Лос-Анджелес, во дворе дома у автора, 1995. Александру Ширвиндту только что вручена курительная трубка Сергея Довлатова – юбилейная дата Шуры пришлась на его приезд в США

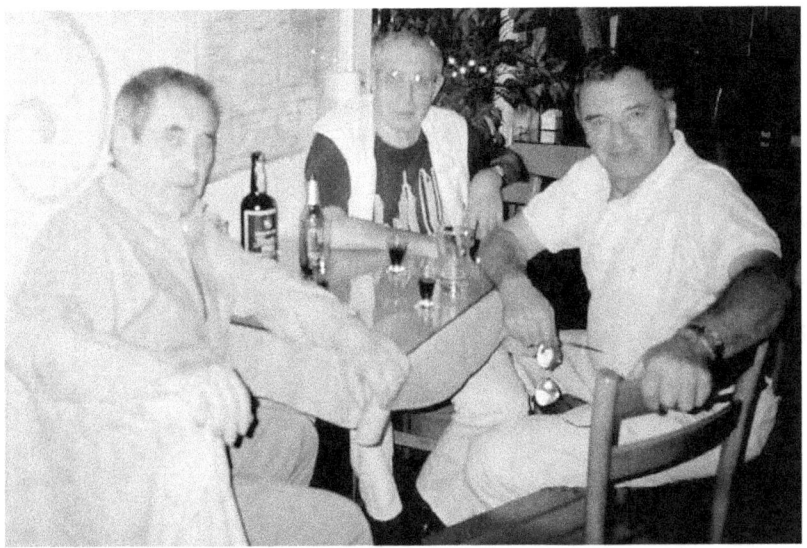

В ресторане «Дядя Ваня» в Нью-Йорке: места встречи с кинооператором Романом Карменом (справа) и фотографом Львом Максимовым - лучше не придумать...

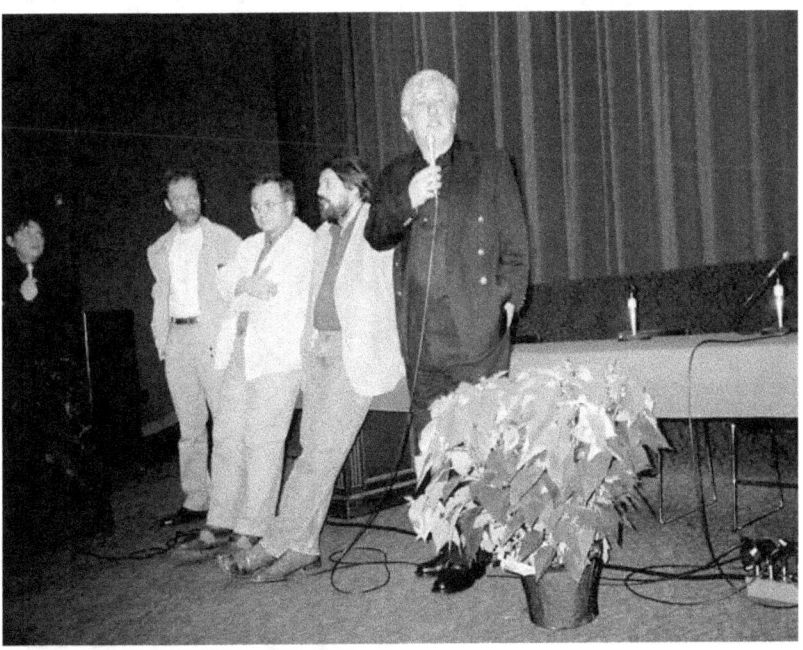

Кинодокументалисты из Минска рассказывают о непростых обстоятельствах их работы и, вообще, о реалях жизни в современной Белоруссии

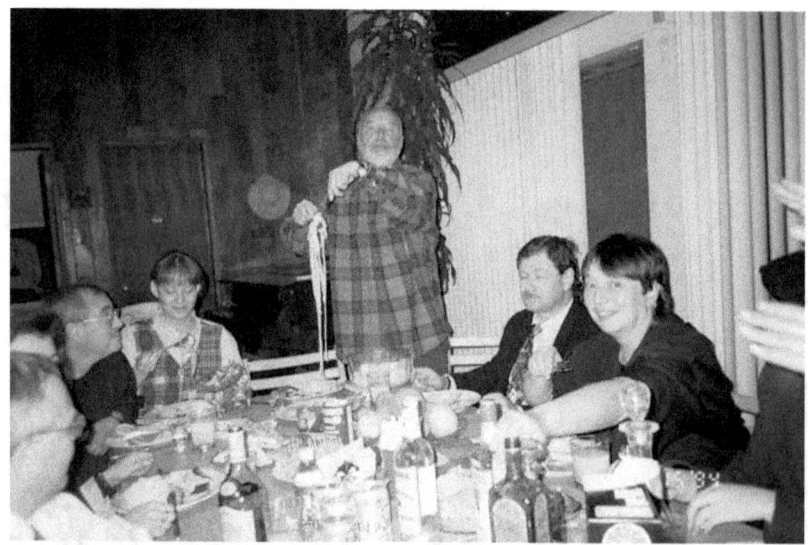

И, в заключение раздела, еще один памятный кадр. Марк Розовский, гастролируя в Лос-Анджелесе с артистами из труппы театра «У Никитских ворот», навестил дом автора. В эти дни здесь гостил Ираклий Квирикадзе, что оказалось очень кстати – за столом он не скупится на замечательные тосты

Александр Половец

КОРОЛИ
И КАПУСТА

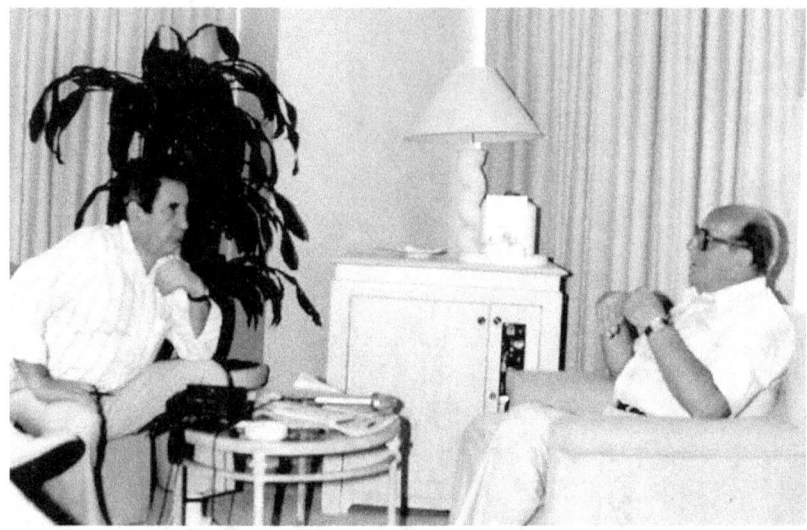

Георгий Арбатов сомневается в итогах перестройки: «Прихватизация на пользу кому-то, но только не простым людям»

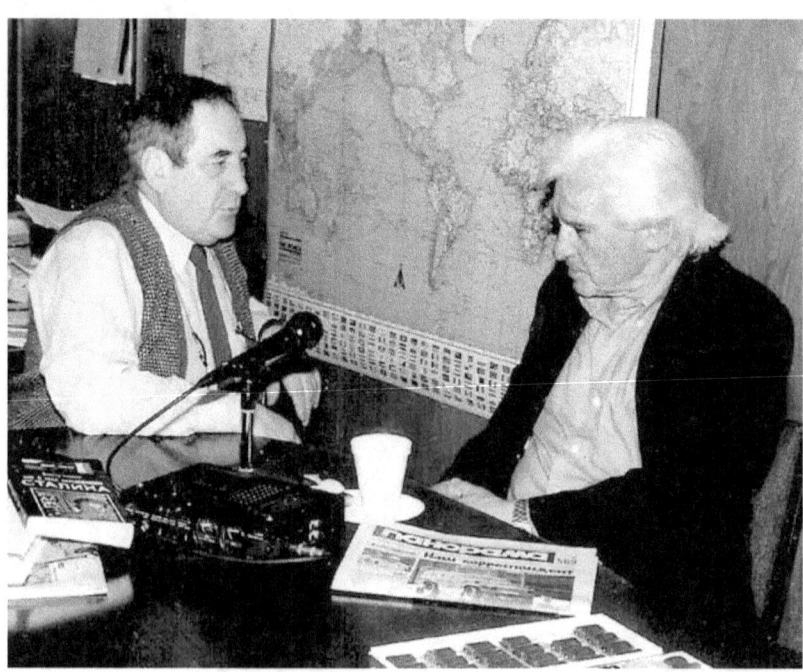

Валентин Бережков – он был переводчиком у Молотова на переговорах с Риббентропом, а потом и у самого Сталина на переговорах с Черчиллем и Рузвельтом

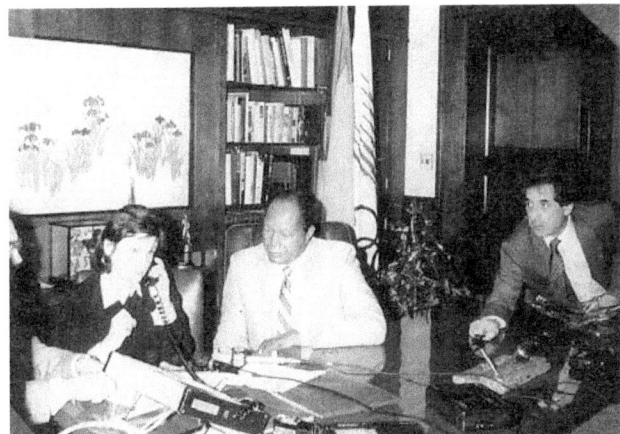

Мэр Лос-Анджелеса Том Брэдли звонит из своего офиса отказникам в Советский Союз, автор пытается сохранить каждое слово беседы в магнитофонной записи, теперь ее текст станет достоянием читателей «Панорамы»

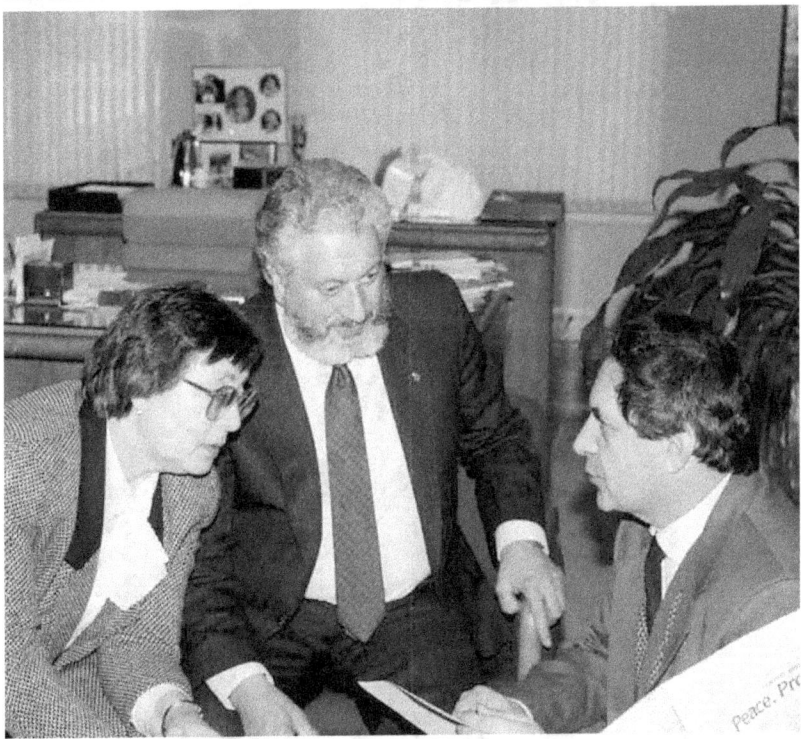

Владимир Слепак с супругой – «отказники» с многолетним стажем. Мэр Лос-Анджелеса Том Брэдли пытался и им дозвониться, чтобы выразить свою поддержку и тем показать советским властям, что Америка помнит обо всех, кто стремится покинуть СССР. Автор познакомился со Слепаками в доме Сая Фумкина, возглавлявшего Калифорнийский Комитет в защиту советских евреев

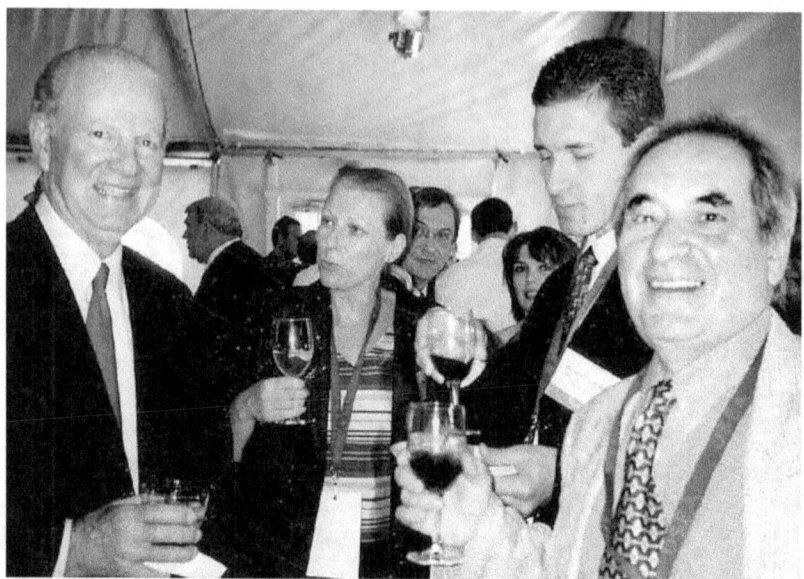

2000. Отчего не принять по коктейлю с Джеймсом Беккером – он только что оставил пост Госсекретаря США

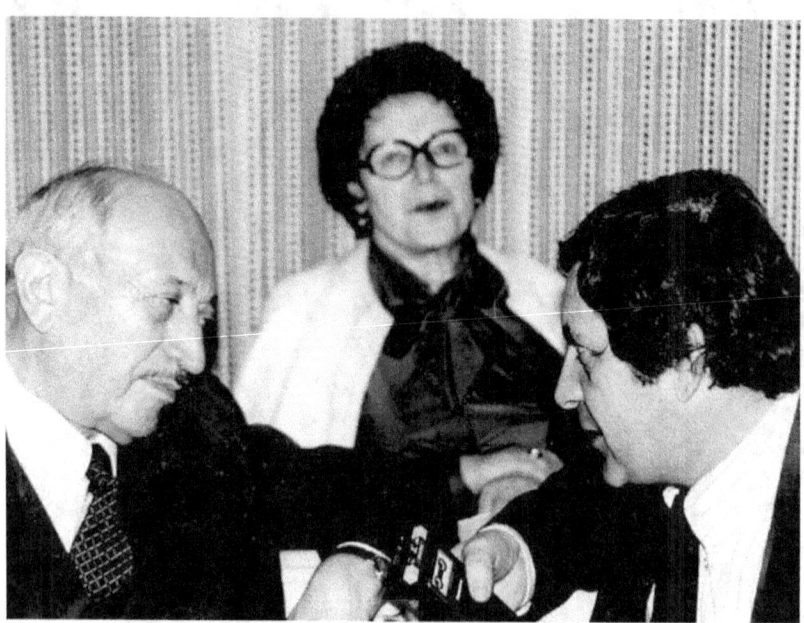

Конец 80-х. Симон Визенталь рассказывает о перипетиях охоты за нацистскими преступниками – скоро его рассказ станет достоянием читателей «Панорамы»

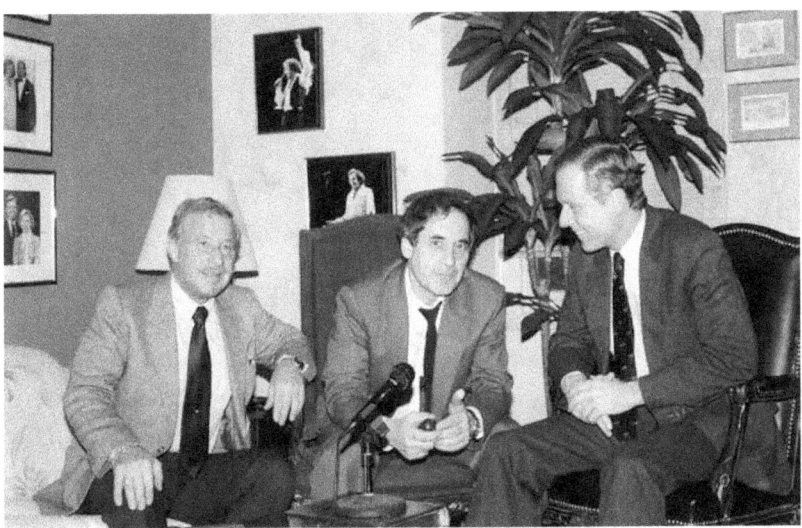

Пит Уилсон, пока член Сената США, он рассказал редактору «Панорамы» и её обозревателю Фрумкину о своих планах баллотироваться на пост губернатора Калифорнии. Вскоре он и занял этот пост, победив на выборах соперников из Демократической партии. Может, в этой победе была скромная доля и нашей редакции, помещавшей агитационные материалы в пользу республиканца Пита Уилсона

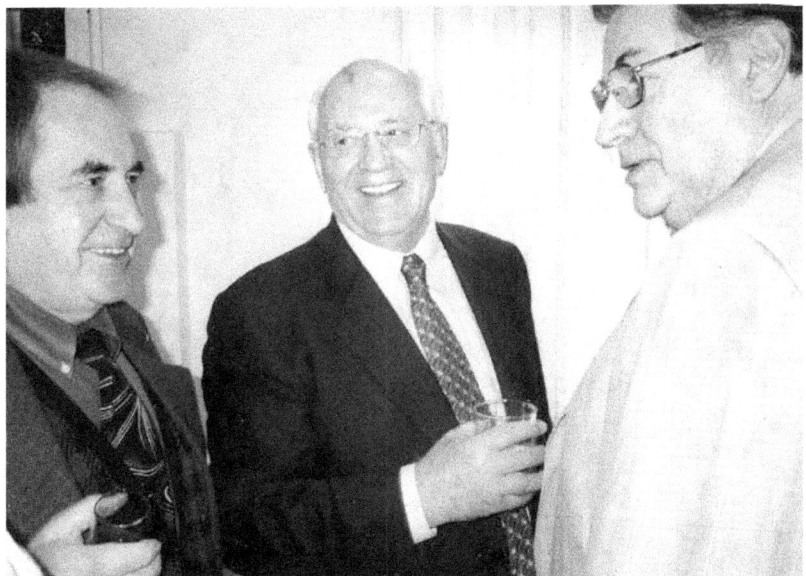

Обращаюсь к Горбачеву и Ширвиндту: «Михаил Сергеевич, Шура, этот – самый свежий анекдот из Америки!..»

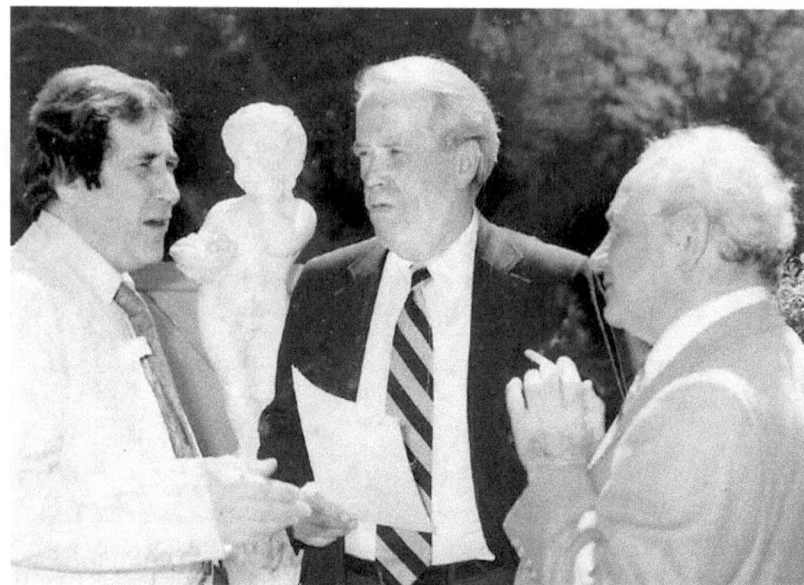

Лос-Анджелес, начало 80-х. Конгрессмен Генри «Скуп» Джексон *(в центре)* – автор поправки к законодательству США, требующей свободу выезда из СССР, на встрече с советскими эмигрантами

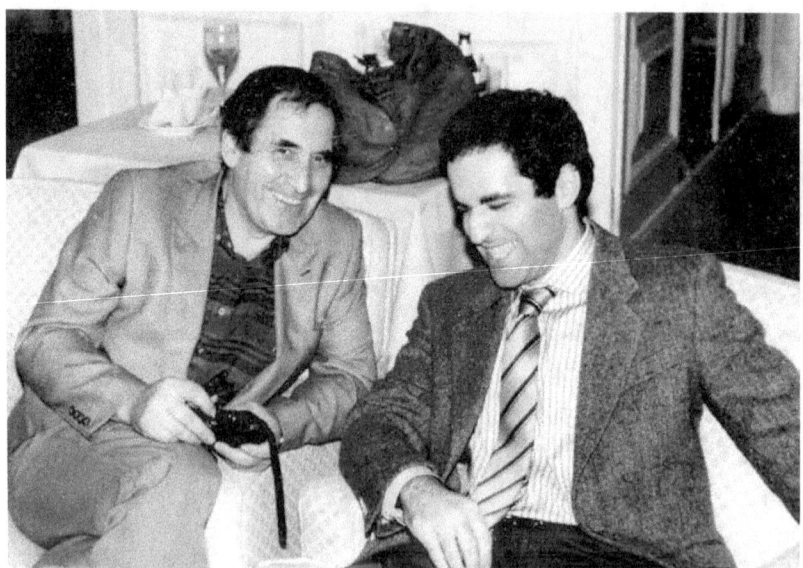

1989. А Гарри Каспаров не может быть назначен или уволен – он король шахмат и всегда им остается

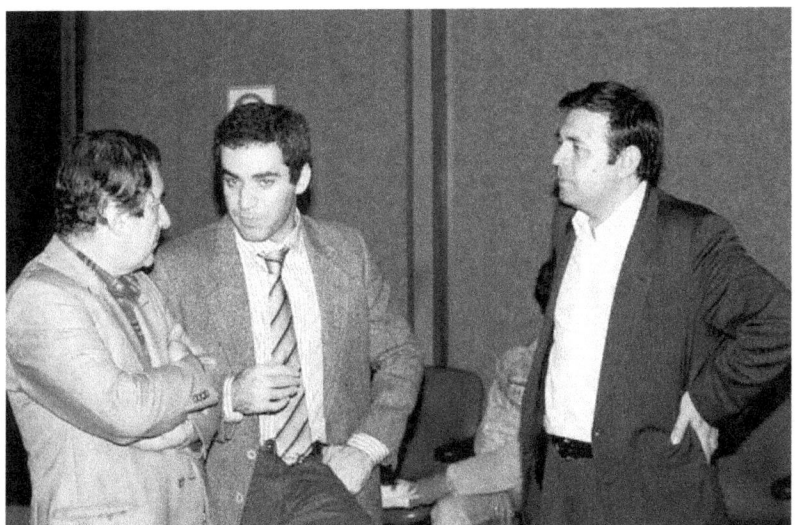

Наша беседа продолжилась и в фойе гостиницы, где останавливался Каспаров – теперь принял в ней участие и наш общий товарищ «невозвращенец» Лев Альбурт, международный гросс-мейстер шахматного спорта

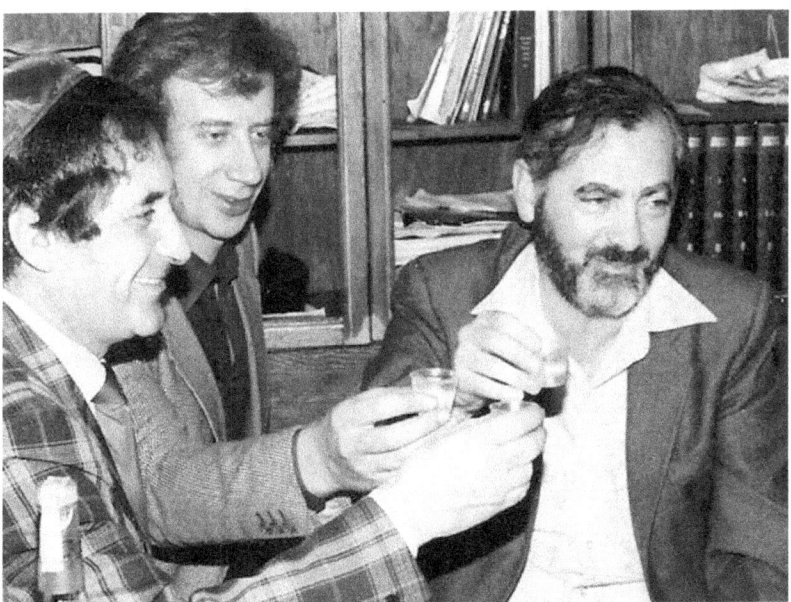

Лос-Анджелес, начало 90-х. В синагоге мы с Э.Баскиным встретились с главой «Лиги защиты евреев» Меиром Кахане *(крайний справа)*. А через несколько лет его убил молодой араб на улице в центре Нью-Йорка...

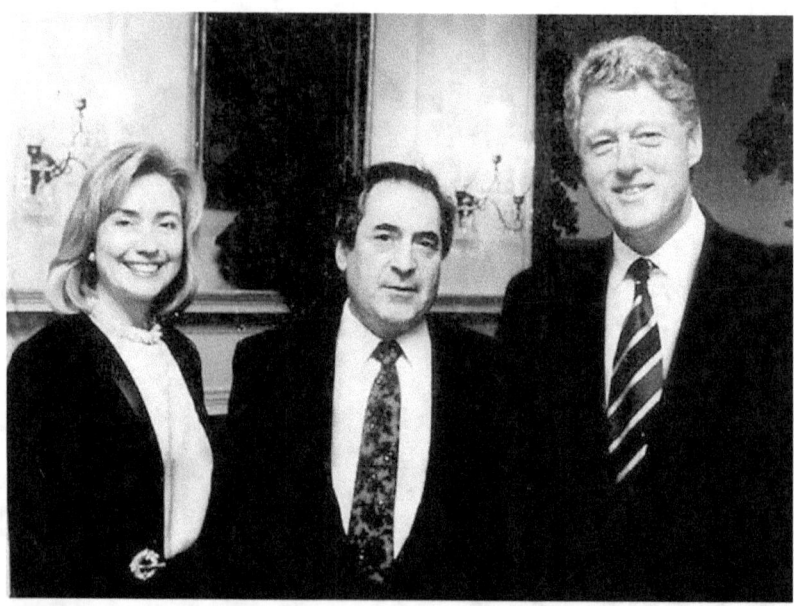

Вашингтон, 1997. Автор впервые в такой компании: группу американских журналистов пригласили в Белый дом, из них говорил по-русски только А.Половец

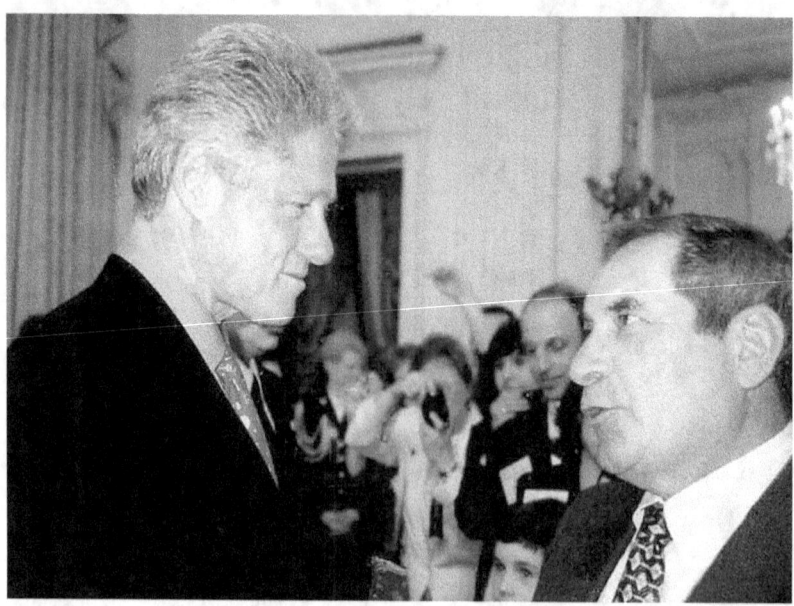

Скандал с участием Моники Левински в разгаре. «Господин президент, да наплюйте вы на эти газеты! Но не на нашу – «Панорама» вам искренне сочувствует!»

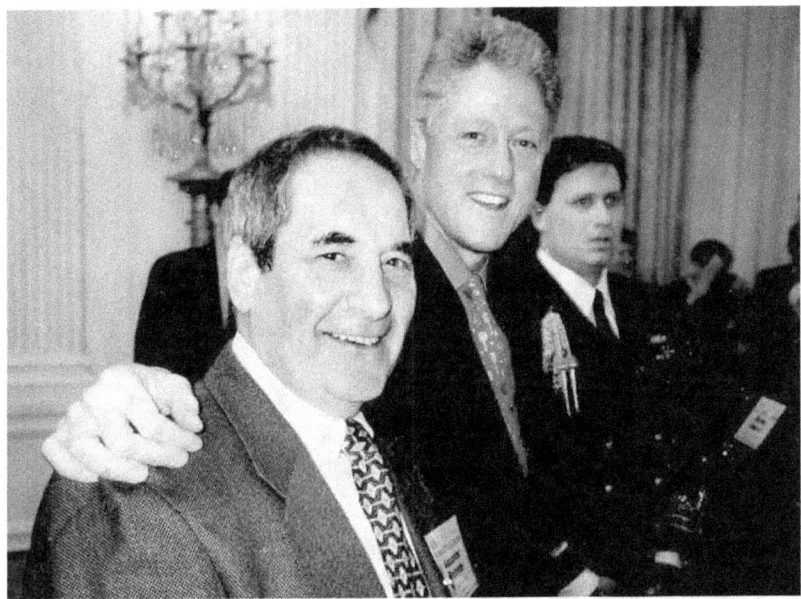

«Что мы, не люди, что ли, господин президент!.. И в Белом доме – тоже». Президент был, кажется, растроган словами сочувствия, вот даже и приобнял автора

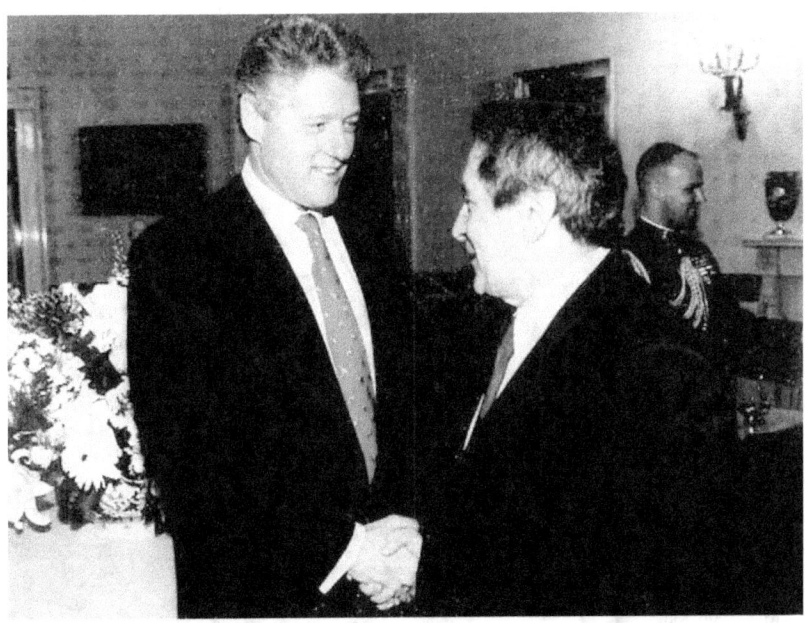

Через год мы еще немного поговорили...

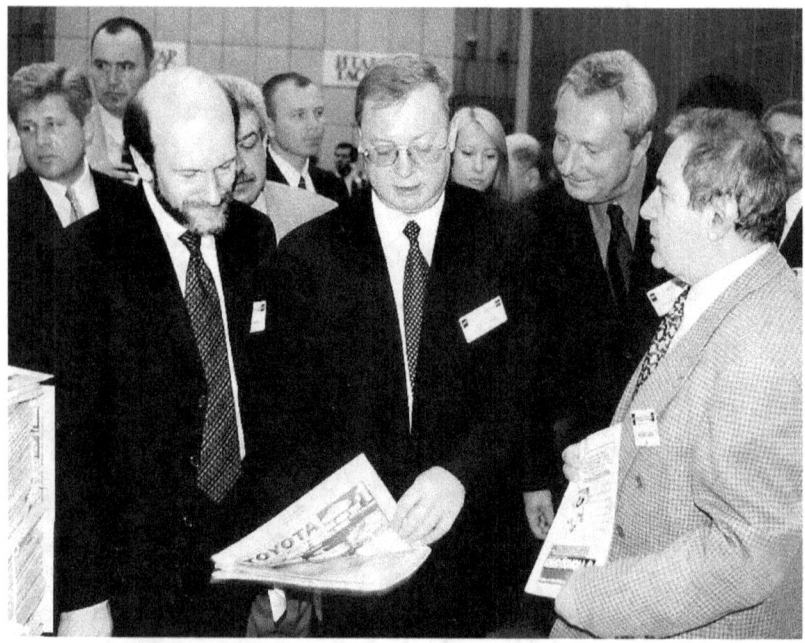

Конгресс русской прессы в Москве, 1999. «Приближенные к телу» знакомятся с «Панорамой». *Слева направо:* руководитель администрации президента Ельцина Александр Волошин, премьер-министр Сергей Степашин и глава ТАСС Виталий Игнатенко (это он организовал Конгресс). «Ну, и что же вы там издаете? Понятно...»

Валера Кондратьев, в прошлом кино-инженер, ставший в Штатах успешным предпринимателем – Биллом Конрадом (*крайний справа*), – это в его квартире на полу автор с сыном провел первые американские дни. ...А 20 лет спустя в его «Феррари» Крамаров попал в аварию

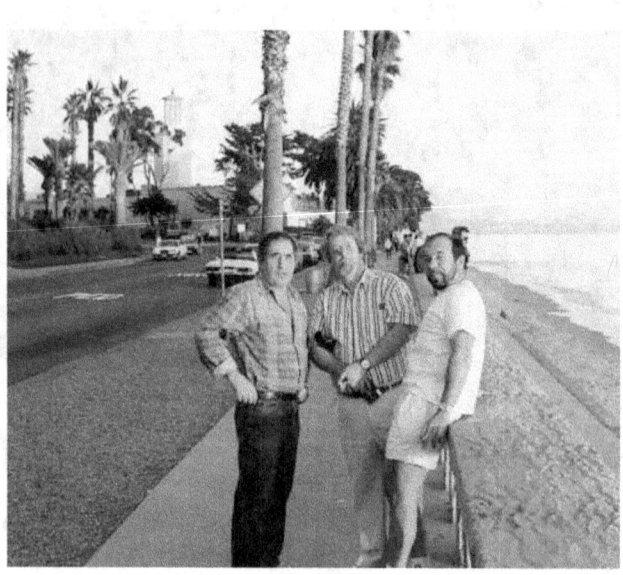

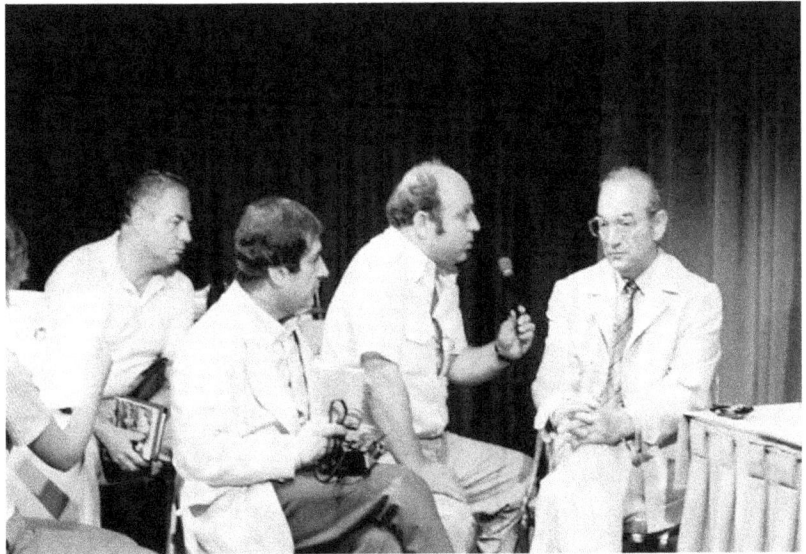

Такие снимки всегда грустно рассматривать: нет Алекса Тагера *(слева)*, редактора спортивной страницы «Панорамы», нет Сережи Левина – его живые репортажи украшали газету, как и этот разговор с шахматным гроссмейстером Виктором Корчным. Автор соучаствует в беседе, на нем и техническое ее обеспечение – «мощный», по тем временам, магнитофон

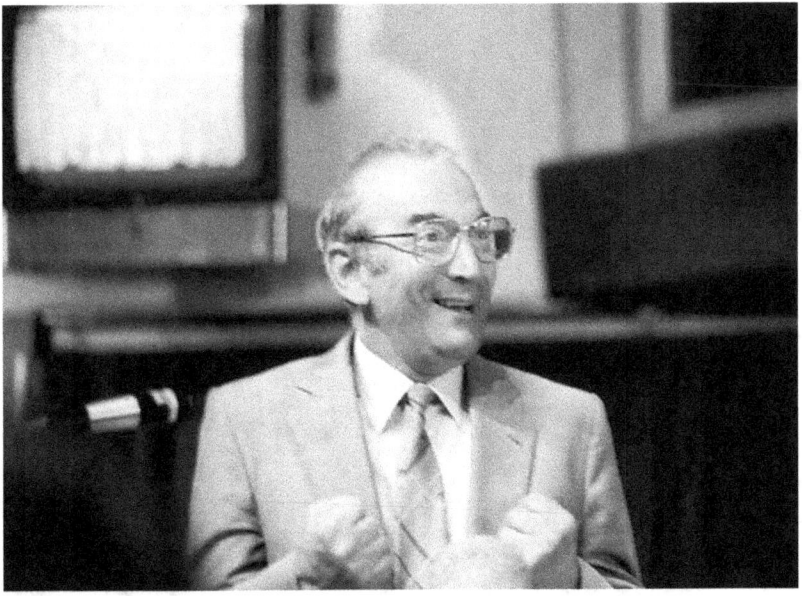

Гроссмейстер В.Корчной ликует – Карпов побежден!

Конец 90-х.
Маршал
Советского
Союза
Виктор Куликов
в беседе
с редактором
«Панорамы»

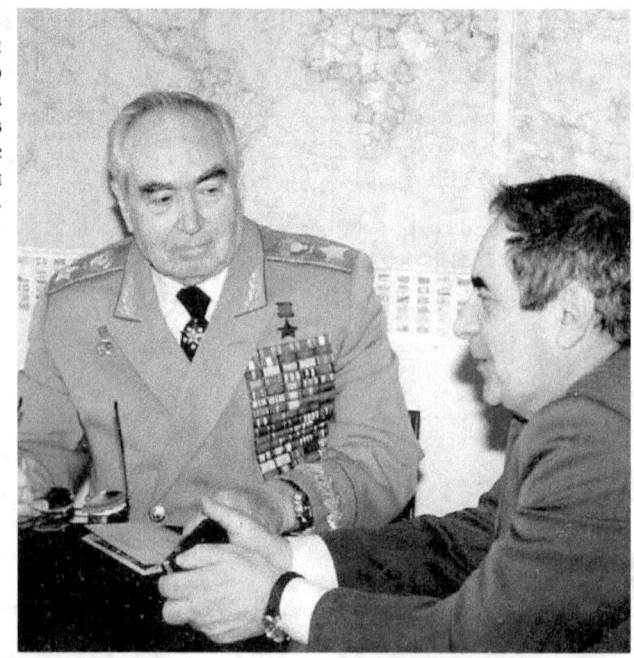

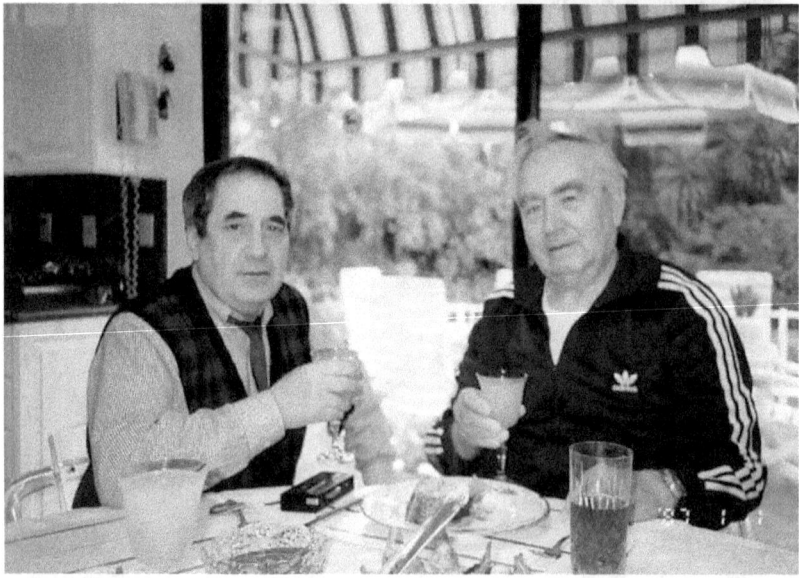

Маршал Виктор Куликов и в неформальной обстановке оставался интересным собеседником-сотрапезником – в доме Ефима Товбина мы завершили беседу, приведенную в книге на многих страницах

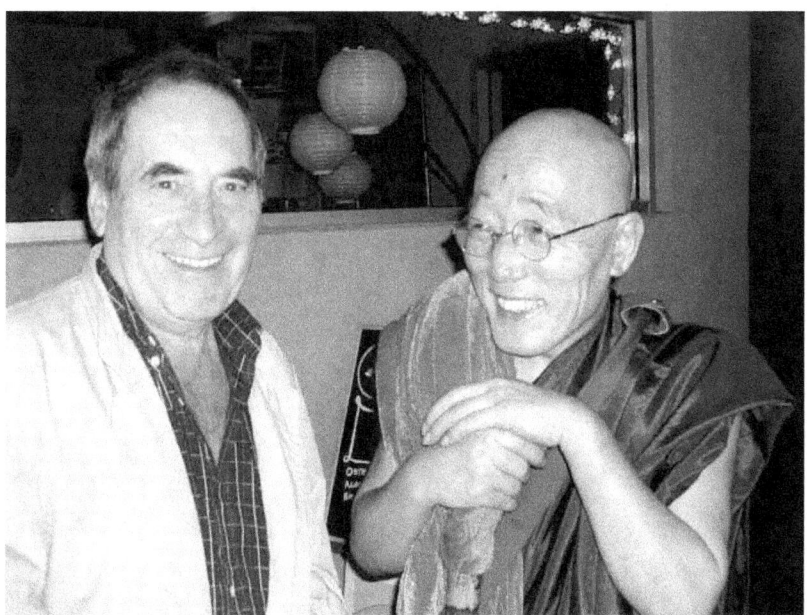

«Только раз бывает в жизни встреча...» – автор затрудняется привести здесь имя Панчен-ламы, второго лица в иерархии буддистов (после Далай-ламы). Встреча с ним на лекции в Лос-Анджелесе (а он совершенно свободно говорил не только по-английски, но и на многих других языках) запомнилась автору как одна из самых впечатляющих за многие годы

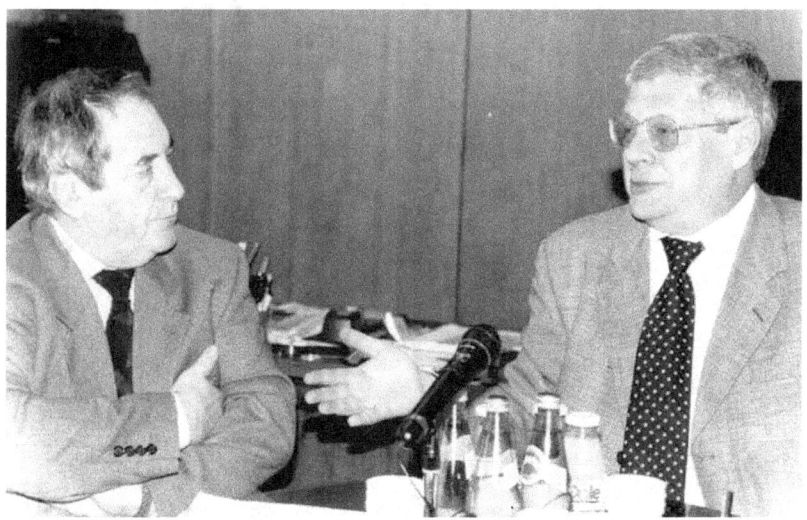

Александр Лифшиц, бывший тогда «королем» современной российской экономики, не преминул побывать в нашей редакции во время своего визита в США

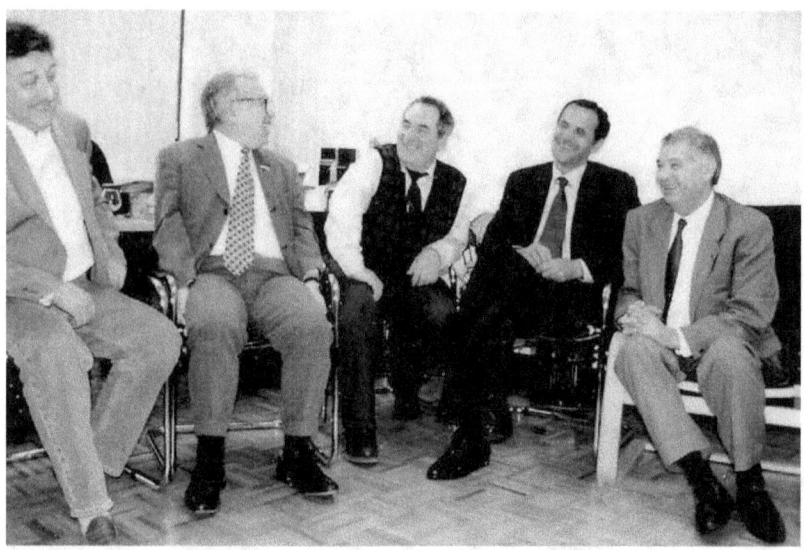

2000. Владимир Лукин, один из ведущих политиков новой России, в гостях у «Панорамы». С ним беседуют бывший издатель газеты Половец и нынешний – Евгений Левин. *Справа от них* – генеральный консул РФ в Сан-Франциско и Владимир Зельман – известный американ-ский профессор-медик *(крайний справа)*

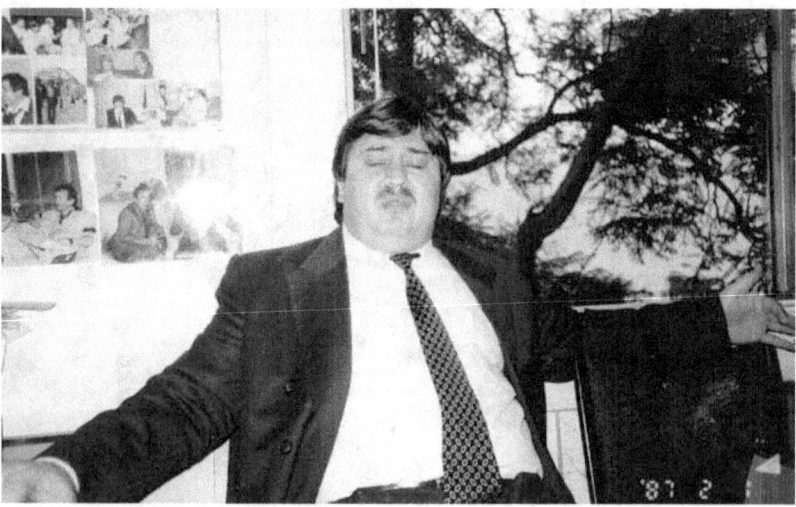

Гость редакции чеченец Мамадаев при знакомстве представил нам себя министром иностран-ных дел правительства в изгнании республики Ичкерия (так называют свою страну против-ники современного режима Чечни): «...Если русские не уйдут от нас – в Москве будут гиб-нуть невинные люди, будут взрывы и выстрелы!» – заявил наш неожиданный гость. А вскоре, и правда, была «Дубровка»...

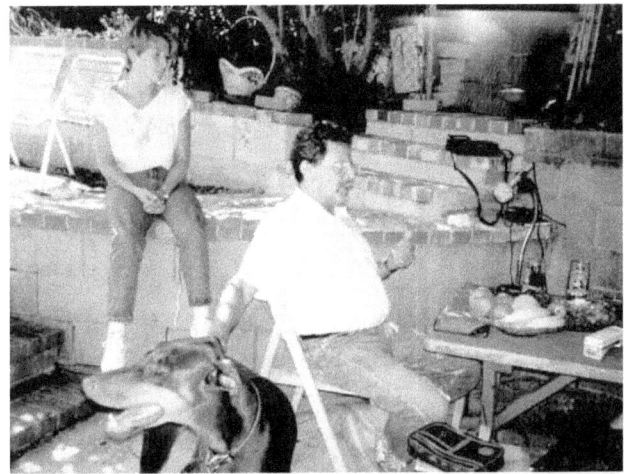

У московского адвоката Генриха Падвы в Калифорнии живет дочь – ему так казалось безопаснее, учитывая активную правозащитную деятельность, которую он ведет в России. Во дворе автора под охраной добермана Фобоса – куда спокойнее *(позволим себе шутку)*...

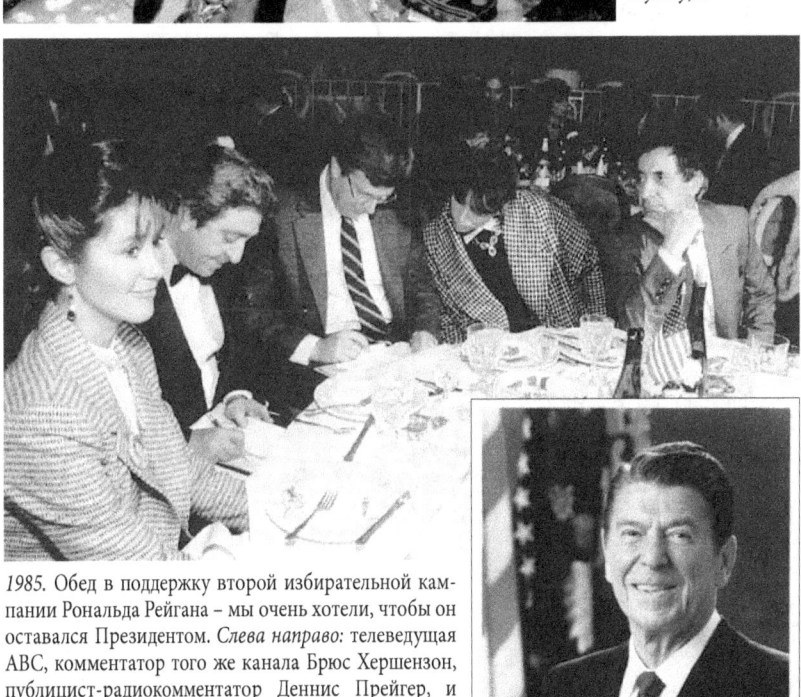

1985. Обед в поддержку второй избирательной кампании Рональда Рейгана – мы очень хотели, чтобы он оставался Президентом. *Слева направо:* телеведущая АВС, комментатор того же канала Брюс Хершензон, публицист-радиокомментатор Деннис Прейгер, и автор *(крайний справа)* – подписывают петицию в поддержку Рейгана

И, значит, был хороший повод для этого приветствия: президент переизбран!

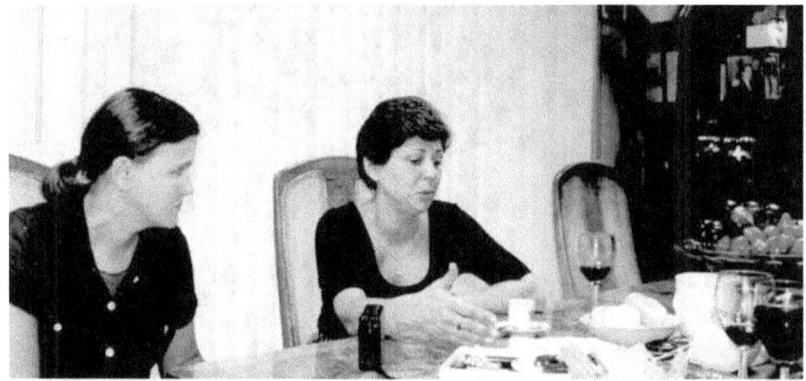

Ирина Роднина – королева фигурного катания рассказала автору, навестив его дома, о своей школе фигурного катания и о планах строительства спортивного комплекса в горах Калифорнии, где она теперь живет. Но это «теперь» было тогда – в конце 90-х, сейчас же она заседает в Государственной думе России и надеется воплотить свою идею в Москве – пожелаем ей и там успеха

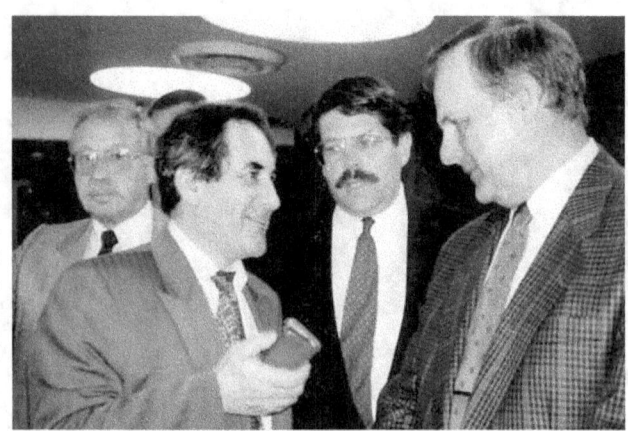

Середина 90-х. Анатолий Собчак впервые (на памяти автора) в Лос-Анджелесе... *В кадре также* Сай Фрумкин и городской советник Лос-Анджелеса Зев Ярославский

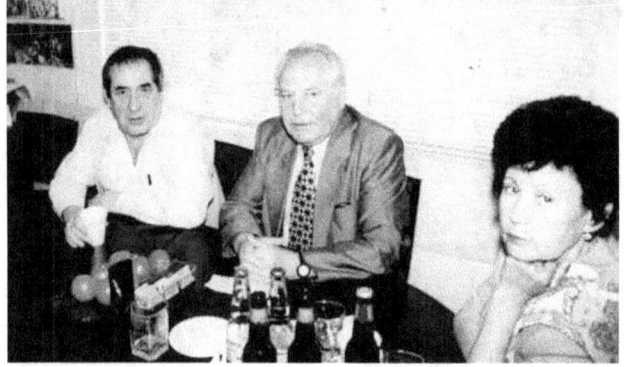

Герман Титов – один из первопроходцев космоса не упустил возможности познакомиться с «Панорамой», а мы – с космонавтом номер 2

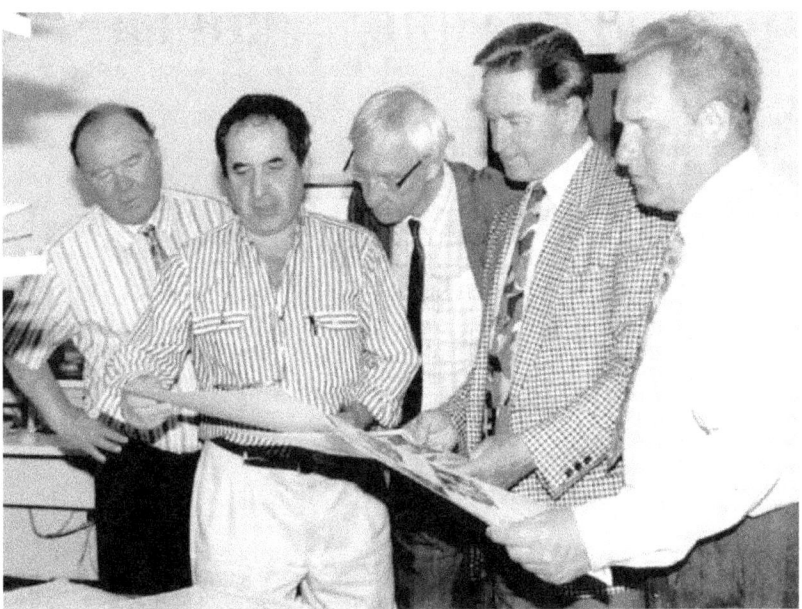

Замечательные гости «Панорамы» – знаменитые футболисты сборной СССР 50–60-х годов, многократные победители в чемпионатах мира, легендарные спартаковцы *(справа от автора)* Игорь Нетто и Алексей Парамонов, и, конечно, посольские «сопровождающие их лица»

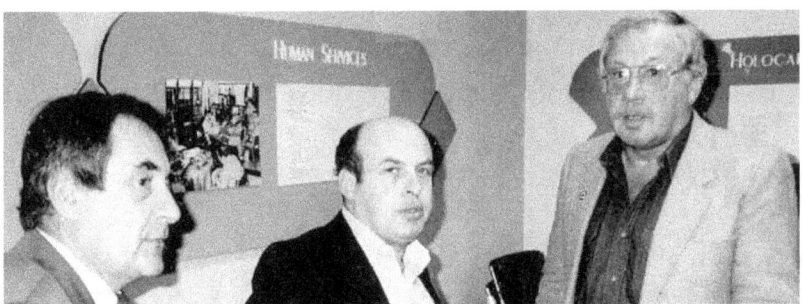

Конец 80-х. Анатолий Щаранский, недавно отпущенный из заключения, – один из тех, за кого Сай Фрумкин *(крайний справа)* боролся. Теперь Щаранский в Израиле виднейшая политическая фигура

Лос-Анджелес, 2012. Здесь Щаранский частый гость

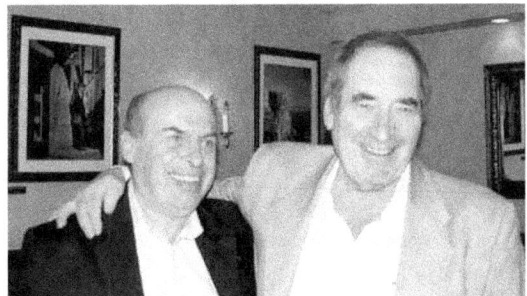

СОДЕРЖАНИЕ 1-й КНИГИ

СОДЕРЖАНИЕ 2-й КНИГИ

Раздел 1
РАЗГОВОРЫ И ВОКРУГ

Глава 4. ПРИЧИНЫ

Раздел 2
ИЗ НЕДАВНЕЙ ПЕРИОДИКИ

Глава 1. ЧИТАЯ...

Глава2. ИЗ ЗАЛА...

Глава 3. МОИМ ЛЮДЯМ

Глава 4. ПОМНИТЬ

Продолжение следует...

Александр Половец

www.ingramcontent.com/pod-product-compliance
Lightning Source LLC
Chambersburg PA
CBHW071256220526
45468CB00001B/151